섬김의 은혜

# The Grace of giving

copyright © 2013 Che Ahn
All right Reserved.
Published by Regal Books from Gospel Light Ventura, California, U.S.A
P.O. Box 3875, Ventrura, CA93006 U.S.A
Gospel Light Worldwide.
Korean Translation Copyright © 2013 Tabernacle of David.

이 책의 한국어판 저작권은 다윗의장막미디어에 있습니다.
저작권법에 의해 한국에서 보호받는 저작물이므로 무단전재와 무단복제를 금합니다.

# 섬김의 은혜

온 마음으로 섬길 때 풀어지는 능력

체안

## 차례

추천서 • 8
감사의 말씀 • 11

### 1장 | MO를 알라 • 13

아버지 하나님께서는 여러분을 사랑하신다 • 16
하나님께서 좋아하시는 러브 스토리 • 25
섬기시는 아버지 • 34
거룩한 셔레이드 게임: 아버지 하나님의 행동 양식 • 42
최초의 설계: 우리의 첫 행동 양식 • 50
고아의 세대: 망가진 우리의 행동 양식 • 58
부전자전 • 66

### 2장 | 하나님께서는 여러분이 번영하기를 원하신다 • 73

하나님께서는 여러분의 번영을 원하신다 • 75
무엇을 위한 번영인가? • 83
하나님께서 감당하실 수 있을까? • 91
능력의 쌍둥이: 믿고 받고 • 97
거룩한 항공 예약 • 103
만족의 능력 • 110

### 3장 | 영혼이 번영하는 만큼 번영한다 • 117

생각과 마음의 상관 관계 • 120
영혼 탐색: 여러분의 PQ는? • 128
하나님의 왕국을 여는 마스터 키 • 136
영혼의 스패너 • 144

4장 | 번영을 앗아가는 자들이 가장 원하는 것 • 153

가난의 영 • 155
가난의 "지혜" • 162
가난이 주는 또 다른 "지혜" • 170
예수께서 가난하지 않으셨다? • 177
가난의 저주를 깨뜨리라: 개인적 체험 • 184
맘몬의 요새 • 190
맘몬의 다양한 면모 • 198
번영을 앗아가는 자들을 무장해제시키라 • 207

5장 | 번영의 보편적 법칙 • 215

농부에게 물어보라 • 217
뿌림과 거둠의 번영: 제1편 • 224
뿌림과 거둠의 번영: 제2편 • 232
비료 이야기 • 239
옳은 것 • 248

6장 | 예수와 같이 섬기는 자가 돼라 • 257

대체 누가 주인인가? • 260
예수처럼 섬기는 은혜 • 268
섬기는 마음 • 279
예수처럼 섬기는 사람들의 MO • 288
섬김의 길잡이 • 302
주님께 꾸어 드리라 • 310

7장 | 은혜가 가진 변화의 능력 • 325

하나님의 제5열 • 327

이 책을 처음으로 본 두 손주들,
저스티스(Justice Daniel Baik)와 애나벨(Annabelle Joy Ngu)에게 바칩니다.
둘 다 어린 나이에 예수를 알기에 이르러, 평생 하나님과 동행하게 되기를 축원합니다.
또 삶 가운데 하나님의 소명과 목적을 성취하게 되기를 기도합니다.
하나님께서 그리스도를 닮은 배우자로 복 주시고,
경건한 자녀와 손주들을 허락하사 이들이 제게 기쁨을 주었듯
그들도 함께 기쁨 누리기를 원합니다.

## 추천서

나는 체 안 목사와 오래된 친구이며 사역에 있어서도 언약적 동반자로 함께해 왔다. 그 시작은 1990년 대 말 누군가 우리 손을 맞잡게 하며 캘리포니아 주의 치유를 위한 동역 관계를 예언했던 것이었다. 우리는 모두 그것이 하나님께서 역사하시는 것으로 알고 순종했다. 체 안은 패서디나(Pasadena)에 살기 때문에 남캘리포니아를 대표하고, 나는 레딩(Redding)에 살기 때문에 북캘리포니아를 대표한다. 역사적으로 미국 캘리포니아 주는 오랜 물 문제 때문에 남북으로 나뉘어졌다. 우리는 최선을 다해 하나님의 연합의 계획에 대한 모범을 보이기로 헌신했다.

서로의 교회를 자주 방문하며 전 세계의 학교 및 컨퍼런스를 함께 다니며, 우리의 친구 관계는 하나님 왕국에 있어 전략적인 연결이었던 것으로 증명되었다. 하지만 어쩌면 내게 가장 중요한 것은, 공적인 사역 외에 우리가 체 안 부부와 함께 여가를 보내거나 휴가를 함께 간다는 사실일 것이다. 이 부부는 관심, 가치관, 삶의 동기를 오래 감추질 못한다. 그리고 나의 다른 친구들도 그렇지만, 이들은 강단에 있을 때와 다른 모습을 보이지 않는다.

중요한 일이긴 하지만 그저 좋은 설교로 사람들을 움직일 수 있는 사람이 아니라 삶을 잘살 수 있는-그리고 받을 만한 자들에게 그것을 전수해 주는-사람들을 하나님께서 리더로 일으키고 계심을 보면 신선하다. 이 놀라운 책〈섬김의 은혜〉의 저자도 바로 그런 경우다. 체 안은 삶을 잘 살며, 이 어려운 때에 심오한 의미를 갖는 것들을 전수해 줄 수 있는 사람이다. 진정 그의 영혼은 번영했다.

체 안은 돈이라는 주제에 대해 남다른 기름 부으심을 받았다. 개인 재정이든, 사역 재정이든 아니면 사업 자금이든 상관 없다. 그는 이 모든 분야에 대해 참으로 하나님의 왕국의 통찰력으로 영향력을 미칠 수 있는 은혜를 소유하고 있다. 많은 사람들에게 아낌 없이 베푸는 은혜가 있고, 또 투자에 탁월한 이들도 있으며 기업가적 능력을 통해 성경적 부를 창출할 수 있는 은사를 가진 이들도 있다. 하지만 체 안은 내가 아는 한 가장 온전한 왕국적 접근법을 갖고 있다. 그래서 마침내 이 책이 완성됐다는 것이 너무나 기쁘고, 체 안이 가진 이 분야에서의 돌파가 모든 성도들에게 전달되어야 한다고 믿는다.

돈은 가장 다루기 어려운 주제 중 하나다. 예수께서는 이 주제에 대해 이야기하시기를 전혀 꺼리지 않으셨던 반면, 많은 리더들은 최신 유행만 좇거나 오류를 범하고 있다. 우리의 영성은 우리가 얼마를 가졌느냐 혹은 버느냐로 측정된다고 이야기하는 가르침도 들었다. 그에 대한 사람들의 반발도 심각한 오류를 남겼다. 체 안은 반발로 살지 않는다. 그는 성경의 위임에 반응하여 산다. 그에겐 하나님께서 순간순간 하시는 말씀을 들을 수 있는 비범한 능력이 있다. 그 결과 그는 번영의 목적을 깊이 깨닫게 됐고, 그 은혜를 교회 온 가족들에게 풀어주었다. 체 안의 교회는 이것을 아름답게 실현하고 있다. 그리고 이제 우리 모두가 이 왕국적 실재에 발을 들여놓을 때다.

하나님께서 메시지를 가지고 그분의 군대 지도자를 세우실 때는, 온 교회가 그 통찰력과 체험으로 말미암아 유익을 얻게 하려 하시는 것이다. 부와 관련해서는 질투와 고소가 교회 전반에 침투하고 있는 듯하다. 또 어떤 이들은 '로또'와 같은 생각을 가지고 불현듯 엄청난 돈이 쏟아져 모든 게 좋아지길 바라고 있다. 체 안은 하나님의 왕국을 제대로 대변하지 않는 사고들에 도전함으로, 더욱 건강한 생활 양식을 제시해준다. 체 안의 도전은 결국 여러분의 여생을 바꿀 수 있는 여정으로 이끌 것이다. 돈은 정말 큰 문제다. 그리고 그 부분을 삶 가운데 완전히 하나님의 주권 하에 두는 법을 알게 되면 신선하고 들뜨는 기분이 들 것이다.

이 책을 읽고 삶이 변했다는 사람들의 놀라운 간증들을 듣고 싶다. 이렇게 시의 적절한 책은 정말 오랜만이다.

베델 교회 담임, 〈하늘이 땅을 침노할 때〉 저자
빌 존슨 목사

## 감사의 말씀

저희 식구들과 추수 반석 교회 가족들, 그리고 제가 인도하는 사도적 네트워크 HIM에 감사 드리고 싶습니다. 2011년에 제가 이 책의 상당 부분을 작업할 수 있도록 첫 번째 안식년을 허락해 주셔서 고맙습니다. 저의 가장 절친한 친구인 아내 수(Sue Ahn)에게도, 제가 삶의 대부분을 이동 중에 보내는 것을 이해해 줘서 특별히 고마운 마음을 갖습니다.

가스펠 라이트(Gospel Light)와 그곳의 대표이자 최고 경영자인 제 친구 빌 그레이그(Bill Greig III)에게도 큰 감사를 전합니다. 이처럼 탁월한 기독 출판사와 함께 일할 수 있음이 늘 기쁨이 됩니다. 또한 이 책의 주교정을 맡아준 린다(Linda Radford)에게, 그리스도와 같은 사랑과 섬김을 보여 준 것에 감사를 전합니다. 린다는 만성질환의 치유를 위해 싸워 온 입장이라, 이 책의 작업을 거절할 충분한 자격이 있었습니다. 그럼에도 불구하고 제 책들을 편집하고 재구성해 짧게 장들을 나누고 실제적 적용 부분을 각 장의 끝에 삽입했습니다. 헌신적으로 섬긴 것만 아니라, 린다는 최근 제가 쓴 몇 권의 책을 함께 작업한 탁월한 작가입니다. 진심으로 감사하고 있습니다. 린다의 목회자라는 것이 영광스럽습니다.

마지막으로, 우리 주요 구원자 예수 그리스도께 감사를 올립니다. 1973년 회심하여 지금껏 주님과 동행하는 내내 사랑과 베품을 보여 주셨습니다. 이 책을 통해 모든 찬양과 영광을 올려 드립니다.

1장

# MO를 알라

**하나님이나** 우리나 특징적인 행동 양식, 즉 MO(modus operandi)가 있다. 이것을 염두에 두는 것이 중요한 까닭은, 그를 통해 우리가 하나님 안에서 일관되게 의지할 수 있는 것이 어떤 부분인지, 그리고 우리 안에서 잘못하게 만드는 것이 무엇인지 이해할 수 있기 때문이다. 하나님께서는 변함 없으시며, 그분의 말씀에 진실하신 언약의 창조주시다. 사랑하시는 분이요 전적으로 베푸는 분이셔서, 그분의 자녀를 축복하실 때 기쁨을 누리신다.

우리는 모두 고아의 영을 물려 받았기에, 하늘 아버지의 자녀로서 우리의 특권이 무엇인지를 발견하고 그 가운데 살아가는 법을 배우는 과정 중에 있다. 때로 우리는 스스로 무가치하다는 느낌을 갖는다든지 주님을 전적으로 신뢰하기를 두려워하여 우리에게 복 주시려는 하나님의 노력에 훼방을 놓기도 한다.

이번 장에서 우리는 앞으로 '섬김'과 관련하여 다룰 모든 영역들의 기초를 놓으려 한다. 우리가 하나님의 성품을 이해할 뿐만 아니라 그것을 온전히 믿고 신뢰하는 것은 중요한 일이다. 그렇지 않으면, 우리에게 주신 그분의 약속들이 그림의 떡처럼 보일 것이며, 우리에게 주신 지시 사항들이 실행 불가한 듯 보이게 될 것이다.

우리는 하나님께서 친히 자신의 형상대로 만드신 우리의 본디 모습에 대한 뚜렷한 비전을 잃어버렸다. 우리는 너무나 자주 타락한 '고아'의 정체성으로 스스로를 제한해 버리며 우리 방식대로 행하여 하나님의 호의를 얻으려 한다.

애쓰고 의심하는 가운데, 우리는 하나님의 은혜라는 계시를 놓치게 된다. 우리에게 주신 그분의 첫 마디가 축복과 위임이었음을 잊는다. 주님께서는 결코 변치 않으시며 그분의 말씀은 항상 그 보내진 목적을 이뤄낸다. 그 말은, 아버지 하나님께서 애초에 우리를 지으신 목적과 소명을 절대 포기하지 않으셨다는 뜻이다. 메시아의 죽음과 그로 인해 우리에게 주어진 죄로부터의 구속을 통해, 하나님께서는 그분의 왕국의 씨앗인 성령을 우리 안에 심으셨다. 좋은 씨앗이라면 다 그렇지만, 이 씨도 우리 안에서 많아지고 자라날 능력을 타고났다. 우리를 변화시켜 하나님의 형상을 닮게 하는 것이다.

이것은 온전히 우리 안에 역사하는 하나님의 은혜다. 믿음으로 우리는 아버지 하나님의 사랑과 선하심, 축복, 그리고 우리를 애초의 권세와 주권, 번영의 위치로 온전히 회복시키시고자 하시는 그분의 의도를 신뢰한다. 아버지 하나님께서는 베푸는 분이시며, 그분의 가장 큰 갈망은 우리가 그분과 똑같이 되는 것이다. 주님께서는 사랑으로 우리를 변화시킬 수 있고 또 우리를 통해 하나님의 왕국을 이 땅에 회복시킬 수 있는, 베푸는 마음의 능력을 발견하도록 우리를 초대하신다.

나는 여러분이 이번 장 안에서 충분한 시간을 보내길 권고한다. 우리는 여기서 진리의 초석을 다질 것이며, 여러분은 아버지 하나님께서 주고자 갈망하시는 모든 것을 받아들일 수 있도록 그 안에 뿌리를 내리고 굳게 서야 한다. 이 진리들이 여러분 안에 확립되지 않으면, 여러분은 모래 위에 집을 지은 사람과 같을 것이다. 집이 얼마나 위엄 있고 멋지게 지어졌든지 상관 없이, 기초가 없으면 버틸 수 없는 것이다. 시간을 들여 진리에 굳건히 서길 바란다. 그리고 하나님께서 여러분의 삶을 어떻게 변화시키시는지 목도하라!

# 아버지 하나님께서는 여러분을 사랑하신다

"옛적에 여호와께서 나에게 나타나사 내가 영원한 사랑으로
너를 사랑하기에 인자함으로 너를 이끌었다 하였노라."
(렘 31:3)

### 열심 있는 아이에서 성난 반항아로

나는 한국에서 태어났고, 아버지는 내가 아주 어렸을 적 목회를 하기 위해 미국으로 이주했다. 어머니와 누나, 나는 수년간 아버지와 떨어져 살 수 밖에 없었다. 아직 어린 나이에 아버지를 다시 만났을 때, 나는 아버지와 관계에 대한 확신이 없었음에도 아버지를 기쁘게 해드리려고 아주 열심이었다. 처음엔 잘 진행되는 듯 했지만, 교회 일로 무척이나 바빴던 아버지는 우리와 거의 시간을 보낼 수 없었다.

내가 학교에 다니게 되자 모든 게 산산이 부서지기 시작했다. 누나는 우등생이었고 내가 따라가기엔 역부족이었다. 나는 정말 열심히-특히 저학년 때는- 했지만, 공부는 어렵기만 했다. 시간이 지날수록 점차 나는 낙심했고 학습에 노력을 덜 하게 되었다. 아버지는 내가 어려워하는 것을 이해하지 않았고, 그저 내가 게으른 것이라 생각했다. 누나처럼 탁월한 성적을 내기를 기대했던 것이다.

나는 성적표가 나오는 날을 두려워했다. 아버지는 누나의 성적표를 보며 축하해 줬고, 내 것을 보면서는 소리치기 일쑤였다. 그것만도 충분히 힘들었는데, 아버지는 화를 이기지 못하고 성적이 나쁘다는 이유로 나를 때렸다. 완전히 덫에 걸린 느낌이었다. 아무리 열심히 해도 누나처럼 좋은 성적을 받을 수 없었고, 아버지는 내게 엄청나게 실망을 한 상태였다.

수치심을 느꼈고, 그래서 어렸을 때 나는 때때로 서럽게 울었다. 하지만 나이가 들면서 내 눈물과 두려움은 분노로 돌변했다. 나는 반항을 시작했다. 외면적으로 좋은 성적은 받지 못했지만 학교에 잘 다녔다. 하지만 마약에 손을 대면서, 처음엔 내가 피우다가 나중엔 장사를 하게 됐다. 내 인생은 완전히 섹스와 마약, 로큰롤로 얼버무려졌다. 나는 인기를 얻게 되었고, 내 주변은 나와 같은 무리의 친구들로 가득했다. 나는 항상 돈에 여유가 많아서 좋은 차를 몰았고, 최신 패션의 옷을 입었다. 얼마 동안 나는 내가 세상 최고의 삶을 살고 있다고 생각했는데, 그러면서도 내면에서는 아버지의 사랑과 인정을 갈구하고 있었다.

교회는 완전히 무관심의 대상이었다. 물론 교회에 출석할 수밖에 없었지만, 나는 하나님과 관계할 생각이 전혀 없었다. 나는 요구가 지나치게 많고 권위적이며, 가혹한 '아버지 스타일'의 인물이 하나 더 나타나길 원치 않았다. 나는 하나님이나 종교와는 끝났다고 생각했다.

**이미지의 왜곡: 고아 된 상처**

'아버지'라는 단어를 들으면 어떤 생각이 드는가? 너무나 많은 이들이 '아버지'에 대해 부정적인 이미지를 갖고 있다. 이혼이나 죽음, 혹은 군인 같은 직업적 특성으로 인해 아버지의 부재를 겪은 이들도 있을 것이다.

함께 있긴 했지만 감정적으로 요원했던 아버지도 있었을 것이다. 어쩌면 통제하고 요구하며 권위주의적인, 심지어 감정적으로 신체적으로, 혹은 성적으로 학대를 한 아버지였을지도 모르겠다. 우리가 받은 이 모든 인상들이 우리 '아버지'의 이미지를 왜곡시키게 된 것이다.

안타깝게도 이와 같은 부정적 경험들은 우리 가슴을 깊이 할퀴어 놓는다. 하나님께서 처음 우리를 만드셨을 때, 우리는 투명했고 온전한 신뢰를 갖고 있었다. 주님께서는 우리가 깊고도 아낌 없이 사랑할 수 있도록 그렇게 지으신 것이다. 하지만 상처 받고 다치고 나면, 우리의 믿음은 깨어지고 두려움과 불안을 느끼며, 조심스러워지고 성과 중심적이 된다. 또한 쉽게 화를 내고 반항을 하기도 한다. 생존이 나 스스로에게 달려 있다고 느끼며, 스스로를 지키기 위해서라면 무엇이든 하고자 한다. 앞에서도 다뤘지만, 하나님의 자녀로서의 정체성을 잃고 소외되어 혼자인 고아가 되어 버린다.

긍정적인 기초를 놓는 대신, 이처럼 '고아'라는 불완전한 기초에 정체성을 쌓아가게 되고 우리는 그 기초로부터 무엇이 가능한지를 배우며 다른 사람들과의 관계를 펼쳐나가게 된다. 우리에게 사랑을 베푸는 이들에 대해서도 그것을 믿거나 받아들이기 어려워한다. 이 같은 스스로의 정체성에 대한 왜곡으로부터 회복하고자 한다면, '아버지'이신 하나님의 정확한 이미지가 우리에게 회복되어야 한다.

어떻게 그리 될 수 있을까? 나는 스티븐 드 실바(Stephen De Silva)가 저서 〈돈과 영혼의 번영Money and the Prosperous Soul〉에서 준 해답이 아주 명료하다고 본다.

"죄와 그로 말미암은 모든 것이 세상에 들어온 까닭은 신뢰의 단절이었다. 그러므로 세상의 죄악을 치유하시는 하나님의 계획의 중심은 단순히 우리를 용서하실 뿐만 아니라, 우리의 믿음을 회복하시는 데에 있다. 우리의 신뢰를 회복함으로써 우리의 전 존재를 회복하시기 위해서 말이다." (80면)

### 사랑에 뿌리 내려 굳게 서라

하나님께서는 어떻게 우리의 신뢰를 회복하실 수 있을까? 우리는 필요한 사랑을 받지 못하여 마음이 상처를 입었고, 필요한 그 사랑을 받을 때에만 고침을 받을 수 있다. 아버지 하나님의 사랑의 계시를 직접 마주쳐야 한다. 마음의 상처는 우리의 영혼 가운데 깊이 뿌리를 내리고, 우리 스스로에 대한 왜곡된 이미지를 기반으로 살아가도록 한다. 아버지 하나님의 사랑에 뿌리 내리고 굳게 설 때에만 자유를 얻고 우리의 참된 정체성을 재발견할 수 있다.

바울 사도는 에베소 교회에 전달하는 자신의 편지에서 이것을 이렇게 표현했다.

"이러므로 내가 하늘과 땅에 있는 각 족속에게 이름을 주신 아버지 앞에 무릎을 꿇고 비노니 그의 영광의 풍성함을 따라 그의 성령으로 말미암아 너희 속사람을 능력으로 강건하게 하시오며 믿음으로 말미암아 그리스도께서 너희 마음에 계시게 하시옵고 너희가 사랑 가운데서 뿌리가 박히고 터가 굳어져서." (엡 3:14-17)

기독교는 우리에 대한 하나님의 관계를 아버지로 이해한다는 면에서 다른 모든 종교들 가운데 구별된다. 코란은 신의 속성에 대해 99가지를 언급하지만, 그중에 '아버지'라는 표현은 없다. 하지만 하나님께서는 신약에서 264번이나 '아버지'로 불리시며, 예수께서도 계속해서 하나님을 '내 아버지'라 부르셨다. 바울도 이 관계를 확증한다.

"너희가 육신대로 살면 반드시 죽을 것이로되 영으로써 몸의 행실을 죽이면 살리니, 무릇 하나님의 영으로 인도함을 받는 사람은 곧 하나님의 아들이라. 너희는 다시 무서워하는 종의 영을 받지 아니하고 양자의 영을 받았으므로 우리가 아빠 아버지라고 부르짖느니라. 성령이 친히 우리의 영과 더불어 우리가 하나님의 자녀인 것을 증언하시나니, 자녀이면 또한 상속자 곧 하나님의 상속자요 그리스도와 함께 한 상속자니." (롬 8:13-17上)

하나님께서는 그저 자신이 아버지이실 뿐 아니라, 사랑 많으신 아버지심을 분명히 말씀하신다. 아래 구절들을 살펴보자.

산들이 떠나며 언덕들은 옮겨질지라도 나의 자비는 네게서 떠나지 아니하며 나의 화평의 언약은 흔들리지 아니하리라. 너를 긍휼히 여기시는 여호와께서 말씀하셨느니라. (사 54:10)

우리가 아직 죄인 되었을 때에 그리스도께서 우리를 위하여 죽으심으로 하나님께서 우리에 대한 자기의 사랑을 확증하셨느니라. (롬 5:8)

긍휼이 풍성하신 하나님이 우리를 사랑하신 그 큰 사랑을 인하여 허물로 죽은 우리를 그리스도와 함께 살리셨고… 이는 그리스도 예수 안에서 우리에게 자비하심으로써 그 은혜의 지극히 풍성함을 오는 여러 세대에 나타내려 하심이라. (엡 2:4-5上, 7)

보라. 아버지께서 어떠한 사랑을 우리에게 베푸사 하나님의 자녀라 일컬음을 받게 하셨는가. 우리가 그러하도다. 그러므로 세상이 우리를 알지 못함은 그를 알지 못함이라. (요일 3:1)

하나님이 우리를 사랑하시는 사랑을 우리가 알고 믿었노니, 하나님은 사랑이시라. (요일 4:16上)

바울 사도는 우리를 향한 하나님의 사랑이 도무지 이해할 수 없을 정도로 광대하여, 그 위대함에 대한 계시가 필요하다고 말한다.

"능히 모든 성도와 함께 지식에 넘치는 그리스도의 사랑을 알고 그 너비와 길이와 높이와 깊이가 어떠함을 깨달아, 하나님의 모든 충만하신 것으로 너희에게 충만하게 하시기를 구하노라." (엡 3:18-19)

우리의 지성으로 하나님의 사랑을 이해할 수 없다. 그저 성경 말씀을 읽는다고 해서 하나님의 치유하시는 사랑을 마음 열고 받아들이게 되는 것은 아니다. 하나님께서 우릴 얼마나 사랑하시는지에 대한 개인적 계시를 받아야 하며, 그 계시는 성령을 통해서만 임한다. 바울은 이렇게 기도한다.

"우리 주 예수 그리스도의 하나님, 영광의 아버지께서 지혜와 계시의 영을 너희에게 주사 하나님을 알게 하시고 너희 마음의 눈을 밝히사, 그의 부르심의 소망이 무엇이며 성도 안에서 그 기업의 영광의 풍성함이 무엇이며." (엡 1:17-18)

### 아버지의 사랑에 대해 계시를 받다

고등학교 2학년이 되었을 즈음, 나는 안 해본 일이 없는 수준이었다. 여전히 파티에 다니며 친구들과 즐기던 때, 내면은 점점 더 공허해지고 무료해져 가고 있었다. 어느 토요일 밤, 나는 친구 집에서 파티를 즐기고 있었다. 마약에 취하여 술을 마시고 있었지만, 그 모든 상황 가운데서도 나는 텅 빈 듯한 허전함을 느꼈다. 나는 어슬렁어슬렁 집 뒤편의 빈 침실로 기어들어가 앉았다.

나는 즐기고 싶었는데 그러질 못했던 것이다. 무언가를 갈구하고 있었는데 그게 무엇인지 알 수 없었다. 내 내면의 갈망은 너무나 커져서 아플 정도가 되었다. 그리고 처음으로 하나님께 말을 거는 내 모습을 발견했다. 오늘까지도 나는 내가 한 말을 기억한다. 또렷이 들리는 목소리로 이렇게 소리쳤다.

"하나님, 저는 당신이 존재하는지 모르겠습니다. 하지만 존재한다면, 제가 어릴 때 부모님이 해준 이야기들이 진짜라면, 저를 정말 사랑해서 저를 위해 죽었다면, 지금 저에게 나타나서 진리를 보여주십시오."

말이 입 밖으로 그냥 튀어나왔고, 그 말을 뱉은 순간 나는 따뜻한 에너지가 격동하여 내 몸을 감싸는 것을 느꼈다. 그것은 이전에 겪어보지 못한 온기와 사랑의 도가니였다. 동시에 내 의식은 모든 마약과 술기운으로부터 또렷해졌다. 그 순간 나는 예수께서 진짜이시며, 십자가에서 죽으신 것이 실제 사건이었고 그분의 사랑의 행위가 나를 향한 것이었음을 알게 되었다.

이 따뜻한 사랑에 둘러싸여 거기 앉아 있는데, 나는 하나님께서 나를 얼마나 사랑하시는지에 압도되어 통제할 수 없을 정도로 눈물을 흘리기 시작했다. 하나님의 사랑의 파도가 계속해서 나를 단단히 잡고 있어, 나는 이후 3일간 계속해서 울 수밖에 없었다.

나는 친구들에게 무슨 일이 일어나고 있는지를 말했지만, 그것을 말로 설명하기란 쉬운 일이 아니었다. 그래도 너무나 좋고 긍정적이며, 기쁜 것이라 나는 모두와 그것을 나누고 싶었다. 그리고 이후로 그러한 증거를 나는 멈춘 적이 없다. 하나님께서 여러분에게 그분의 사랑을 계시하시면, 여러분의 삶은 바뀌고 만다. 여러분의 참된 정체성을 마주하고 나면, 결코 같은 삶을 살 수 없는 것이다.

나는 절박한 진심을 담아 하나님께 부르짖었지만, 무슨 일이 일어날지는 전혀 예측할 수 없었다. 이제 나는 하나님께서 그분을 찾는 자에게 계시해 주겠다고 하신 약속을 깨닫는다. 예수께서 우리에게 말씀하셨다.

"내가 또 너희에게 이르노니 구하라. 그러면 너희에게 주실 것이요, 찾으라 그러면 찾아낼 것이요 문을 두드리라 그러면 너희에게 열릴 것이니. 구하는 이마다 받을 것이요 찾는 이는 찾아낼 것이요 두드리는 이에게는 열릴 것이니라." (눅 11:9-10)

주님의 최초이자 최고의 선물은 성령인데, 그를 통해 아버지께서 그분의 사랑을 우리에게 계시하신다. (롬 8:5 下)

하나님께서는 자신을 여러분에게 계시하실 뿐 아니라, 여러분 개개인의 필요에 꼭 맞는 방법으로 독특하게 계시해 주실 것이다. 주님께서는 여러분의 '아버지'에 대한 이미지가 왜곡된 것을 이해하신다. 하나님께서는 여러분에게 반응하실 수 있고, 그분의 사랑을 진정으로 체험할 수 있도록 그것을 마주하게 해주실 수 있다.

● 정리해 보자

많은 이들은 자신의 이미지와 사랑 많으신 아버지 하나님에 대한 이미지를 왜곡시키는 깊은 마음의 상처들을 안고 산다. 우리 마음은 치유가 필요한데, 그것은 하나님의 성령의 역사를 통해서 주어지는 사랑에 대한 개인적 계시를 통해서만 받을 수 있다.

● 스스로 물어보자

내가 생각하는 '아버지'의 이미지는 무엇인가? 그것이 내가 하나님을 바라보는 데에 어떤 영향을 미치는가? 하나님을 사랑의 아버지로 묘사하는 다섯 구절들을 계속 읽어보라. 지금 이 순간 가장 크게 다가오는 말씀은 어떤 것인가? 아버지 하나님께서 어떤 개인적 메시지를 계시해 주는가?

● 그렇게 살자!

그리스도를 인격적 구원자로 영접했는가? 하나님께서는 그분의 사랑을 여러분에게 계시하길 원하신다. 주님께서는 결코 어떤 결정도 강요하지 않으실 것이다. 속사람의 문을 열고 그분을 초청해야 하는 것이다. 그렇게 해본 적이 없다면, 지금 해보는 게 어떨까?

결정이 섰다면, 하나님을 초청하는 데에 옳은 방식이 정해져 있는 것은 아님을 기억하라. 스스로 표현을 해봐도 되고, 도움이 된다면 아래의 기도를 따라 해도 된다.

하나님, 주님을 알기 원합니다. 주님께서 제게 주신 사랑의 선물-제 인생에서 죄와 죽음의 저주를 역전시킨 예수님의 십자가와 부활-을 받아들입니다. 지금껏 주님을 거슬러 제 뜻대로 하려 했음을 회개합니다. 하나님, 제 남은 생애 동안 주님을 따르길 원합니다. 다시금 주님과 연결되어, 주님의 생명의 영을 통해 저의 참된 정체성과 운명을 발견하길 원합니다. 주님의 사랑에 대한 직접적인 계시를 원합니다. 지금 제게 아버지를 계시해 주십시오. 제 기도를 들으시고 응답해 주셔서 감사합니다. 아멘.

이미 그리스도를 인격적 구원자로 영접했다면, 그분의 사랑에 대한 새로운 개인적 계시를 주시도록 하나님께 구하라.

## 하나님께서 좋아하시는 러브 스토리

"이르시되 어떤 사람에게 두 아들이 있는데…"
(눅 15:11)

17세기 네덜란드의 유명한 화가 렘브란트(Rembrandt)에 대해 이야기해 보자. 그는 성경 인물과 네덜란드 당대 생활상 모두에 대한 묘사에 있어 유명하다. 또한 많은 경우 자신을 작품 대상으로 활용하여, 자신의 삶의 이야기를 들려준다. 그는 활동 초반에 굉장한 성공을 거두고 엄청난 돈을 벌어들였지만, 거의 즉시 그 대부분을 써버렸다.

이 기간 동안 그는 자화상을 하나 그렸는데, 술 취하여 여러 매춘부들에게 둘러싸인 모습이다. 그것은 당시 자신의 생활을 정확하게 반영하고 있었다. 그는 방탕한 생활을 계속했고 결국 한 푼도 없이 죽고 말았다. 하지만 렘브란트의 심경에 변화가 있었던 것으로 보인다. 죽기 전에 그는 '탕자의 귀환'이라는 그림을 그렸는데, 거기서 자기 스스로를 탕자로 표현해 낸 것이다.

대부분의 사람들은 '탕자(the prodigal son)'의 이야기를 알지만, 정말 아낌 없이 탕진하는 분은 하나님이심을 알게 되면 놀랄 것이다. 영어에서 'prodigal'이라는 단어의 뜻은 '사치스러운, 낭비하는, 제멋대로의, 넉넉한'이다. 아들은 죄악 가운데 사치스러웠지만, 아버지는 자신의 사랑을 낭비하고 있었다. 예수께서는 탕자의 이야기를 통해 아버지 하나님과 우리를 향한 그분의 사랑에 대한 그림을 그려 주시고자 하셨던 것 같다. 이야기를 더 깊이 살펴보자.

### 탕자 아버지의 이야기

두 아들을 둔 남자가 있었다. 둘째 아들이 아버지에게 말한다.

"아버지, 재산 중에서 제 몫을 떼어주십시오."

그래서 아버지는 자신의 재산을 둘로 나눴다.

얼마 지나지 않아 둘째 아들은 모든 걸 챙겨서 먼 나라를 향해 떠났다. 그리고 거기서 야생적인 삶을 살면서 헤프게 모든 돈을 써버렸다. 돈이 떨어진 후, 그 나라 전체에 심각한 기근이 닥쳐서 그는 어려운 상황을 맞게 되었다. 그래서 그는 그 나라에 사는 어떤 이의 일꾼으로 취직했는데, 들판에서 돼지들을 돌보는 일을 하게 됐다. 그는 돼지들이 먹고 있는 콩 껍질로라도 배를 채웠으면 했지만, 아무도 그에게 먹을 것을 주지 않았다.

정신을 차렸을 때 그는 이렇게 생각했다. "우리 아버지의 일꾼들은 먹을 게 많아 남아도는데, 나는 여기서 굶어 죽어가고 있구나! 이제 돌아가서 아버지께 이렇게 말해야겠다. '아버지, 제가 아버지와 하늘에 죄를 범했습니다. 아버지의 아들이라 불릴 자격이 없으니, 아버지의 일꾼 중 하나로 받아주십시오.'" 그래서 그는 일어나 아버지에게로 갔다.

아직 멀리 떨어져 있을 때, 돌아오는 그를 보고서 아버지는 큰 긍휼로 그에게 달려왔다. 팔을 뻗어 꼭 끌어안고 둘째 아들에게 입을 맞추었다.

둘째 아들은 그에게 말했다. "아버지, 제가 하늘과 아버지께 죄를 범했습니다. 더 이상 아들이라 불릴 자격이 없습니다."

하지만 아버지는 종들에게 말했다. "자, 빨리! 가장 좋은 옷을 가져와서 입혀라. 손가락에는 반지를 끼우고, 발에는 샌들을 신겨라. 살진 소를 잡아 죽이자. 기뻐하고 잔치를 벌이자꾸나. 나의 이 아들이 죽었다가 다시 살아났고, 잃어버렸다가 다시 찾게 되었으니 말이야." 그래서 모두 함께 잔치를 시작했다. (눅 15:11-24)

예수님께서는 이 이야기 가운데 그분에 대한 그림을 우리에게 보여주고 계신다. 주님께서는 어떤 분이신가? 나는 이 이야기를 차근차근 살펴보며 아버지라는 인물에 집중하고 싶다. 그의 행동과 반응들을 함께 살펴보자. 아버지의 말을 들어보고 미어지는 가슴을 느껴보고, 그 처절한 사랑의 깊이를 감지해 보자.

### 가까이하기 쉬운 아버지

둘째 아들이 아버지에게 가서 유산을 달라고 요구하기를 망설이지 않았음에 주목하자. 특히 아시아 문화권에서는, 아들이 아버지의 반응에 대한 확신이 없었다면 애초에 달라고 하지도 않았을 것이다. 집안에서 아버지에겐 절대적 통치와 지배 권세가 있고, 아무도 감히 질문을 던지지 못한다. 나도 동양인의 가정에서 자랐으며 아버지를 두려워했기 때문에 잘 알고 있다. 원하는 것이 있다면, 어머니에게 말하지 아버지에겐 결코 그러지 않았다.

여러분이 인식하지 못할지 모르나, 이러한 문화권에서 아들은 아버지가 죽기까지 아버지를 위해 일하는 것이 보통이다. 그리고 그 후에야 자신의 몫을 상속할 수 있는 것이다. 그러니 이 둘째 아들이 아버지에게 나아가 자신의 유산을 달라고 한 것은, 문자적으로 이렇게 말한 것과 다름 없다. "아버지, 저는 돌아가시기까지 기다릴 수 없어요. 지금이라도 죽으셨으면 하니까 제 유산을 주세요." 얼마나 모욕적인가! 아버지의 마음이 얼마나 아팠을까! 아들이 더 이상 자신의 보호 아래 살지도, 아예 관계를 갖지도 않겠다고 하는 걸 보면서 말이다.

### 존경 받는 아버지

아들에게 그렇게 무례한 처우를 받은 아버지는 그의 요청을 거절하고 아들이라는 위치가 어떤 것인지를 설교한 뒤, 아들이 있어야 할 자리에 세워두는 것도 어렵지 않았을 것이다. 그 오만함에 대해 아버지의 권위로 아들을 벌할 수도 있었을 텐데, 그러지 않았다. 대신에 아버지는 아들을 동등한 존재로 존중하며 대한다. 확신하건대 아버지는 둘째 아들의 성격을 매우 잘 알았고, 유산을 받아서 무얼 할지도 알았으리라고 본다. 허나 관대한 그의 즉각적인 반응은 이랬다. "재산을 나눠주었다."

여러분이 부모라면, 특히 10대 자녀를 두었다면, 이 아버지의 딜레마를 충분히 공감할 것이다. 아이가 성인으로 자라가게 하고 자신의 선택에 대한 결과를 겪어보도록 해야 하지만, 마음 깊은 곳에서는 아이에게 어떠한 고통도 주고 싶지 않은 것이다. 하지만 때로는 정말 필요한 것이 무엇인지 깨닫기 위해서 우리는 원하는 것을 가져봐야 한다. 아버지는 아들이 가서 하고 싶은 대로 살아보도록 할 용의가 있었던 것이다. 그는 아들을 너무나 사랑해서 구속을 할 수 없었다. 그렇게 할 수 있었는데도 말이다. 다른 사람을 통제하는 것은 사랑이 아님을 아버지는 알았다. 소유욕은 어떤 모양이든 사랑이 아님을 알았다. 진정한 사랑은 진정한 사랑으로 말미암는 것들만 소유할 수 있다.

### 무조건적으로 받아들이는 아버지

아들이 유산을 탕진하고 나서 집에 돌아오기로 결정하고 난 뒤, 아버지의 반응은 어떤 것이었는가? 아버지가 보여준 다섯 가지 행동은 어떤 말보다도 강하게 다가온다. "아직 멀리 떨어져 있을 때, 돌아오는 그를 아버지가 보고…" 여기서 우리는 이 아버지의 마음을 볼 수 있다. 아버지는 꾸준히 기다리며 아들이 돌아오기를 고대하고 있었다. 결코 아들을 포기한 적이 없었으며, 그가 돌아오리라는 소망을 그친 적이 없었다. 매일 아버지는 끈기 있게 바라보며 스스로 묻고 있었다. "오늘이 아들이 돌아오는 날일까? 그랬으면 좋겠다!"

아들을 보자마자 아버지의 마음은 아들을 향한 긍휼로 충만하게 되었다. 화나 분노도 없고, 이들과의 소원한 감정에 대한 암시도 없다.

오히려 아버지의 마음은 즉각 부드러운 사랑으로 충만해졌다. 드디어 아들이 집으로 돌아오고 있는 것을 보게 되었기 때문이다! 아버지가 그토록 오래 기다려왔던 날이 온 것이다!

아버지의 아낌 없는 사랑은 바로 행동으로 표출된다. "아들에게로 달려갔다…" 여기에 쓰인 원어의 단어는 '질주했다'는 의미다. 아무리 빨리 뛰어도 원하는 만큼 빨리 도달할 수 없었다. 이처럼 뛰기 위해 아버지는 옷을 추켜들고 속옷을 보여야 했을 것이다. 당시 문화 속에서, 성인 남성으로서 전혀 품위 없는 모습의 행동을 했던 것이다. 하지만 아버지는 개의치 않았다. 점잖고 말고는 상관이 없었다. 심지어 바보같이 보여도 말이다. 아들을 맞을 생각만 하고 있었다.

이 아들이 얼마나 더러운 모습으로 역한 냄새를 풍겼을지는 상상해 볼 만하다. 그의 옷은 넝마가 되었을 것이며 돼지 똥들이 말라 붙어 있었을 것이다. 머리칼은 구겨지고 떡이 졌을 것이며, 수주일 동안 목욕을 못 했을 것이다. 하지만 아버지는 상관하지 않았다. 아버지는 너무나 기쁨에 겨워 아들을 감싸안고, 품에 꼭 댔다. 하지만 이렇게 사랑하는 아버지에게는 이조차도 충분치 않았다. 계속해서 입을 맞추며 큰 환희로 아들을 맞아들였다.

### 넘치도록 사랑을 탕진하는 아버지

아버지가 그 다음에 어떻게 하는지 주목해 보자. 아들은 연습한 대로 종이 되고 싶다는 대사를 하려 하지만, 아버지는 듣지도 않는다. 즉시 종들을 향해 이렇게 말한다. "예복을 가져와 입히거라." 이 문화권에서 예복(robe)이라는 것은 축제 행사에 입는 옷으로, 손님으로 온 고위 인사들에게만 사용되었다. 예복을 아들에게 입힘으로써 아버지는 이런 메시지를 전하고 있었다. "내가 너를 완전히 용서한다. 너는 여전히 내게 존귀하고 소중한 존재란다."

아버지는 거기서 그치지 않는다. "손가락에 반지를 끼우거라." 아버지가 이야기하는 반지라는 것은 가족의 문장(紋章)이 새겨진 반지를 말하는 것이다. 이것을 다시 아들의 손가락에 끼운다는 것은, 아버지가 아들을 온전한 가족의 일원으로 다시 받아들인다는 것을 상징한다. 아버지는 아들을 제 자리에 되돌려놓고 있는 것이다.

하지만 이것도 아버지에겐 충분치 않다. 아들이 빠져든 가난이라는 구덩이를 상징하는 더러운 맨발을 본다. 그리고는 명령한다. "내 아들의 발에 샌들을 신겨라." 사실상 이렇게 말하고 있는 것이다. "내 아들은 더 이상 가난하지 않다. 필요한 모든 것이 그에게 있다!" 아버지의 기쁨은 어떻게든 표출이 되어야만 하는 상황이다. 그래서 종들에게 이렇게 명한다. "살진 소를 잡아 축하하자!"

이것이 사치스러운 사랑이다. 충분하다 못해 넘치지 않느냐고? 그렇다! 아들이 얼마나 무례했으며 유산을 탕진해 버린 것을 고려할 때는 더더욱 그렇다. 분명 아들은 이러한 사랑을 받을 자격이 없었으나, 아버지는 무조건적으로 사랑을 쏟아 부었다.

### 하나님께서는 어떤 말씀을 하시는가?

이 이야기는 하나님 아버지의 마음으로부터 우리 각자에게 전달되는 러브 레터다. 우리가 무슨 일을 했든 어떤 일을 겪었든, 하나님께서는 우리를 갈망하시며 우리와의 관계를 갈구하신다. 주님은 항상 가까이 계시며 존중을 받으시는 분이시다. 우리가 그분과 교통한 지 아무리 오래 됐든지 상관 없이, 주님께서는 결코 우리에게 설교를 하시거나 우리를 깎아 내리시지 않는다. 예수 그리스도 안에 있는 의의 예복으로 우리를 덮으시고 우리가 그분께 얼마나 존귀하고 소중한지 알려 주고자 하신다.

주님께서는 또한 우리 손가락에 가족의 문장이 생긴 반지를 끼워주고자 하신다. 하나님께서 다시 관계를 재개하셨고 그분의 양자로서의 우리 위치를 회복시켜 주셨음을 우리가 알기 원하신다. 에베소서 1장 3-5절을 보자.

"찬송하리로다 하나님 곧 우리 주 예수 그리스도의 아버지께서 그리스도 안에서 하늘에 속한 모든 신령한 복을 우리에게 주시되, 곧 창세 전에 그리스도 안에서 우리를 택하사 우리로 사랑 안에서 그 앞에 거룩하고 흠이 없게 하시려고 그 기쁘신 뜻대로 우리를 예정하사 예수 그리스도로 말미암아 자기의 아들들이 되게 하셨으니."

아버지 하나님께서는 또한 우리에게 충만하게 공급하여 주심으로 그분의 사랑을 탕진하고 싶어 하신다. 그분께서 우리의 모든 필요를 돌보시고 우리 마음의 갈망을 채워 주시는 분이심을 우리가 이해하길 원하신다. 우리는 이처럼 사치스러운 사랑을 받을 자격이 없다. 이것은 전적인 신비이고 경이다. 주님께서 마음 문을 활짝 여시고, 무조건적인 사랑으로 우리를 안아주고자 하신다니 말이다.

● **정리해 보자**

아래 기도는 우리가 지금껏 나눈 이야기를 정리해 주는 어거스틴(St. Augustine)의 기도다. 좀더 개인적으로 와 닿도록 표현을 조금 바꾸어봤다.

　나의 아버지 하나님, 주님에 대한 저의 지식이 불완전하여 주님께 나아가기가 힘이 듭니다. 무지 가운데 저는 주님을 원수로 생각했습니다. 제가 저지른 죄악에 대해 벌 주기를 기뻐하시는 분으로 잘못 생각했습니다. 그리고 어리석게도 제 인생에 대한 폭군으로 바라보았습니다. 하지만 이제 예수께서 아버지를 제게 계시해 주시니, 주님께서 사랑하시는 아버지시며 지금껏 저의 두려움이 근거 없는 것이었음을 압니다.

● **스스로 물어보자**

이 이야기에서 아버지는 여러분의 혈육의 아버지와 어떻게 다른가? 탕자의 아버지의 어떤 모습이 하나님 아버지를 믿고 받아들이는 데에 가장 어려움으로 다가 왔는가?
　- 그분께 다가갈 수 있다
　- 그분께 존중 받는다
　- 나를 무조건적으로 받아들이신다
　- 나를 완전히 용서하신다
　- 나를 자녀로 취하신다

여러분이 지금 겪고 있는 재정적 염려를 상고해 보라. 아버지 하나님께서 뛰어 나와 여러분을 맞으시는 모습을 상상해 보라. 여러분의 현 상황에서, 아버지께서 주시는 예복, 반지, 샌들은 무엇을 상징하겠는가?

● **그렇게 살자!**

우리는 대부분 예복을 입고 법정에 가서 사면을 받았다. 다시 말하자면, 예수 그리스도의 죽음과 부활을 통해 우리의 죄를 용서받았다는 것이다. 우리는 그리스도의 공의로 의롭다 하심을 얻고 거듭나게 되었음을 안다. 하지만 많은 이들이 그게 끝이라고 생각한다. 우리는 반지를 받고 거실에 들어간 적이 없다. 하나님께서 자녀로 취하신 것을 받아들인 적도, 아버지이신 하나님의 사랑을 받아들이도록 마음 문을 연 적도 전혀 없다.

다음주에는 매일 아침과 저녁으로 몇 분씩, 이 어거스틴의 기도를 주의 깊게 읽어보라. 소리 내어 스스로에게 읽어 주라. 우리 머리는 스스로의 목소리로 무언가를 말할 때 더 빨리 믿게 되는 경향이 있다. 그러니 기도를 읽어 마음 문을 열라.

# 섬기시는 아버지

"하나님이 세상을 이처럼 사랑하사 독생자를 주셨으니
이는 그를 믿는 자마다 멸망하지 않고 영생을 얻게 하려 하심이라
하나님이 그 아들을 세상에 보내신 것은 세상을 심판하려 하심이 아니요
그로 말미암아 세상이 구원을 받게 하려 하심이라."
(요 3:16-17)

### 최초로 베푸신 분

몇 년 전, 개리 채프먼(Gary Chapman) 박사는 대단히 인기 있는 책 〈5가지 사랑의 언어〉를 저술했다. 거기서 그는 우리가 사랑을 주고 받는 다섯 가지 주된 방식을 밝힌다. 그것은 긍정의 말, 소중한 시간의 공유, 섬김의 행위, 신체 접촉과 선물 전달이다. 성경에서 하나님의 행위를 보면, 이 모든 방식을 사용하여 그분의 사랑을 표현하시는 것을 볼 수 있다. 하지만 주님께서는 특별히 선물 주기를 기뻐하신다.

아버지 하나님께서는 최초로 섬기신 분이시다. 우리를 지으신 후 처음 하신 일이 우리에게 복 주신 일이었다. 축복은 관계적인 행위다. 그것은 한쪽이 축복을 받는 다른 쪽에게 호의와 수혜를 베풂을 의미한다. 하나님께서는 우리에게 복 주시며, 삶의 모든 영역에서 번성하고 성공할 수 있는 능력을 주셨다. 우리에게 번영을 허락하시고, 온 땅에 대한 지배권을

주셨으며 우리에게 해를 미칠 모든 것들을 정복할 수 있도록 힘을 주셨고, 완벽한 환경도 제공해 주셨다. 또한 하나님과의 사귐과 그분과 동역할 수 있는 기회도 주신 것이다. 우리가 상상하거나 소유하기를 갈망하는 모든 것을 우리에게 베풀어주셨다. (딤전 6:17)

피조 세계를 그저 바라보기만 해도 하나님의 섬기고자 하시는 마음에 대한 계시를 얻게 된다. 우리의 불순종으로 땅이 타락하여 저주 아래 놓이게 되었지만, 그래서 처음 창조 때의 충만한 위엄을 나타내진 못하지만, 그래도 충만한 아름다움을 어디에서나 볼 수 있다. 그랜드 캐년(Grand Canyon)의 믿기지 않는 장관과 요세미티 공원(Yosemite Park)의 아름다운 경치, 혹은 나이애가라 폭포의 강력한 힘을 생각해 보라.

하나님께서는 풍부와 다양성을 사랑하신다. 아무도 이 땅에 얼마나 많은 종의 동식물들이 존재하는지 알지 못한다. 하지만 연구자들은 700만에서 5,000만, 혹은 그 이상으로 어림잡는다. 지금까지 약 150만 종의 동물들이 확인되었는데, 그 중 100만은 곤충들이다. 현재 1만의 새로운 동물 종들이 매년 새로 식별되고 있다. 꾸미기에 관해서라면 아버지 하나님께서는 아낌 없으시다. 이 땅에는 약 27만 종 이상의 꽃들이 있다. 창조는 분명 하나님께서 섬기기를 기뻐하신다는 것을 드러낸다!

하나님께서는 너무나 섬기기를 갈망하셔서 계속 그분의 눈으로 온 땅을 두루 감찰하시며 복을 내려주실 이들을 찾으신다고 말씀하신다. (대하 16:9) 하나님께서는 존재 자체로 끝없는 사랑의 역동으로 이뤄지신, 사치스러운 사랑의 공동체시다. 이 무한한 사랑 때문에 하나님께서는 자신의 전 존재와 모든 소유를 우리에게 선물하실 수밖에 없었던 것이다. 이것이 그분의 최고의 기쁨이다. 그분의 형상으로 지어진 우리의 최종 운명은 이 무한한 사랑과 기쁨에 찬 나눔의 공동체 안에서 그분과 하나되는 것이다.

### 아브라함의 축복

에덴 동산에서 스스로 갈 길을 가기로 선택한 뒤, 우리는 하나님과의 친밀한 교제로부터 격리되었으며 그분의 축복으로부터 단절되었다. 하지만 하나님께서는 그러한 상황을 받아들이실 용의가 전혀 없었다. 아담과 하와가 동산을 떠나기 전, 하나님께서는 회복의 날이 임하리라고 그들에게 약속해 주셨다. (창 3:15) 그 회복의 때가 오기까지, 하나님께서는 인류와 관계를 재정립하고 우리에게 복 주기를 원하셔서 한 사람 아브라함을 선택하사 그와 언약을 맺으셨다.

하나님의 불가결한 성품 중 하나는 언약을 맺으신다는 것이다. 주께서는 항상 언약을 맺고 그분의 몫을 지키신다. 우리가 우리의 몫을 행하든 아니 행하든 무관하게 말이다. 하나님께서는 아브라함에게 오사 그의 하나님이 되시리라 약속하셨다. 그를 땅에 세우고 큰 민족을 이루겠다고 말이다. 그에 대해 아브라함은 그분 앞에 행하며 흠 없이 살아야 했다. 인생의 말년에 아브라함은 모든 면에서 하나님께 복을 받았다고 묘사된다. 그는 많은 양과 소, 엄청난 은과 금, 남종과 여종, 낙타와 당나귀를 소유한 거부가 되었다. (창 24:1, 35)

하나님께서는 이후 모세에게 아브라함의 많은 축복들을 설명해 주신다. 하나님께서 그분의 백성 모두에게 주고자 갈망하셨던 것들을 말이다. 그 내용이 신명기 28장 1-14절에 열거되어 있다.

- 자녀들이 복 받을 것
- 사업 혹은 직장이 복 받을 것
- 모든 영역에서 충만한 번영을 누릴 것
- 꾸어 주되 꾸지 않을 것
- 머리가 되고 꼬리가 되지 않을 것

– 꼭대기에 있고 결코 바닥에 있지 않을 것

아담과 하와와 더불어 동산에서 그러셨듯, 하나님께서는 이 복들을 이스라엘에 설명하시면서 선택권을 주셨다.

"내가 오늘 하늘과 땅을 불러 너희에게 증거를 삼노라. 내가 생명과 사망과 복과 저주를 네 앞에 두었은즉, 너와 네 자손이 살기 위하여 생명을 택하고."(신 30:19)

아버지 하나님께서 육체적, 물질적, 재정적 축복에 대한 길을 다시 열고 계신데, 그들이 여전히 영적으로 죽은 상태이며 죄와 분투하고 있음을 알 수 있다. 하나님께서 아브라함과 맺으신 언약에는 우리의 죽은 영 가운데 생명을 소생시킬 능력, 우리를 내면으로부터 변화시킬 힘이 없었다. 이를 이루기 위해서는 새롭고 더 나은 언약이 필요했다.

### 그리스도 예수 안의 새 언약

하나님께서는 아브라함과 맺으신 옛 언약 하에서 성취될 수 없었던 모든 것을 이루고자 새 언약을 맺으신다. 예수께서 사역 초반에 회당에 들어가사 이사야 선지자의 글을 읽으시는 모습을 보자.

"주의 성령이 내게 임하셨으니, 이는 가난한 자에게 복음을 전하게 하시려고 내게 기름을 부으시고 나를 보내사 포로 된 자에게 자유를, 눈 먼 자에게 다시 보게 함을 전파하며 눌린 자를 자유롭게 하고 주의 은혜의 해를 전파하게 하려 하심이라 하였더라."(눅 4:18-19)

예수께서는 사역 가운데 행위로 이 언약의 성취를 증명해 보이셨다. 병든 자를 고치시고 귀신 들린 자들을 놓아주시며, 사람들의 영안(靈眼)을 여사 성경의 진리를 보게 하셨다. 또 자신을 좇는 자들에게 아버지 하나님의 사랑과 섬김의 마음에 대한 계시를 주셨다.

하나님께서 성품상 섬기신다는 것을 우리들이 더 잘 이해하도록 예수께선 이렇게 말씀하셨다. "구하라, 그리하면 너희에게 주실 것이요. 찾으라, 그리하면 찾아낼 것이요. 문을 두드리라, 그리하면 너희에게 열릴 것이니. 구하는 이마다 받을 것이요 찾는 이는 찾아낼 것이요, 두드리는 이에게는 열릴 것이니라. 너희 중에 누가 아들이 떡을 달라 하는데 돌을 주며 생선을 달라 하는데 뱀을 줄 사람이 있겠느냐! 너희가 악한 자라도 좋은 것으로 자식에게 줄 줄 알거든, 하물며 하늘에 계신 너희 아버지께서 구하는 자에게 좋은 것으로 주시지 않겠느냐." (마7:7-11)

여러분에게 자녀가 있다면, 이렇게 사랑 많고 주기를 즐기는 아버지에 대한 묘사는 설명이 필요 없으리라. 부모들은 자녀가 필요로 하는 것뿐만 아니라 그들이 원하는 바를 주기 위해서 무슨 일이라도 할 것이다. 모든 부모는 오랫동안 기다려 온 무언가가 들어 있는 선물 상자를 열며 자녀의 얼굴이 반짝이는 모습을 보는 기쁨을 안다. 예수께서는 이것이 우리 아버지 하나님의 감정이라고 말씀하고 계신 것이다. 하나님께서는 우리가 그분을 신뢰하고 그분의 선물을 받을 줄 알게 되길 원하신다.

"나는 너를 애굽 땅에서 인도하여 낸 여호와 네 하나님이니, 네 입을 크게 열라 내가 채우리라." (시81:10)

"여호와를 찾는 자는 모든 좋은 것에 부족함이 없으리로다." (시34:10下)

물론 하나님께서는 자신의 아들 예수 그리스도를 우리에게 주심으로 최고의 선물을 확증해 보이셨다. 예수께서 십자가에 달리사 우리를 죄에서 구속하시고 그분과 우리의 관계를 회복하게 하셨으니 말이다. 이 선물의 가치는 이해를 초월한다. 내겐 대단히 사랑하는 친구들과 친척들이 있지만, 그 누구를 위해서라도 내 아들(Gabriel)을 포기한다는 것은 상상이

안 된다. 그것은 정말 궁극의 선물일 것이다. 내가 할 수 있는 다른 어떤 선물과도 비교가 안 된다! 바울 사도는 우리에게 도전한다.

"자기 아들을 아끼지 아니하시고 우리 모든 사람을 위하여 내주신 이가 어찌 그 아들과 함께 모든 것을 우리에게 주시지 아니하겠느냐."(롬 8:32)

하나님께서는 그분의 극한을 우리에게 이미 주셨는데, 그보다 못한 것들을 왜 주지 않으시겠는가?

아버지께서 그러실 리가 없다고 예수께서 분명히 밝히셨다.

"그러므로 내가 너희에게 이르노니, 목숨을 위하여 무엇을 먹을까 무엇을 마실까 몸을 위하여 무엇을 입을까 염려하지 말라. 목숨이 음식보다 중하지 아니하며 몸이 의복보다 중하지 아니하냐. 공중의 새를 보라. 심지도 않고 거두지도 않고 창고에 모아들이지도 아니하되, 너희 하늘 아버지께서 기르시나니 너희는 이것들보다 귀하지 아니하냐… 그러므로 염려하여 이르기를 무엇을 먹을까 무엇을 마실까 무엇을 입을까 하지 말라. 이는 다 이방인들이 구하는 것이라 너희 하늘 아버지께서 이 모든 것이 너희에게 있어야 할 줄을 아시느니라. 그런즉 너희는 먼저 그의 나라와 그의 의를 구하라. 그리하면 이 모든 것을 너희에게 더하시리라."
(마 6:25-26, 31-33)

### 더 좋은 약속이 있는 더 좋은 언약

그리스도 예수 안에서 우리는 모두 아브라함의 축복을 받는다.

"그리스도께서 우리를 위하여 저주를 받은 바 되사 율법의 저주에서 우리를 속량하셨으니, 기록된 바 나무에 달린 자마다 저주 아래에 있는 자라 하였음이라. 이는 그리스도 예수 안에서 아브라함의 복이 이방인에게 미치게 하고, 또 우리로 하여금 믿음으로 말미암아 성령의 약속을 받게 하려 함이라…너희가 그리스도의 것이면 곧 아브라함의 자손이요 약속대로 유업을 이을 자니라."(갈 3:13-14, 29)

하지만 새 언약은 아브라함의 축복을 뛰어넘는다. 예수께서는 아버지 하나님께서 우리를 애초의 주권적인 위치로 회복시키고, 그분과 동역할 수 있는 권위를 다시 세우고자 하시는 것이라고 여러 차례 선포하셨다. 제자들에게 이런 말씀을 하셨다. "적은 무리여 무서워 말라. 너희 아버지께서 그 나라를 너희에게 주시기를 기뻐하시느니라."(눅 12:32) 아버지께서는 우리에게 그분의 왕국-주님의 통치와 지배를 의미- 주기를, 또 그분과 우리의 관계를 회복하기를 기뻐하신다. 예수 그리스도 안에 있는 우리의 새 언약은 더 좋은 약속들에 기반하여 세워진 더 좋은 언약이다. 왜냐하면 우리가 모든 죄악으로부터 영원히 자유로워지며, 우리의 영은 거듭나서 아버지 하나님과의 올바른 관계로 회복되기 때문이다.

"또 주께서 이르시되, 그 날 후에 내가 이스라엘 집과 맺을 언약은 이것이니, 내 법을 그들의 생각에 두고 그들의 마음에 이것을 기록하리라. 나는 그들에게 하나님이 되고, 그들은 내게 백성이 되리라. 또 각각 자기 나라 사람과 각각 자기 형제를 가르쳐 이르기를 주를 알라 하지 아니할 것은, 그들이 작은 자로부터 큰 자까지 다 나를 앎이라. 내가 그들의 불의를 긍휼히 여기고 그들의 죄를 다시 기억하지 아니하리라 하셨느니라."(히 8:10-12)

이것은 우리가 에덴 동산에서의 불순종을 통해 상실한 모든 것의 온전한 회복이다. 이제 우리에겐 새 영이 있고, 우리가 창조된 그대로- 하나님의 형상대로-기능할 수 있는 능력이 있다. 하나님의 존전으로 다시 돌아갈 수 있는 길이 열렸다. 아버지 하나님께서는 우리에게 섬기시는 분이시며 그 섬기시는 마음의 대상이 우리임을 상상할 수 있는 모든 방식으로 증명해 보이셨다.

● 정리해 보자

우리와의 모든 상호 작용 가운데, 아버지 하나님께서는 일관되게 섬기시는 분이심을 나타내신다. 창조에 담긴 풍성한 다양성과 아름다움으로부터 에덴 동산에서의 최초의 축복, 그에 따라 아브라함과 맺으신 언약에 이르기까지, 하나님께서는 그분의 섬기시는 본성을 드러내신다. 하지만 물론, 하나님의 최고의 선물은 아들 예수 그리스도의 희생이었다. 우리를 죄로부터 완전히 구속하시고 최초의 목적과 운명으로 회복하시기 위한 그 희생 말이다.

● 스스로 물어보자

정말 갖고 싶었던 선물을 받게 되어 놀랐던 때가 기억나는가? 어떤 선물이었는가? 그리고 선물을 준 사람에 대해 어떤 느낌이 들었는가?

신명기 28장 1-14절을 주의 깊게 읽어보라. 지금 삶 가운데 어떤 축복이 가장 필요한가? 하나님께서 그 선물을 정말 주길 원하신다는 사실을 믿는가? 그 이유를 말해 보자.

요한복음 3장 16절은 매우 잘 알려진 구절인데, 많은 경우 그 다음 구절인 17절은 생각하지 않는다. 하나님께서는 우리에게 모든 정죄를 없이 하는 선물을 주신다. 스스로에 대해 죄책감이 들거나 정죄하게 되는 부분이 있는가? 지금 그것을 하나님께 내려 놓고 그분의 전적인 용서를 받을 수 있겠는가? 스스로를 용서하겠는가?

● 그렇게 살자!

우리는 하나님의 축복에 대한 수용성을 높여야 한다. 매일의 마지막에 잠시 시간을 내어 하나님께서 주신 선물을 최소한 한 가지라도 가려 보자. 좋아하는 식당에 갈 때 주차 공간을 찾게 해주신 것일 수도 있고, 직장 동료에게 들은 칭찬일 수도 있고, 침울한 순간에 누군가 건네준 미소일 수도 있고, 옛 친구로부터의 전화일 수도 있겠다. 이것들을 하나님의 선물로 인식하는 법을 배우면, 그것들이 전혀 우연이 아님을 점차 깨닫게 될 것이다. 그리고 하나님께서 매일처럼 꾸준히 흘려 보내주시는 선물들에 대한 인식이 자라가게 될 것이다.

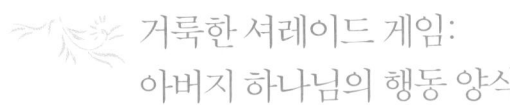
## 거룩한 셔레이드 게임:
## 아버지 하나님의 행동 양식

"모세가 하나님께 아뢰되 그들이 내게 묻기를
그의 이름이 무엇이냐 하리니 내가 무엇이라고 그들에게 말하리이까.
하나님이 모세에게 이르시되 나는 스스로 있는 자이니라…
이는 나의 영원한 이름이요 대대로 기억할 나의 칭호니라."
(출 3:13下-14上, 15下)

'셔레이드(charade)' 게임을 아는가? 상대방에게 무언가를 동작으로 설명하면, 그게 무엇인지를 맞추는 것이다. 말은 할 수 없지만, 제스처를 통해 힌트를 줄 수 있다. 제스처를 사용하여 묘사하려는 인물이나 사물의 특징들을 포착하여 전달해야 한다.

우리는 모두 각자 다른 사람과 구별되는 특색 있는 버릇, 행동 혹은 말들을 쓴다. 우리는 이것들을 '행동 양식'이라고 부른다. 예컨대 상대방으로 하여금 '산타클로스'라는 이름을 말하게 하려 한다고 가정해 보자. 손을 앞으로 하여 배가 많이 나왔다는 동작을 하고, 웃는 시늉을 하며 고개를 젖힐 수도 있다. 사람들이 쉽게 '산타클로스'라는 이름을 맞출지 모른다. 왜냐하면 산타클로스가 그렇게 행동한다고 묘사하는 것을 모두가 보아왔기 때문이다. 이 행동을 산타클로스의 행동양식의 일부라고 할 수 있겠다.

우리는 각자 자신만의 행동양식을 갖고 있어, 다른 이들이 우리와 서로 관계할 때 무엇을 기대할지 알 수 있게 되는 것이다. 우리가 깨닫든 그렇지 못하든, 우리는 사람의 행동양식이 시간이 지나도 어느 정도 일관되고 안정적이기를 기대한다. 이를 통해 우리는 질서에 대한 의식을 갖는 것이고, 개인적 환경에 있어 어느 정도 안정감을 갖게 된다.

하나님께도 행동 양식이 있다는 사실에 대해 생각해 본 적이 있는가? 성경은 하나님의 행동, 그리고 인간과의 관계에 특징적인 몇 가지 양상들이 있다고 분명히 말씀한다. 우리는 이미 두 가지를 논했는데, 그것은 하나님께서 아버지로서 사랑의 마음을 갖고 계시며 베푸시는 분으로서 아낌이 없으시다는 것이었다. 하나님의 행동 양식에 대한 이해가 중요한 것은, 우리가 확실한 믿음에 거할 수 있는 굳은 기초가 되기 때문이다.

### 나는 여호와다. 나는 변하지 않는다

하나님께서는 변하지 않으신다고 성경을 통해 반복적으로 우리에게 확언하신다. (말 3:6, 약 1:27, 시 102:26-27) 주님께서는 근원적인 존재, 그 속성 그리고 움직이시는 원칙이나 계획에 있어 변하지 않으신다. 철저히 불변하시며, 온 우주 가운데 변화가 없으신 유일한 분이시다. 우리는 꾸준한 변화로 둘러싸인 세상에 살고 있기 때문에, 하나님의 성품이 변하지 않는다는 것이 정확히 무슨 뜻인지 제대로 이해하기가 어렵다.

그것은, 내일 태양이 떠오를 것이며, 하루가 계속 24시간일 것이며, 밀물과 썰물이 지속되고 우주의 역사가 수없이 오랜 시간 동안 그래왔던 것과 같이 예측 가능하게 작용할 것이라는 뜻이다. 또 하나님께서 무드를 타지 않으신다는 뜻이다. 하나님께는 '컨디션 안 좋은 날'이 결코 없다. 100% 의존할 수 있는 분이시며, 신뢰도에 대한 그분의 전적은 완전하다.

주님께서는 흔들리지 않으시며 두 생각을 품지 않으시고, 스스로에 대한 의심이 없으시다. 영원을 관통하여 변함 없이 존재하신다. 전적으로 믿을 만한 분이시며, 모든 의중이 투명하시다. 주님께서는 절대로 마구잡이로, 예측할 수 없게 행동하지 않으신다. 우리에게 단 한 사람과라도 이러한 관계가 존재했다면 어땠을지 상상이 되는가? 그에 대해 완전한 확신을 가지고 맹목적으로 신뢰할 수 있을 것이다. 그런 사람이라면 항상 그대로, 안정적으로 있을 것을 믿을 수 있고 함께 관계하면서도 안정감이 들 것이다.

### 풀무불에 7번 이상 정련한 은과 같이 순결한 여호와의 말씀

순결한 말은 진실한 말이다. 두 가지 뜻이 담겨 있지 않다. 결코 현혹적이지 않다. 하나님께서는 그분의 말씀이 순결함을 다시금 확증해 주신다. (시 12:6, 시 33:4, 잠 30:5) 주님께서는 정확히 그분의 뜻을 담아 말씀하시며, 말씀하신 바는 늘 뜻하신 그대로다. 무슨 숨겨진 의도가 있을까 의심할 이유가 없다. 주님께서 우리에게 진실을 말씀하심을, 그리고 그분께서 변함 없으심과 마찬가지로 그분의 말씀이 변함 없음을 믿어도 된다.

이것은 하나님께서 하신 말씀들을 놓고 비교해 보면 모순이 발견되지 않는다는 뜻이다. 이 때는 이렇게 말씀하셨다가 그 다음엔 번복하시고 그런 분이 아니시다. 주님의 말씀은 실재를 이루는데, 그것은 '존재'의 근원을 알려주기 때문이다. 우리는 주님께서 계시하시는 실재가 안정적이고 확고하게 유지됨을 믿을 수 있다.

우리는 그분께서 우리에게 필요한 모든 것을 말씀해 주실 것임을 믿을 수 있다. 우리에게 비밀을 두지 않으신다. 제자들과 함께 한 마지막

밤에 예수께서는 이렇게 말씀하셨다. "이제부터는 너희를 종이라 하지 아니하리니, 종은 주인이 하는 것을 알지 못함이라. 너희를 친구라 하였노니 내가 내 아버지께 들은 것을 다 너희에게 알게 하였음이라."(요 15:15)

하나님께서는 우리에게 그분을 알려주사 우리가 그분께서 하시는 말씀을 믿게 되기를 원하신다. 우리는 가진 모든 것을 걸어 하나님께서 주시는 말씀을 믿어도 된다.

### 하나님께서 보내신 말씀은 결코 그분께 헛되이 되돌아가지 않는다

하나님께서는 절대로 수다를 떨지 않으신다. 주님의 말씀은 능력으로 충만하며, 항상 주님께서 바라시는 결과를 창출한다.(사 55:11) 주님께서 무언가를 말씀하신다면, 그것은 이미 이뤄진 것과 다름 없다. 성경은 하나님의 말씀에 믿을 수 없을 만큼 창조적인 능력이 있다고 명시한다. 온 우주는 하나님께서 말씀하심으로 존재에 이르게 되었다. 하나님께서는 항상 그분의 말씀을 뒷받침하시며, 그 말씀들은 결코 무익하거나 비생산적이지 않다.

주님의 말씀은 살아 있어, 모든 것의 핵심을 깊이 파고든다. 히브리서 기자는 하나님의 말씀을 이렇게 묘사한다. "하나님의 말씀은 살아 있고 활력이 있어, 좌우에 날선 어떤 검보다도 예리하여 혼과 영과 및 관절과 골수를 찔러 쪼개기까지 하며 또 마음의 생각과 뜻을 판단하나니."(히 4:12) 하나님의 말씀은 그분의 마음을 우리에게 드러내며, 우리 자신의 마음도 알려준다.

### 하나님께서는 그분의 언약을 지키신다

'언약'이라는 단어는 교회라는 환경에 조금이라도 있었던 사람이라면 익숙하게 다가올 것이다. 하지만 언약이 진정 어떤 의미인지 알고 있는가? 언약은 계약보다 훨씬 많은 것을 포함한다. 매일을 살아가는 우리 세계에는 언약이라는 상태에 조금이라도 근접한 것조차 없다.

고대에 언약이라는 것은 성스럽고 파기 불가한 것으로 여겨졌다. 양측은 서로 필요로 하고 원하는 것을 교환하기로 상호 합의하고 언약으로 들어가게 된다. 예컨대, 힘이 더 센 부족 측에서 약한 부족을 보호해 주기로 하는 한편 힘센 부족의 양떼가 약한 부족의 땅에서 풀을 뜯도록 해주는 내용으로 합의하여 두 부족이 언약을 맺을 수 있다.

이 언약의 상호 유익은 충분히 논의되었을 것이며, 양측 부족 지도자들이 언약을 지키겠노라 맹세했을 것이다. 이는 곧 언약을 깨뜨릴 경우 자신에게 저주가 임하리라는 것도 서약한 것이다. 보통의 경우 피를 흘려서 언약을 인치는데, 스스로의 육체에 상처를 내든지 동물을 희생시키든지 둘 중 하나의 방법을 썼다. 그렇게 하고 나면 돌이킬 방편은 없다. 언약은 쌍방이 서로에게 묶여 있는 관계를 나타냈다.

하나님께서는 아브라함 및 그의 다가올 후손들과 더불어 영원한 언약을 맺으셨다. (창 17:7) 주님께서는 신명기 7장 9절에서 이스라엘에게 이렇게 약속하셨다. "그런즉 너는 알라 오직 네 하나님 여호와는 하나님이시요 신실하신 하나님이시라 그를 사랑하고 그의 계명을 지키는 자에게는 천대까지 그의 언약을 이행하시며 인애를 베푸시되" 하나님께서는 그분께서 맺으신 언약에 대해 진실함을 증명하셨다. 이스라엘이 주님을 버렸을 때마다, 수차례를 반복하여 하나님께서는 그들과의 언약에 여전히 신실하셨다. 얼마 동안씩 그들이 구속을 당하게 되었을 때에라도 그들을 지키시고 구해 주셨으니 말이다.

그리고 하나님께서는 놀라운 일을 행하셨다. 그분의 아들 예수 그리스도의 피를 통해 인류와 일방적인 언약을 세우신 것이다. 이 언약을 짓고 이루신 것은 온전히 하나님께서 시작하신 바다. 쌍방이 합의하는 서약과 다르게, 하나님께서는 스스로를 걸고 맹세하여 이 언약을 영원히 지키겠노라 하셨다. 이 언약에서 하나님께서는 우리에게 완전한 구속과 교제로의 초대, 영원을 관통하여 함께 사랑으로 그분과 섬길 수 있는 자격을 주셨다. 예수께서는 최후의 만찬 때 잔을 드시고 이 언약을 말씀하셨다. "이것은 죄 사함을 얻게 하려고 많은 사람을 위하여 흘리는 바 나의 피 곧 언약의 피니라"(마 26:28)

얼마나 경이로운 확증을 우리에게 주셨는가! 하나님께서는 우리와의 영원한 언약으로 그분을 가두신 것이다. 결코 위반하거나 변경하지 않으실 언약 말이다! 그리고 자신의 친아들 예수의 피로 이 언약을 인치셨다.

### 그분의 언약으로 아브라함의 모든 축복을 우리에게 주시는 하나님

우리가 보았다시피, 축복을 통해 우리는 호의를 입고 모든 하나님의 약속들을 받도록 허락 받는다. 이 약속들에는 하나님과의 공의, 풍성한 생명, 번영, 영원한 구원 등이 포함된다. (시 24:5, 시 133:3, 삼하 7:29, 시 3:8) 한때 외인으로서 하나님의 모든 언약으로부터 단절되어 있었으나, 이제 우리가 예수의 피를 통한 그분과의 영원한 언약 안에 이르게 되었다고 하나님께서 확증해 주신다. (엡 2:12-13) "이는 그리스도 예수 안에서 아브라함의 복이 이방인에게 미치게 하고, 또 우리로 하여금 믿음으로 말미암아 성령의 약속을 받게 하려 함이라"(갈 3:14)

우리는 의미를 잘 이해하지 못하는데, 그것은 아브라함의 축복이 도대체 무엇인지 제대로 알지 못하기 때문이다. 이 책을 읽어나가는 가운데, 우리는 그 축복의 많은 측면들을 보게 될 것이다. 여기서 우리는 그 축복이 우리에게 속한 것임을 확실히 할 필요가 있다. 왜냐하면 하나님께서 우리와 맺으신 영원한 언약의 일부이기 때문이다.

### 하나님의 성품에 대한 우리의 반응

하나님의 성품에 대한 우리의 반응은 대단히 중요한데, 그것은 우리가 그분께 받을 수 있는 것이 무엇인지를 결정하기 때문이다. 우리가 이 성품들을 진리로 알고 믿을 때, 우리는 그분의 말씀을 이해하고자 열심으로 갈구하고 실행하게 될 것이다.

나는 여러분들이 문맥의 규칙을 따르고 믿음의 운영을 행하기로 동의해 주기를 구한다. 하나님의 말씀이 참되고 그분께서 우리에게 그분을 알리기를 원하신다는 것을 우리가 믿기에, 항상 우리는 주님께서 하시는 말씀의 완전한 문맥을 고려할 필요가 있다. 일단의 문장들을 문맥으로부터 분리해 내고 싶은 생각이 들고 그렇게 하기가 쉽지만, 그렇게 하게 되면 온전한 의미 상실 가능성이 높다. 우리가 'text(문장)'를 'context(문맥)'에서 제외시키면 남는 건 'con'뿐이다. 그렇게 하는 것은 의미가 결코 없다! 우리는 주님께서 우리에게 주시는 말씀을 정확히 이해하길 원한다. 왜냐하면 그것이 진리이며 우리 삶을 바꿀 수 있는 능력이 거기에 있음을 알기 때문이다.

서론에서 설명했듯, 믿음은 아래 세 단계를 거쳐서 얻어지게 된다.

계시: 성령을 통해 우리에게 계시되는 하나님의 말씀을 들음으로 얻어지는 믿음. (롬 10:17)

개인적 확신: 믿음은 우리에게 계시된 하나님의 말씀이 진리이며 능력임을 굳게 확신할 때 열매맺게 됨. (히 11:1)

행위: 믿음은 우리가 들어 계시 받은 말씀에 대하여 굳은 확신으로 행할

때 결과를 낳음. (약2:17)

우리가 섬김의 은혜 가운데 자라가고자 한다면, 그리고 주님 안에 더욱 확실히 세워지기를 원한다면, 항상 문맥의 원칙을 지키고 믿음의 운영대로 행할 것을 기억해야 한다. 이 책 전체를 통해 나는 여러분이 그렇게 할 것을 격려하고자 한다. 그리 행할 때 아버지 하나님을 더 깊고 더욱 친밀하며, 생산적인 형태로 알아가게 될 것이다.

● **정리해 보자**
하나님의 행동 양식에 계속해서 초점을 맞추면, 우리 안에 확실한 믿음이 세워진다. 창조하신 목적을 따를 수 있도록 은혜로 능력 주시는 하나님과 더욱 친밀하게 될 때에 말이다.

● **스스로 물어보자**
하나님의 다섯 가지 성품을 다시 돌아보자. 어떤 것이 가장 믿기 쉬운가? 어떤 것이 가장 어려운가?

하나님의 성품 중에 여러분이 습관처럼 기대하거나 과거에 하나님에 대하여 들은 것과 상충되는 듯한 부분이 있는가? 그렇다면 어떻게 그런가?

하나님의 성품 한 가지를 골라보자. 하나님께서 정말 그러시다고 100% 확신이 든다면, 여러분의 일상 생활이나 태도가 어떤 식으로든 바뀌겠는가? 그렇다면, 어떻게 그럴까?

● **그렇게 살자!**
여러분이 지금 받아들이기 어려워하고 있는 하나님의 성품 하나를 골라보자. 일주일 동안 아래의 것들을 행하며 거기에 집중해 보자.
　- 이번 장에서 그 성품 하에 인용된 성경 구절들을 적어 보자.
　- 성경 구절들을 하루 세 번씩 읽어 보자.
　- 주님께서 그분의 진리를 여러분에게 계시해 주시기를 구하자.
　- 여러분이 가지고 있는 통찰을 기록하자.

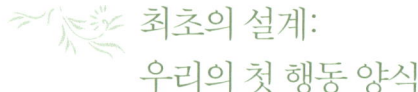
# 최초의 설계:
# 우리의 첫 행동 양식

"하나님이 이르시되 우리의 형상을 따라
우리의 모양대로 우리가 사람을 만들고."
(창 1:26上)

나는 하와이에 여러 번 가봤는데 갈 때마다 즐거운 시간을 보냈다. 백사장의 해변과 수정처럼 푸른 대양, 거의 완벽에 가까운 날씨는 정말 놀랍다. 거기에 가면 항상 마음이 놓이고, 집에 온 것 같은 느낌이다. 진정 낙원과 같은 그곳에 계속 머무르고 싶은 마음을 가지게 된다. 섬 휴양지에 다녀온 사람들이 그 같은 느낌을 이야기하는 경우를 나는 많이 보았다.

**낙원을 위해 지어진 존재**

때로 나는 궁금해진다. 우리가 하와이에 대해 이런 감정을 쉽사리 갖는 것이 원래 낙원에 살도록 지음 받은 존재여서 그런 것이 아닌가 하고 말이다. 하나님께서 우리를 어떤 존재로 지으셨는지 이해하기 위해서는 우리에 대한 애초의 설계 혹은 행동 양식을 아는 것이 중요하다. 창세기의 첫 두 장은 하나님의 창조 활동을 묘사하고 있다. 자세하진 않지만, 그 이야기에는 하나님께서 땅을 지으실 때 우리를 염두에 두셨음이 드러난다. 그리고 에덴 동산이라는 특별한 장소를 우리를 위한 완벽한 환경으로 구체적으로 설계하셨음을 볼 수 있다.

'동산'이라는 단어는 계획과 조직을 암시한다. 동산은 그냥 꽃가지와 관목만 모아 놓은 곳을 일컫는 게 아니라, 계획적이고 의도적으로 다양한 식물과 화초들을 배열하여 그 자연미를 담아둔 장소를 말한다. 하나님께서 바로 그곳의 조경사이시기에, 우리는 이곳이 역사상 설계된 것들 중 최고로 절묘한 동산이었을 것임을 알 수 있다! 그것은 '에덴'이라는 이름에 암시되어 있는데, '환희'라는 뜻을 가졌기 때문이다. 에덴 동산은 사실 환희의 동산이었던 것이다.

창세기는 하나님께서 에덴 동산에 모든 먹을 수 있는 과실들과 풍부한 식수, 그리고 우리의 기쁨을 위한 금과 보석들을 채우시는 모습들을 설명한다.

"하나님이 이르시되, 내가 온 지면의 씨 맺는 모든 채소와 씨 가진 열매 맺는 모든 나무를 너희에게 주노니 너희의 먹을 거리가 되리라."(창 1:29)

"여호와 하나님이 그 땅에서 보기에 아름답고 먹기에 좋은 나무가 나게 하시니…강이 에덴에서 흘러 나와 동산을 적시고 거기서부터 갈라져 네 근원이 되었으니 그 땅의 금은 순금이요 그 곳에는 베델리엄과 호마노도 있으며."(창 2:9上, 10, 12)

하나님께서는 분명히 이 동산으로 우리의 모든 필요를 채우시고, 우리의 모든 갈망을 만족시키고자 하셨다. 하지만 우리는 이러한 낙원에 살기 위해서만 지어진 존재가 아니며, 하나님께서는 우리를 향한 거룩한 행동 양식과 목적을 염두에 두고 계셨다.

### 하나님과 같이 되도록 지음 받다

성경 전체에서 가장 믿을 수 없을 만큼 놀라운 계시 중 하나는 우리의 참 정체성에 대한 묘사다. 창세기는 너무도 분명하게, 우리가 하나님의 피조물 중 독특하고 비할 데 없는 작품이라고 선포한다. 우리는 애초에 하나님의 형상대로, 하나님을 닮도록 창조되었다. (창 1:26) 형상이라는 것은 사본, 그러니까 원본의 복제물이다. 거기에는 원본의 본질적 특성, 그러니까 내부와 외부 모두의 특질들이 담겨 있다. 하나님의 형상대로, 그분을 닮도록 지어졌다는 것은 우리가 하나님의 완벽성, 거룩함, 공의, 지식과 주권을 투영한다는 의미다. 우리는 하나님의 영광을 비추도록 지음 받았다. 시편 8편 4-5절을 보자. "사람이 무엇이기에 주께서 그를 생각하시며, 인자가 무엇이기에 주께서 그를 돌보시나이까. 그를 하나님보다 조금 못하게 하시고 영화와 존귀로 관을 씌우셨나이다."

우리를 지으신 이야기는 창세기의 첫 두 장에 자세히 기록되어 있다. 분명 우리에게 이토록 상세한 이야기를 하신 것을 보면, 하나님께서는 우리가 창조된 정체성에 대한 구체적 사안들을 이해하길 원하신다. 하나님께서는 남자와 여자 모두를 자신의 형상을 따라, 자신을 닮도록 지으셨다고 분명히 말씀하신다. (창 1:27) 여자가 남자보다 이후에 지어져 남자에게 주어졌지만, 여자를 만드실 계획이 나중에 생겼다는 뜻은 아니다. 여자는 남자와 마찬가지로 하나님의 영광의 충만한 표현이다.

"여호와 하나님이 땅의 흙으로 사람을 지으시고 생기를 그 코에 불어넣으시니, 사람이 생령이 되니라"(창 2:7)

우리는 이 구절이 어떤 말씀을 하시는지를 이해할 필요가 있다. 이 때까지 하나님께서는 그분의 말씀을 사용하여 다른 모든 피조물들을 존재하게 하셨다. 하지만 우리에 대하여는, 하나님께서 직접 "손으로" 지으셨다고 기록되어 있다. 하나님께서는 능숙하고 기교 있게 땅의 흙으로 우리의 육체를 형성하시고, 그분의 영의 생명을 우리에게 불어넣으셨다. 이래서 우리는 다른 모든 피조 세계의 존재들 가운데 구별되어 독특한 것이다.

사실 히브리어로 이 구절을 보면, 우리에게 "여호와께서 생명(들-복수)의 호흡을 불어넣으셨다"고 되어 있다. 주님께서는 우리의 전 존재를 살아 움직이게 하셨다. 영과 혼, 육이 주님의 바로 그 생명으로 살게 된 것이다. 우리 몸을 묘사하기란 쉽다. 우리의 물질적인 부분으로, 우리를 둘러싼 물리 세계와 접촉하고 그것을 인지하는 존재다. 영과 혼을 설명하기란 훨씬 어려운 일이다. 둘 다 비물질이며 보이지 않는 부분이지만, 우리의 몸과 별도로 존재한다. 사실 영어나 한국어에는 히브리어의 혼이라는 개념을 마땅히 옮길 단어가 없다. 영과 혼이 모두 우리 인간의 인격이나 존재의 근원으로 여겨지는데, 그를 통해 우리는 인지하고 반응하고, 느끼고 갈망하는 것이다.

히브리서 4장 12절을 보면 우리의 영과 혼을 구분하기가 얼마나 어려운지 설명되어 있다. "하나님의 말씀은 살아 있고 활력이 있어, 좌우에 날선 어떤 검보다도 예리하여 혼과 영과 및 관절과 골수를 찔러 쪼개기까지 하며 또 마음의 생각과 뜻을 판단하나니." 우리가 혼과 영을 구분할 수 있는 한 가지 방식은, 혼으로 우리는 자아에 대한 의식을 갖고, 영으로는 하나님에 대한 의식을 갖는다는 것이다. 다양한 성경 구절들을 통해 여러 차례 확인 가능한 분명한 사실은, 우리는 영, 혼, 육의 세 부분으로 이뤄진 존재라는 것이다. (살전 5:23, 고전 2:11, 고후 5:4, 벧후 1:13-14)

최초에 창조되었을 때 우리는 연합된 존재였다. 우리의 영, 우리의 혼과 우리의 육은 전체로 연합되어 작용하고 있었다. 우리는 스스로 안에서, 우리의 목적 안에 연합되어 온전한 평화를 누렸다. 또 내면에서만 아니라 서로 간에도 마찬가지였다. 처음엔 남자와 여자가 하나의 단위로 움직였음이 분명하다. 남자가 처음 여자를 보고 이렇게 말했다. "이는 내 뼈 중의 뼈요 살 중의 살이라. 이것을 남자에게서 취하였은즉 여자라 부르리라."(창 2:23) 사실 둘은 그렇게 연합되고 하나였던지라, 개인으로 구별될 필요가 없었다. 이 정도의 동의와 조화 속에 살 수 있음을 이해한다는 것은 어려운 일이지만 불가능한 것은 아니다.

### 동반자로 지어진 존재

우리에게 있어 동반 관계는 필수불가결하다. 가장 먼저 하나님께서 친히 이 사실을 말씀하셨다. "사람이 혼자 사는 것이 좋지 아니하니, 내가 그를 위하여 돕는 배필을 지으리라."(창 2:18) 우리는 사회적 존재로, 가정과 공동체 안에 살도록 설계되었다. 하나님께서 존재 자체로 셋이 하나를 이루는 공동체시며, 우리가 그분의 형상대로 지어졌다는 사실을 결코 잊어선 안 된다.

남자와 여자는 너무나 깊은 동반 관계를 갖고 있어, 둘 다 벗고 있었으나 부끄러움을 느끼지 않았다고 한다.(창 2:25) 나는 이것이 육체의 벗었음을 가리킨다기보다는 우선적으로 내면의 투명성을 가리키는 내용이라고 본다. 둘은 너무나 가까웠고 그 사이에는 굉장한 결속이 있었기에, 둘 사이의 어떤 것도 감춰지지 않았다. 그들은 서로에 대해 전적으로 투명하였고 완전히 편안하여, 그만큼 취약하기까지 했다. 감출 것이 없었기에 부끄러울 것이 없었다. 우리는 결코 다른 사람에게 이만큼 전적으로 알려지고 받아들여진다는 것이 어떤 것일지 상상할 수 없다.

그들에겐 또한 하나님과의 동반 관계도 있었다. 창세기 3장에서는 하나님께서 서늘한 때에 동산을 거닐고 계셨다는 말씀을 읽을 수 있다.(창 3:8 상) 히브리어의 동사 시제를 보면 습관적 행위를 지칭하고 있다.

그러므로 우리는 하나님께서 남자와 여자와 더불어 지속적으로 교제하며 시간을 보내셨음을 짐작할 수 있다. 이것이 몇 주, 혹은 몇 달이나 몇 년이 지속되었는지는 전혀 알 수 없지만, 분명 셋 모두에게 있어 지속적으로 나타난 행동 양상이었다.

이들의 교제가 어떤 것이었을까, 무슨 이야기를 나눴을까 궁금해 해본 적이 있는가? 그런 언급은 없으니까 우리가 확실하게 알 수 있는 방법은 전혀 없지만, 최소한 나는 그들의 이야기가 하나님께서 주신 목적과 사명에 초점이 맞춰져 있었으리라 생각한다. 주님께서 그들에게 하신 첫 마디는 축복이요 위임이었다.

"하나님이 그들에게 복을 주시며 하나님이 그들에게 이르시되, 생육하고 번성하여 땅에 충만하라. 땅을 정복하라. 바다의 물고기와 하늘의 새와 땅에 움직이는 모든 생물을 다스리라 하시니라." (창 1:28)

"여호와 하나님이 그 사람을 이끌어 에덴 동산에 두어, 그것을 경작하며 지키게 하시고." (창 2:15)

많은 사람들은 이 창조 이야기를 너무나 많이 접해, 그 참된 의미를 생각지 않고 말씀을 그저 억지로 해석하기 쉽다.

### 다스리기 위해 지음 받은 존재

주님께서는 우리를 지으시고 즉시 복 주신 뒤, 우리가 항상 그리고 영원히 따를 목적과 사명을 선포하셨다. 우리는 생육하고 번성하여, 우리의 존재감으로 온 땅에 스며들어야 했다. 그러니 에덴 동산에서 시작했지만, 우리가 온 땅을 다스리고 통치하는 것이 처음부터 하나님의 계획이었다. 우리가 지배 받지 않고 지배권을 받았음을 주목하라. 우리는 땅에 움직이는 모든 것들에 대하여 다스리고 통치해야 했지만, 동시에 우리의 지배권을 잘 다스려야 했다. 여기에는 그것을 돌보고 키워나가야 했다는 의미가 담겨 있다.

또한 그것을 지켜야 했다. 우리가 받은 위임 중 흥미로운 부분 하나가 흔히 간과되고 있는데, 곧 "땅을 정복하라"는 명령이다. 정복한다는 것은 '꺾다, 낮추다'의 의미다. 여기엔 대적을 정복한다는 의미가 내포되어 있다. 땅의 모든 것에 대하여 사랑의 지배권을 행사할 수 있는 권세와 책임을 받았지만, 이 명령은 우리가 진압해야 하는 저항이 있을 것임을 암시한다. 궁극적으로 우리는 사탄을 전복시키기 위해 부르심 받았다. 우리는 사탄이 이미 동산 안에 있었던 것을 알 수 있다. (창 3:1 이후)

나는 우리에게 주어진 최초의 책무가, 통치를 위한 제대로 된 훈련이었다고 믿는다. 하나님과의 교제, 그리고 우리가 내린 결정들을 통해 우리는 주님께서 주신 위임 안에서 자라가야 했다. 에덴 동산은 우리의 표준이었다. 하나님께서 우리에게 주신 복들을 취하고, 우리의 지배권을 통하여 온 땅을 축복해야 하는 것이었다.

우리는 엄청나게 풍부한 자원을 받았다. 하나님의 생명과 영을 지속적으로 우리의 존재 가운데 흘려 보내줄 생명 나무를 주신 것이다. 이 자원에 접근할 때, 우리는 계속하여 하나님의 지혜와 지식, 그리고 영속적으로 풍부한 그분의 축복을 받게 된다. 축복, 지배권, 풍요, 연합 그리고 동반 관계가 모두 우리를 처음 설계하셨을 때 다 포함되어 있었다. 우리를 처음 지으신 목적과 사명을 성취하는 것은 모든 면에서 하나님과의 관계를 통해 이뤄지는 것이다.

이 땅에 사는 우리에게 극적인 변화가 생긴 것은 분명하지만, 우리를 애초에 어떻게 설계하셨는지를 이해하는 것은 단순한 역사 공부가 아니다. 하나님의 거룩한 행동 양식을 기억하라. 주님께서는 결코 변하지 아니하시며, 그분의 말씀은 결코 보내진 목적을 성취하지 못하고 그분께 되돌아가는 일이 없다는 말씀을 통하여 모든 것을 확립하신다. 하나님의 최초의 계획은 우리에게 있어 여전한, 영원한 목적이다. 이것을 세심하게 공부하여 우리 안에, 그리고 우리를 위해 주님께서 이루고자 하시는 것이 무엇인지 이해해야 한다.

● 정리해 보자
우리에 대한 최초의 계획과 영원한 목적은-
번영하여 풍요 속에 거함
번식하여 땅을 가득 채움
땅의 모든 피조물과 모든 생명체들에 대한 주권과 지배권을 가짐
우리의 지배권에 도전하는 모든 것(다시 말해 사탄)을 패배시킴
서로 서로 연합과 조화 가운데 거함
하나님의 동반자로서 지속적인 교제 가운데 행함

● 스스로 물어보자
가족, 친구와의 관계, 재정, 직업, 건강 중 어느 영역에서 전혀 통제 불능을 느끼는가? 거기에 집중하라. 이 영역에서 지배권을 가진다는 것은 어떤 모양일까? 어떤 느낌일까?

삶에서 현재 중요한 관계를 생각해 보라. 그 사람과의 관계에서 얼마나 투명한가? 지금보다 더욱 투명해지지 못하도록 막는 것은 무엇인가?

위에 묘사된 우리를 처음 설계하신 측면들 중 하나를 고르라. 이 측면이 여러분에게 완전히 작용하고 있다면, 여러분의 삶은 어떻게 달라질까?

● 그렇게 살자!
여러분의 개인적 목표는 무엇인가? 하나님께서 여러분을 애초에 지으신 설계도에 따르면, 그분의 목적과 사명은 무엇인가? 수정해야 할 부분이 있는가? 어떤 것인가?

# 고아의 세대:
# 망가진 우리의 행동 양식

"그 때에 너희는 그리스도 밖에 있었고
이스라엘 나라 밖의 사람이라 약속의
언약들에 대하여는 외인(고아)이요
세상에서 소망이 없고 하나님도 없는 자이더니."
(엡 2:12)

### 통치 훈련

하나님께서 지으신 우리는 번영하고 번성하고, 모든 적들을 정복하며 온 땅과 그 안에 있는 것들에 대해 사랑의 지배권을 행사하도록 설계되었다. 우리는 서로 서로, 또 하나님 및 우리 자신과의 완벽한 연합 및 투명성 가운데 거했다. 내면으로부터 외면까지, 우리의 영이 하나님의 영과 짝을 이루어 살았는데, 그것이 우리가 지혜와 지식, 진리를 체험하는 근원이었다. 우리의 혼과 육은 영이 이끄는 대로 자동 정렬이 됐다.

우리는 모든 것을, 우리의 지배적 감각 기관인 믿음 곧 영의 감지를 통해 알고 체험했다. 그렇게 매일 하나님과 동행하고 대화했다. 믿음을 통해, 아무런 어려움 없이 영적인 세계를 들여다보고 체험할 수 있었다. 믿음은 물리적 세계에 대한 체험에 있어 다른 모든 감각을 지시하는 감각이었다. 우리는 육체의 오감에 좌우되지 않고, 믿음의 인도를 받았다.

얼마 동안 이러한 하나님과의 투명성, 연합, 동역의 상태로 지냈는지는 알 수 없지만, 최소한 한 가지 주요 임무를 성취해 냈음은 안다. 창세기 2장엔 이런 말씀이 나온다.

"여호와 하나님이 흙으로 각종 들짐승과 공중의 각종 새를 지으시고, 아담이 무엇이라고 부르나 보시려고 그것들을 그에게로 이끌어 가시니 아담이 각 생물을 부르는 것이 곧 그 이름이 되었더라."(19절)

아담이 단순히 모든 피조물들에게 이름표를 달아줬으리라는 착각은 하지 말라. 무언가에게 이름을 지어준다는 것은, 그 본성과 특징을 결정 짓는 일이기에 아담은 실상 하나님의 창조 과정에 동참하고 있었던 것이다. 아담이 어떻게 그 정도의 지식과 통찰을 가지고 행할 수 있었을까? 그는 믿음을 통해 하나님과 짝을 이뤄 행한 것이다. 이것이 인류의 통치 훈련 첫 단계였다.

하나님의 의도는 우리에게 점점 더 많은 책임과 지배권을 허락하시는 과정을 통하여, 결국 하나님께서 하늘과 온 우주를 통치하시는 것과 똑같이 우리가 땅을 다스릴 수 있는 자리로 나아가기까지 성숙하게 하시려는 의도였던 것 같다. 그런데 안타깝게도 우리는 탈선해 버렸다.

### 최고의 사기

우리는 모두 사기에 익숙하다. 컴퓨터만 켜면 수많은 팝업창과 스팸 메일들에, 사기성 광고들을 마주하게 된다. 사기는 속이는 것이요, 실제와 다른 모습으로 나타나는 것이다. 종종 너무나 좋아서 믿을 수 없을 정도로 느껴지는데, 거기에 속아넘어가게 되면 처음보다 더 안 좋은 상황을 맞이하고 만다. 에덴 동산에 있던 남녀에게도 바로 이런 일이 일어난 것이다.

우리는 특정 행동 양식을 따르도록 프로그램된 존재가 아니다. 우리는 진정한 선택의 자유라는 능력을 부여 받았다. 이것이 하나님의 형상대로 창조되었다는 내용의 일부다. 성경은 우리의 자유 의지를 이렇게 묘사한다.

"동산 가운데에는 생명 나무와 선악을 알게 하는 나무도 있더라… 여호와 하나님이 그 사람에게 명하여 이르시되, 동산 각종 나무의 열매는 네가 임의로 먹되 선악을 알게 하는 나무의 열매는 먹지 말라. 네가 먹는 날에는 반드시 죽으리라 하시니라." (창 2:9下, 16-17)

하나님께서는 우리를 유혹하려고 동산에 이 두 나무를 두신 것이 아니다. 이것은 우리가 늘 갖고 사는 진정한 선택권을 상징한다. 왜냐하면 우리는 창조 때부터 자유 의지를 받았기 때문이다. 우리의 선택은 우리의 영이 하나님의 성령(생명 나무)과 합력하여 내면으로부터 결정될 수 있고, 혹은 육체의 오감과 인간적 이성(선과 악을 알게 하는 나무)으로 말미암을 수도 있다.

주님의 의도는 우리의 믿음이 그분과 협력하여 우리 육체의 오감을 주도함으로 말미암아, 결코 악 자체를 직접 경험할 필요 없이 선과 악을 분별하도록 하려는 것이었다. (히 5:14)

선과 악을 알게 하는 나무의 열매를 먹기로 결정한 것은, 하나님 중심의 존재에서 자기 중심의 존재로 옮겨간 것을 나타낸다. 한순간에 우리는 하나님과의 신뢰 관계를 절단해 버리고 그분, 그분의 생명, 지혜, 권세와 능력으로부터 단절되었다. 스스로 지식과 의지력으로 더욱 그분과 같이 되고자 애를 쓰면서, 우리는 애초에 창조된 그분의 형상에서 점점 더 멀어지게 되었다. (롬 1:21-23, 28-31, 엡 4:17-19)

### 비극적 분열

선택의 여파는 우리의 상상을 훨씬 더 초월했다. 우리는 축복을 떠나 저주를 자초하게 되었다. (렘 17:5-6, 신 28:15-68) 의지적 불순종은 우리가 살아가는 방식을 극적으로 변화시켰다. 그중 몇 가지 변화만 살펴보기로 하자.

### 분리

우리는 하나님과의 연합을 잃어버렸다. 하나님으로부터의 분리란, 그분의 임재로부터 잘라져 나와 우리를 향한 그분의 목적과 운명을 깨닫는 데에 닫혀버리게 되었음을 의미한다. 이것이 영적 죽음인데, 선택 직후에 일어난 일이다. 육체적으로는 계속 살아 있었으나 영적으로는 즉시 죽었다. 우리는 이 믿을 수 없는 상실을 체험했으며, 수치스럽도록 유약함을 느끼게 되었다. (창 3:7-10, 사 59:2)

우리는 서로 간의 연합을 상실했다. 이 결정이 있기 전, 남자와 여자는 서로 완벽한 조화 가운데 살았으며, 영과 목적이 하나였다. 이제는 분리되어, 서로 다른 두 개인이 상이한 의도와 목적을 가지게 된 것이다. 아담이 이후 여인을 "하와"라고 불렀다는 사실에 이것이 반영되어 있다. 자신과 완전히 분리된 주체로 보았다는 것이다. 조화 대신 이제는 자기 중심적인 두 개인이 서로 다른 방향으로 끌리게 되어 불일치가 생긴 것이다. 더 이상 신뢰나 투명성은 없었으며, 자기를 숨기고 서로를 향해 비난만 하게 되었다. (창 3:12-13)

우리는 또한 스스로와의 연합을 잃어버렸다. 하나님과의 협력 가운데 우리의 영이 이해와 행동을 지시하고 그것이 혼으로, 또 몸으로 전달되던 상태를 빼앗기고, 내면으로부터 조각조각 나뉘었다. 우리의 영은 죽었으며, 이해와 행동의 초점은 육체의 오감을 통한 우리의 몸과 열정을 통한 우리의 혼으로 전환되게 되었다. 이러한 분열은 때로 여러 방향으로 찢기게 될 것임을 의미했다. 우리 스스로 안에서 분열된 목적을 갖게 된다는 것이다. 이것을 다른 말로 "두 마음을 품었다"고 한다. (약 1:6-8, 롬 7:18-24)

### 지혜 대신 이성

우리는 더 이상 영적인 세계에 접근할 수 없게 되었다. 전적으로 물리적 세계, 그리고 우리의 이성으로 학습하고 관찰할 수 있는 부분에 갇히게 되었다. 실재의 진수(眞髓)인 하나님의 지혜와 주님의 진리의 지식으로부터 절연되었다는 뜻이다.

무수한 사실들을 결합시키려 하지만 결코 그 안에 얼마나 많은 진리와 오류가 담겨 있는지를 깨닫지 못하는 상태에 갇혀버렸다. 하나님의 지혜의 연합 대신, 각자의 이해를 통해 만들어진 서로 다른 의견들만 계속 내놓는 이분법만 남았다. (롬 1:19-22)

### 믿음 대신 두려움

우리는 믿음이라는 영적 감각을 잃어버리고, 육체의 오감에 묶여버리게 되었다. 우리의 체험은 주변 상황에 지배 받게 되었다. 곧 우리는 우리가 영향을 미칠 수 없거나 우리의 감각을 통해 통제할 수 없는 상황들이 너무나 많다는 것을 배웠다. 많은 것에 대해 취약하고 두려워하는 것을 느꼈다. 더 이상 하나님의 권세와 능력이 우리 안에 역사하고 있다는 확신을 가질 수 없었다. 우리는 홀로 남겨졌고 우리의 능력은 제한적이었다.

### 일이 아닌 노동

우리에게 주신 최초의 목적과 운명은, 동산을 돌보고 그 풍성한 열매들을 즐기며 대적들을 굴복시키고, 온 땅에 대해 사랑의 지배를 행사하는 것이었다. 이것은 창조적인 일이었으며, 이를 통해 우리는 기쁨과 축복을 얻도록 되어 있었다. 우리의 선택은 스스로를 뛰어넘는 결과를 가져왔다. 하나님께 충성하던 데에서 떠나, 이질적인 영인 사탄의 거짓말을 믿고 그를 따르게 되었다. 이 땅에 대한 우리의 지배권은 이제 부패하고 오염되었으며, 우리가 하나님께 반역을 했기에 땅도 우리에게 반역을 일으키기 시작했다. 에덴 동산은 사라졌다. 부단하게 노동하여, 땅이 추수할 작물을 우리에게 내어주도록 해야 했다. 우리의 삶은 소망 없는 노동에 속박된 상태가 되어버렸다. (창3:17-19)

### 우리는 부서진 고아들

최근 개봉된 영화 〈휴고Hugo〉를 보면, 한 어린 소년이 사람 모양으로 된 자동 로봇 인형을 발견한다. 그런데 그것을 움직이는 태엽 장치가 고장 나 있었다. 소년은 그 로봇이 무엇을 하도록 설계되었는지를 잘 몰랐지만, 수리하여 그 목적을 알아보고자 한다. 그는 친구에게 말한다.

"모든 것엔 목적이 있어. 시계는 시간을 알려주고, 기차는 우리를 목적지로 데려다 주지. 모든 것은 지어진 목적대로 그 역할을 하는 거야. 그래서 망가진 기계들을 보면 나는 그렇게 슬픈 것 같아. 지어진 목적대로 움직일 수 없잖아. 사람들도 마찬가지일지 몰라. 우리도 목적을 잃으면, 망가진 것과 똑같잖아. 나는 내 목적이 뭔지 모르겠어."

이 꼬마는 인간의 본질적 딜레마를 잘 정리해 주고 있다. 하나님께로부터 분리된 우리는 목적을 상실했으며 망가진 상태다. 우리의 제한된 이성의 능력으로 스스로를 이해하려고 애쓴다. 하지만 우리가 창조된 정체성에 대한 진리로부터 잘려 나와 있어서, 깨어진 거울을 통해 자신을 보는 것과 같이 우리 자신의 모습일지 모를 형상의 왜곡된 모습만 보게 된다. 우리는 자신의 정체를 더 이상 알지 못한다. 고아로서, 소망도 하나님도 없이 세상에 홀로 남겨져 있는 것이다. 우리는 하나님의 자녀로서 우리의 정체성을 상실했다.

이 두 가지 정체성을 다음과 같이 대조해 볼 수 있다.

| 하나님의 자녀(최초의 행동양식) | 고아(타락한 행동양식) |
| --- | --- |
| 안정 | 불안정 |
| 신뢰 | 불신 |
| 관계 중심 | 성과 중심 |
| 연합 | 두 마음 |
| 투명 | 수치 |
| 지혜 | 이성 |
| 자기 인정 | 자기 부인 |
| 하나님 중심 | 자기 중심 |
| 지배권 | 조종 |
| 믿음 기반 | 두려움 기반 |
| 창조적 일 | 노동의 속박 |
| 목적과 운명 | 열정의 상충 |
| 소속감 | 소외감 |
| 축복 | 저주 |

우리는 최초로 지음 받았던 당시의 정체성과 망가진 고아로서의 정체성 모두를 이해해야 한다. 고아로서 우리의 정체성은, 우리가 아버지 하나님께로 나아가 그분께서 들려주시는 약속들을 마주할 때의 도전과 난관들을 드러내준다. 우리가 최초로 지음 받았을 때의 정체성은, 결코 변하지 않는 하나님의 목적과 운명을 파악할 수 있게 도와준다.

● **정리해 보자**

자유의지에 기반한 선택으로, 우리는 하나님과의 연결을 끊어내고 최초의 목적과 운명을 상실했다. 축복을 잃었으며, 하나님 없이 두려움 가운데 빠져버렸다. 악을 체험적으로 알기(선과 악을 알게 하는 나무의 열매를 먹기)로 결정함에 따라 우리는 저주를 자초했으며, 온 땅과 그 안에 있는 것들에 저주를 불러왔다.

● **스스로 물어보자**

바로 지금 여러분의 삶에 역사하고 있는 저주의 영향은 무엇인가? (시간을 내어 생각해 보자. 깨닫는 것보다 훨씬 많을 것이다!) 이 영역에 저주가 아닌 축복이 임한다면, 여러분의 삶은 어떻게 달라질까?

두 가지 정체성(자녀와 고아)을 비교해 보니, 어떤 부분이 자신 가운데 더 많이 드러나는가?

"보는 것이 믿는 것이다"라는 말을 자주 듣게 된다. 이것이 참된 지혜일까? 왜 (안) 그런가?

● **그렇게 살자!**

스스로 물어보자. 3일 동안, 하루를 마치는 시간에 5-10분 정도를 내어 자신의 행동들을 돌아보자. 매일 내린 여러 결정들을 적어보자. 여러분이 결정을 내리는 데에 하나님의 영과 얼마나 많이 상의하는가? 이 과정을 활용하면 하나님과 동행하고 대화하는 기회를 더 많이 인식할 수 있을 것이다.

## 부전자전

"나를 본 자는 아버지를 보았거늘."
(요 14:9下)

"주께서 그러하심과 같이 우리도 이 세상에서 그러하니라."
(요일 4:17)

　몇 주 전, 동네의 스포츠용품점에 갔다가 한 아버지와 어린 아들을 보게 되었다. 둘은 똑같이 LA 레이커스 티셔츠를 맞춰 입고 있었고, 아버지는 서너 살 되어 보이는 아들에게 맞는 농구공을 고르고 있었다. 아버지는 등을 기대고 엉덩이에 손을 대는 포즈를 취했는데, 아들도 바로 똑같이 따라 했다. 계속 보고 있노라니 아들이 아버지를 똑같이 따라 하는 장면을 수차례 목격할 수 있었다. 아들은 그처럼 동경심을 가지고 아버지를 바라보면서, 아버지의 관심을 얻는 매순간을 그토록 기뻐했다. 아버지도 아들을 내려다보며 자부심을 느끼는 모습이 뚜렷이 보였다.
　그 작은 소년은 모든 면에서 아버지를 비춰내려 하고 있었고, 아버지는 아이를 돌보면서 그처럼 큰 기쁨을 느끼고 있었다. 간단하게 말하자면, 마치 아버지 하나님과 아들 예수 그리스도의 관계를 나타내주는 그림 같았다. 성경은 예수께서 이 땅에 오시기 전 두 분의 관계가 어땠는지에 대해 자세한 이야기를 하지 않는다. 하지만 우리는 요단 강에서 예수께서 세례를 받으시는 장면에서 힌트를 얻게 된다. 메시아께서 공생애를 시작하시기 전 혹은 어떤 행동도 하시기 전에, 아버지께서 이렇게 선포하신 것이다. "너는 내 사랑하는 아들이라. 내가 너를 기뻐하노라."(눅 3:22) 이는 성과가 아닌 사랑에 기초한 관계를 암시한다.

### 완벽한 연합: 아버지와 아들

복음서를 보면, 예수께서 이 땅에서 사역하시면서 행하신 내용들이 기록되어 있다. "예수께서 온 갈릴리에 두루 다니사, 그들의 회당에서 가르치시며 천국 복음을 전파하시며 백성 중의 모든 병과 모든 약한 것을 고치시니."(마 4:23) 주님께서 행하신, 가르치시고 격려하시고 치유하신 사역으로 인해 많은 열정적인 무리들이 그분께 모여들어 따르기 시작했다.

앞서 탕자 아버지 이야기에서 논했듯, 예수께서는 아버지 하나님의 성품을 설명하고자 비유를 말씀하실 때가 많았다. 예수의 사역의 주된 임무는 아버지의 마음을 우리에게 계시해 주시는 것이었다. 주님께서는 그분의 말씀을 통해서만 그렇게 하지 않으시고, 친히 삶과 행동으로 우리가 아버지를 "보도록" 해주셨다. "그는 보이지 아니하는 하나님의 형상이시요, 모든 피조물보다 먼저 나신 이시니."(골 1:15)

예수께서는 그분의 말씀을 듣는 자들에게 그분께서 아버지의 뜻을 행하기 위해 오셨다고 반복적으로 말씀하셨다. 아래의 구절들에서 그것이 확인된다.

"내가 하늘에서 내려온 것은 내 뜻을 행하려 함이 아니요, 나를 보내신 이의 뜻을 행하려 함이니라."(요 6:38)

"그러므로 예수께서 그들에게 이르시되 내가 진실로 진실로 너희에게 이르노니, 아들이 아버지께서 하시는 일을 보지 않고는 아무 것도 스스로 할 수 없나니. 아버지께서 행하시는 그것을 아들도 그와 같이 행하느니라… 내가 아무 것도 스스로 할 수 없노라. 듣는 대로 심판하노니, 나는 나의 뜻대로 하려 하지 않고 나를 보내신 이의 뜻대로 하려 하므로." (요 5:19, 30)

"내가 내 자의로 말한 것이 아니요, 나를 보내신 아버지께서 내가 말할 것과 이를 것을 친히 명령하여 주셨으니. 나는 그의 명령이 영생인 줄 아노라. 그러므로 내가 이르는 것은 내 아버지께서 내게 말씀하신 그대로니라 하시니라." (요 12:49-50)

우리는 예수께서 아버지께서 행하시는 것을 보신 대로 행하셨을 뿐 아니라, 아버지께서 명하시는 바를 들으신 대로 말씀하시고, 아버지께 들으신 대로만 심판하시며 아버지의 뜻을 행하기 위해 사셨음을 보게 된다. 예수의 순종은 아버지의 목적과 뜻, 행위와 온전히 합의가 되어 이뤄진 것이다. 강압이 있었다든지, 아버지를 위해 무언가를 성취해야 할 필요가 있었다는 흔적은 찾아볼 수 없다. 예수께서는 자신의 삶과 행동을 "아버지와 하나 (요 10:30)"라고 표현하셨다. 그러므로 우리는 예수께서 오셔서 우리를 위해 자신의 생명을 내려놓으셨음을 알게 된다.

하나님의 본성과 성품의 중심에는 섬김을 통한 사랑이 드러난다. 예수의 모든 사역은 사람들에 대한 위대한 긍휼로 점화된 섬김의 사역이다. 예컨대, 예수께서는 세례 요한의 참수 소식을 듣고 무리로부터 빠져 나와 쉼을 취하고자 하셨다. 주님께서는 무리들에게 긍휼을 가지고, 그들을 먹이심으로 복 주셨다. 꾸준히 풍성하게 베푸셨다. (마 14:15-21) 주님의 사역은 친히 하신 말씀으로 가장 잘 표현된다. "내가 아버지의 이름을 그들에게 알게 하였고 또 알게 하리니, 이는 나를 사랑하신 사랑이 그들 안에 있고 나도 그들 안에 있게 하려 함이니이다." (요 17:26)

예수께서는 최후의 만찬에서 제자들에게 아버지와 자신이 전적으로 하나이심을 드러내신다. "내가 아버지 안에 거하고 아버지는 내 안에 계신 것을 네가 믿지 아니하느냐 내가 너희에게 이르는 말은 스스로 하는 것이 아니라 아버지께서 내 안에 계셔서 그의 일을 하시는 것이라."(요 14:10)

아버지의 사랑을 이해하고 싶다면, 예수를 바라보라. 아버지의 섬김의 마음을 이해하고 싶다면, 예수를 바라보라. 이 곳 이 땅을 향한 아버지의 뜻을 알고 싶다면, 예수께서 지상 사역 가운데 행하신 바를 보라. 예수의 생애는 아버지에 대해 속속들이 알려주시기 위한 것이었다. 왜냐하면 그분과 아버지께서는 뜻과 목적, 행위에 있어 완전히 하나이시기 때문이다.

### 하나님의 최고의 갈망

하나님께서는 무엇을 가장 원하실까 생각해 본 적이 있는가? 하나님의 갈망은 비밀이 아니다. 요한복음 17장의 예수의 기도에 명백히 드러나 있다. 거기에는 여러분과 내가 포함된다. 우리가 하나님의 가장 큰 갈망의 한가운데에 있다는 것이다.

"아버지여, 아버지께서 내 안에, 내가 아버지 안에 있는 것 같이 그들도 다 하나가 되어 우리 안에 있게 하사, 세상으로 아버지께서 나를 보내신 것을 믿게 하옵소서. 내게 주신 영광을 내가 그들에게 주었사오니, 이는 우리가 하나가 된 것 같이 그들도 하나가 되게 하려 함이니이다. 곧 내가 그들 안에 있고 아버지께서 내 안에 계시어 그들로 온전함을 이루어 하나가 되게 하려 함은, 아버지께서 나를 보내신 것과 또 나를 사랑하심 같이 그들도 사랑하신 것을 세상으로 알게 하려 함이로소이다."(요 17:21-23)

아버지 하나님께서는 우리가 그분의 자녀가 되기를 고대하신다. 예수처럼 우리도 그분과 하나되기를 말이다. 우리는 삼위일체로서 누리시는 그 사랑의 교제에 포함되도록 창조되었다. 하나님께서는 우리를 향한 그분의 원래 계획을 철회하신 적이 없다. 예수를 죄에 대한 희생으로 주신 아버지 하나님께서는 엄청난 추수를 위해 씨를 뿌리신 것이다. 그분의 아들과 같이 될 수많은 자녀들을 바라시며 말이다. 이것이 우리 안에 일어난 하나님의 은혜의 역사로, 우리 스스로의 노력을 통해서는 결코 얻을 수 없는 것이다. 은혜로 세상에 그리스도를 주심으로, 하나님께서는 주님의 영원하고도 부패하지 않는 씨앗을 우리 안에 두셨다. 받아들이기로 결정하는 자들은 성령을 모실 수 있게 된 것이다. 이제 우리는 재창조된 우리의 인간적 영 안에 주님의 거룩한 DNA를 담고 있다. 그것은 또한 그분의 왕국의 씨앗 형태와 같다. 주님의 왕국은 우리 안에서 시작된다. (눅 17:21)

하나님께서는 섬김의 원칙을 이해하신다. 하나님께서 세우신 것이기 때문이다. 성령의 씨앗을 우리 안에 심으신 주님께서는, 결국 이 땅에 그분의 왕국이 완전히 회복되도록 할 한결 같은 성장과 증대의 과정을 개시하신 것임을 알고 계셨다. (사 9:7) 번성과 증대는 섬김의 원칙 중 하나다. 자그마한 겨자씨 하나가 거대한 숲이 되듯, 재창조된 우리의 인간적 영은 우리 안에서 그 변형의 능력으로 꾸준히 성장하여, 우리를 내면으로부터 외면까지 점점 메시아를 닮아가게 한다.

바울 사도는 이 거룩한 섬김의 은혜를 이렇게 표현했다. "우리가 다 수건을 벗은 얼굴로 거울을 보는 것 같이 주의 영광을 보매, 그와 같은 형상으로 변화하여 영광에서 영광에 이르니 곧 주의 영으로 말미암음이니라." (고후 3:18) 우리의 궁극적 목적은 아버지 하나님의 형상을 세상에 비추는 것이다. 바로 예수께서 그러셨듯 말이다. "주께서 그러하심과 같이 우리도 이 세상에서 그러하니라." (요일 4:17下)

내면에서부터 변형될수록 우리는 점점 예수를 닮게 된다. 내면의 연합과 조화를 되찾고, 영, 혼, 육이 전체적으로 통일된 존재로 움직이게 된다. 이 연합으로 인해 우리는 성령과 조화롭게 협력할 수 있게 되고, 그분의 능력을 사용하고 지휘하여 이 땅에 대한 우리의 권세와 지배권을 다시 발휘할 수 있게 되며, 우리를 맞서는 모든 세력을 정복하게 된다.

이제 우리는 두려움이나 성과, 상급에 대한 욕망으로 말미암은 것이 아닌, 우리의 뜻과 목적, 계획이 주님과 연합되었기에, 바로 예수처럼, 아버지 하나님과의 협력을 통해 행하기로 선택한다. 식물이 태양과 물을 갈망하듯, 우리는 주님의 임재에 목마르고 굶주려 한다. 그러면서 그분을 향한 우리의 사랑도 자란다. 우리 안에 있는 주님의 사랑 앞에 더 많이 내려놓을수록, 우리의 마음은 그분의 사랑으로 흘러 넘쳐 모두에게 아낌 없이 베풀 수 있게 된다.

주님의 사랑에 굴복함으로, 우리는 예수와 같이 섬기는 자들이 된다. 우리 자신을 주님께 드릴 때, 주님께서는 우리를 친히 그분으로, 그분의 풍요와 축복으로 점점 더 채우신다. 우리는 우리 안에 자라가는 그분의 사랑으로 말미암은 파이프가 된다. 주님의 은혜가 변화의 능력으로 우리 안에 역사할 때, 주님의 특성들이 우리의 인성 가운데 침투해 우리는 점점 더 메시아를 닮게 된다.

이 책의 나머지 부분을 통해, 우리는 하나님의 속성인 섬김과 나눔에 대해 살펴볼 것이며 그것이 하나님의 성품과 본성을 우리에게, 또 우리 안에 어떻게 반영하는지를 보게 될 것이다. 주님께서는 그분의 섬김의 은혜 안에서 우리도 섬기도록 부르신다. 아낌없는 마음의 능력을 풀어놓도록 말이다. 그렇게 할 때 우리는 우리가 그분의 자녀임을 보이게 되며, 이 땅에 주님의 왕국을 회복시키는 데에 적극 참여하게 된다. 그러면 애초의 운명과 목적을 되찾게 되는 것이다.

● 정리해 보자

예수께서는 아버지 하나님의 마음을 계시해 주시고자 이 땅에 오셨고, 우리를 죄에서 구속하사 최초의 목적과 소명을 회복시켜 주려 하셨다. 아버지 하나님께서는 우리에게 자신의 영을 주사, 우리를 변화시키고 자신의 형상을 닮아가게 하셨다. 주님께서는 우리를 나눔과 섬김의 삶으로 부르고 계신다. 우리가 예수를 닮은 섬김의 사람으로 변할 때, 주님의 마음이 다른 이들에게 계시되고 이 땅에 하나님의 왕국이 회복되는 것이다.

● 스스로 물어보자

아버지 하나님을 따라 하는 일이 어떻게 예배의 한 형태일 수 있을까?

다음 두 가지 상황 가운데 여러분의 감정을 비교해 보자. 선물을 줄 때와 선물을 받을 때. 여러분은 어떤 쪽을 더 즐겨 하며, 그 이유는 무엇인가?

어떤 면에서 우리의 베풂이 다른 이들에게 하나님의 왕국을 드러낼 수 있을까?

● 그렇게 살자!

아버지 하나님께서는 성경에 섬김의 원칙들을 정립하셨다. 아는 모든 원칙들을 적어보고 이후에도 볼 수 있게 잘 보관해 두라. 여러분이 발견한 원칙들이 일상에 어떻게 적용되는가?

2장

# 하나님께서는 여러분이 번영하기를 원하신다

이 책의 1부에서는, 하나님의 성품, 그리고 우리를 최초에 어떻게 설계하셨는지와 죄악이 우리를 하나님께로부터 분리시킨 뒤 우리에게 어떤 일이 일어났는지를 생각해 봤다. 아버지 하나님께서는 사랑하고 섬기시는 분이시며, 우리를 구속하여 최초의 축복과 권능의 상태로 회복시키기 위해 모든 것을 행하셨다는 사실을 돌아보았다.

주님께서 우리에게 주시는 회복의 일부는, 우리에게 더 풍성히 섬기고 우리를 번영케 하시는 것이다. 이 부분에서는 번영과 섬김의 구조를 하나님의 시각에서 다뤄보려 한다. 번영과 부에 대한 단단한 성경적 근거들을 보면, 하나님께서는 그분의 자녀들이 번영하도록 개인적으로 축복하실 뿐 아니라 그들이 주님의 왕국을 확장시키는 데에 일조하기를 원하신다.

하나님의 공급 안에서 우리의 안정감은, 주님께서 그리스도 안에 있는 그분의 무한한 부요로 우리의 모든 필요를 채워 주기를 갈망하시며 그렇게 하고자 하신다는 약속으로 말미암는다. 마음을 열어 하나님의 약속들을 믿고 적극적으로 받아들일 때, 주님의 은혜는 우리 심령 가운데 역사하여 예수처럼 섬기는 자들로 변화시킨다. 주님께서는 남다른 방식으로 우리에게 공급하실 수도 있고, 우리의 이성으로는 이해가 안 되는 일들을 하게 하실 수도 있다. 이것은 사실 우리가 주님의 왕국에서 통치할 수 있도록 훈련을 시키시는 기회이다. 주님의 지시를 믿고 그에 따라 행할 때, 우리는 주님에 대한 확신에 찬 기대 안에서 성장할 수 있고 주님 안에서 만족하는 법의 능력을 배우게 된다.

## 하나님께서는 여러분의 번영을 원하신다

> "여호와의 말씀이니라.
> 너희를 향한 나의 생각을 내가 아나니 평안이요,
> 재앙이 아니니라.
> 너희에게 미래와 희망을 주는 것이니라."
> (렘 29:11)

### 번영은 무엇인가?

매년 '포브스 400대 부자'에는 미국 최고의 부자들이 꼽힌다. 현재 최고 순위를 기록하고 있는 이는 총 자산 590억 달러를 보유한 빌 게이츠다. 사실 100위 안에 있는 부자들은 모두 수백억 달러씩을 갖고 있는 사람들이다. 보통 번영이라는 말을 생각할 때 우리는 돈과 물질적 풍요를 떠올린다. 하지만 이것이 하나님의 번영에 대한 개념일까?

헬라어로 번영을 가리키는 단어는, 사실 "좋은 길을 따라가도록 인도 받다"라는 의미다. 내가 이 정의를 좋아하는 것은, 물질의 축적을 강조하지 않고 삶의 방식을 말하고 있기 때문이다. 이사야 48장 17절은 우리에게 말씀한다. "너희의 구속자시요 이스라엘의 거룩하신 이이신 여호와께서 이르시되, 나는 네게 유익하도록 가르치고 너를 마땅히 행할 길로 인도하는 네 하나님 여호와라." 하나님께서는 우리가 좋은 길을 따라가도록 인도하기를 갈망하신다. 우리가 삶의 모든 영역-영, 감정, 육체, 물질-에서 번영하도록 말이다. (벧후 1:3)

이 구절들에 나오는 번영이 어떤 것인가 상고해 보라.

"높거나 낮거나 사람들이 주의 날개 그늘 아래에 피하나이다. 그들이 주의 집에 있는 살진 것으로 풍족할 것이라. 주께서 주의 복락의 강물을 마시게 하시리이다. 진실로 생명의 원천이 주께 있사오니 주의 빛 안에서 우리가 빛을 보리이다." (시 36:7下-9)

여러분은 하나님의 집의 풍요가 그저 영적인 번영에 제한되어 있다고 생각하는가? 다시 생각해 보라. 그리고 천국의 거리들이 금으로 포장되어 있음을 기억하라!

우리는 그러한 형태의 번영만 약속 받은 것이 아니다. 시편 92편 12-15절을 보면, 이토록 놀라운 약속이 있다.

"의인은 종려나무 같이 번성하며 레바논의 백향목 같이 성장하리로다. 이는 여호와의 집에 심겼음이여 우리 하나님의 뜰 안에서 번성하리로다. 그는 늙어도 여전히 결실하며 진액이 풍족하고 빛이 청청하니, 여호와의 정직하심과 나의 바위 되심과 그에게는 불의가 없음이 선포되리로다."

여기서 우리는 노년까지도 지속될 건강의 풍요에 대한 약속을 발견하게 된다!

마지막으로 한 가지 약속을 더 살펴보자. "그러나 보라. 내가 이 성읍을 치료하며 고쳐 낫게 하고 평안과 진실이 풍성함을 그들에게 나타낼 것이며." (렘 33:6) 여기서 육체의 건강과 감정적 웰빙이라는 두 영역에 대한 합동 약속을 보게 된다.

어쩌면 "번영이란 무엇인가?"라는 질문에 대한 최선의 답은 우리를 지으시고 우리에게 최초로 주신 권능에 대한 하나님의 목적을 바라보는 것이리라. 우리는 하나님의 형상대로 지어졌으니, 번영이란 그 형상 안에 담겨진 모든 것일 것이다. 나는 우리에게 주신 하나님의 위임이 이것을 아름답게 설명해 주고 있다고 생각한다. 주님께서는 우리에게 생육하고 번성하고, 건강하고 번영하며, 권세를 가지고 땅에 대한 지배권을 가지며, 모든 대적들에 대한 능력을 행사하라고 말씀하셨다. (창1:28) 그것이 온전한 번영이다! 더 자세한 항목들을 보고 싶다면, 신명기 28장 2-14절에서 하나님께서 풀어주시는 것을 살펴보라.

### 번영의 균열

하나님께서는 모든 것을 망라하는 형태의 번영을 생각하시는데, 우리는 그렇지가 않다. 너무나 자주 우리는 번영에 대한 약속들을 보고선 단순히 영적인 부분에만 관련된 것으로 해석을 한다. 우리는 너무나 오랫동안 정상에 못 미치는 이 세상에서 죄악의 저주 아래 스스로에 대한 왜곡된 이미지를 가지고 살아왔기 때문에, 그 한계와 제약을 일반으로 받아들인다. 우리는 균열된 번영을 받아들인다. 모든 면에서 완전한 풍요를 누릴 수 있는데 말이다. 기억해야 할 것은, 우리를 향한 아버지 하나님의 원래 의도와 목적이 변하지 않았다는 사실이다. 주님께서 예수 그리스도를 통해 우리에게 주신 구속이라는 선물은, 우리가 불순종으로 잃어버린 모든 번영을 우리에게 회복시켜 주시겠다는 약속이다. 삶의 모든 영역에서의 번영을 의미한다는 말이다.

이 책의 나머지 부분에서 재정과 물질의 번영에 초점을 맞출 것인데, 그것이 가장 중요해서가 아니라 가장 불인정되고 오해되는 번영의 영역이기 때문이다. 우리는 더 이상 아버지 하나님의 마음을 괴롭히지 말고 주님께서 우리에게 주시고자 하는 모든 것을 받으려 해야 한다.

### 마음의 변화가 요구된다

하나님께서는 여러분이 물질적으로 번영하기를 진정 원하신다. 믿을 수 있는가? 정말 그러신다. 번영을 누리기 위해선, 메시아 안에서 진실로 내가 누구인지에 대한 더 또렷한 통찰을 가짐으로 왜곡된 자아상을 없애버려야 한다. 에베소서 1장 18-19절은 말씀한다.

"너희 마음의 눈을 밝히사 그의 부르심의 소망이 무엇이며, 성도 안에서 그 기업의 영광의 풍성함이 무엇이며 그의 힘의 위력으로 역사하심을 따라 믿는 우리에게 베푸신 능력의 지극히 크심이 어떠한 것을 너희로 알게 하시기를 구하노라."

예수께서는 우리 마음의 눈을 열기를 원하신다. 그래서 이렇게 말씀하신 것이다. "회개하라 천국이 가까이 왔느니라." 주님께서는 우리가 이 땅에서 하늘을 가질 수 있다고 말씀하신 것이다. 하늘에는 재정의 부족이 없기 때문에, 이 땅의 누구도 그런 것을 겪어야 할 필요가 없다. 하지만 체험을 위해 우리는 먼저 회개해야 한다. 놀라운가? 대부분의 사람들이 회개에 대해 생각할 때, 죄에서 돌아서는 것을 떠올리지만 사실 회개를 뜻하는 헬라 단어 '메타노에오'는 문자적으로 "사고를 변화시키다"라는 뜻이다. 오늘날로 치면 이렇게 말할 수 있겠다. "패러다임의 전환이 필요하다."

하나님께서 선한 분이시라, 자신들을 사랑하시며 심지어 좋아하시고 그들에게 재정적 번영을 주고 싶어하신다는 것을 많은 교인들이 믿기 어려워한다. 여기엔 여러 가지 이유가 있을 텐데, 가장 큰 것은 많은 사람들이 마음에 깊은 상처가 있어 아버지 하나님께 선한 것을 받기 어려워하는 '고아의 심리'를 갖고 있다는 것이다. 이들에겐 더 깊은 내면의 변화가 필요하다. 그리고 이것은 심령의 깊은 변화를 겪을 때에만 가능하다. 이 과정에서 우리 마음이 왜 가장 중요한지 곧 살펴볼 것이다.

### 하나님께서 말씀하셨으면 그걸로 끝이다

참된 회개 혹은 패러다임 전환의 첫 단계는 하나님의 진리를 듣는 것이다. 하나님의 말씀은 진리이며, 주님의 변치 않는 의도를 나타낸다. 거기엔 숨겨진 다른 뜻이 없다. 주님의 말씀의 능력은 항상 그 목적을 성취한다. 자, 재정적 번영에 대한 몇 가지 구절들을 살펴보고 아버지 하나님께서 우리에게 무어라 말씀하시는지 들어보자. 이것들은 성경의 수많은 구절들 중 일부에 불과함을 기억하라.

#### 예레미야 29장 11절

"여호와의 말씀이니라. 너희를 향한 나의 생각을 내가 아나니 평안이요 재앙이 아니니라 너희에게 미래와 희망을 주는 것이니라."

내가 가장 좋아하는 성경 구절 중 하나다. 하나님께서는 우리를 너무나 사랑하셔서, 우리가 번영하고 우리 미래에 소망이 넘치기를 마음으로 갈망하신다. 소망은 삶의 모든 영역에서 좋은 것을 확신 갖고 기대하는 것이다. 하나님께서는 이것을 이스라엘 민족에게 말씀하셨는데, 그것도 그들이 불순종하여 바벨론에 포로로 끌려갔을 때에 말씀하셨다. 훈육 중에라도 하나님께서는 소망을 주시며, 그들이 상하는 것이 아니라 번영하게 되기를 바라는 그분의 마음을 전달하셨다. 하나님께서는 결코 변치 않으시기에, 우리에게도 같은 마음을 갖고 계심이 분명하다. 우리가 섬기는 하나님께서는 얼마나 좋은 분이신가!

#### 신명기 28장 11절

"여호와께서 네게 주리라고 네 조상들에게 맹세하신 땅에서 네게 복을 주사 네 몸의 소생과 가축의 새끼와 토지의 소산을 많게 하시며."

이 구절은 구약에서 번영에 대해 가장 강력히 말씀하는 장에서 발견된다. 하나님께서 "네 가축과 네 토지의 소산"을 번영시켜 주신다고 한다는 것은,

재정적 번영을 의미한다. 왜냐하면 농부에게 있어 이런 것들은 귀중한 경제적 상품이기 때문이다.

잠언 11장 10절

"의인이 형통하면 성읍이 즐거워하고, 악인이 패망하면 기뻐 외치느니라."

왜 의인이 번영하면 사람들이 기뻐할까? 왜냐하면 의인, 즉 하나님 및 이웃과 옳은 관계를 가진 사람들은 관대하여, 가난하고 빈궁한 이들에게 자신의 재산을 나눠 주기 때문이다. 이들은 예수처럼 베푸는 사람들로, 하나님께서 그들을 축복하신 이유가 다른 이들에게 복이 되라는 의미인 줄 아는 이들이다.

시편 35편 27절

"나의 의를 즐거워하는 자들이 기꺼이 노래 부르고 즐거워하게 하시며, 그의 종의 평안함을 기뻐하시는 여호와는 위대하시다 하는 말을 그들이 항상 말하게 하소서."

내가 이 구절을 좋아하는 이유는, 우리가 번영할 때 기뻐하시는 아버지 하나님의 마음을 드러내 주기 때문이다. 성인이 된 나의 네 자녀와 아이들의 배우자들이 번영하길 내가 바랄 때에, 우리 하늘 아버지께서는 우리가 번영하기를 얼마나 원하시겠는가!

아직도 아버지 하나님께서 재정적 축복을 허락하고자 하신다는 개념을 받아들이지 못해 씨름하고 있는 이들을 위해, 두 구절만 더 살펴보기로 하자.

"네 하나님 여호와를 기억하라. 그가 네게 재물 얻을 능력을 주셨음이라. 이같이 하심은 네 조상들에게 맹세하신 언약을 오늘과 같이 이루려 하심이니라."

히브리어로 "능력"이라는 말은 카멜레온을 가리키는 단어와 어원이 같다. 카멜레온은 주변 환경에 따라 피부색을 바꿔 포식자들로부터 스스로를 보호한다. 하나님께서는 우리가 초자연적인 변화와 적응, 번영의 능력을 가져, 불황을 맞든지 초인플레이션을 맞든지 상관이 없게 해주신다는 것이다. 우리는 모든 상황 가운데 번영하여, 아브라함에게 주신 그분의 언약적 약속이 성취되게 할 것이다.

"여호와께서 주시는 복은 사람을 부하게 하고, 근심을 겸하여 주지 아니하시느니라."(잠 10:22)

매일의 뉴스만 봐도 부가 사람들에게 곤경을 가져다 주는 경우가 얼마나 많은지 알 수 있다. 매년 우리는 유명 인사들의 비극적 죽음을 목격하는데, 그들은 엄청난 부를 소유했음에도 지독하게 불행하다. 하나님께서는 돈이 저주가 아닌 축복이 될 것이라고 우리에게 약속하신다. 왜냐하면 우리는 돈이 그저 우리 하나님께서 주신 목적을 달성하는 도구이자 수단임을 알기 때문이다. 하나님과 한편에 서서, 그분의 목적을 위해 우리의 자원들을 활용할 때 우리는 진정으로 번영할 것이다.

● 정리해 보자

이 몇 개의 구절들을 통해 하나님께서 여러분이 풍성하도록 번영하게 되기를 원하심이 분명히 드러났다고 생각한다. 우리는 너무나 자주 균열된 번영을 받아들이고, 하나님께서 주고자 하시는 완전한 풍요를 거절해 버린다. 우리는 왜곡된 우리의 정체성을 폐기하고, 하나님께서 우리 마음의 눈을 여시고 내면의 변화를 일으키실 수 있도록 해드려야 한다. 그 첫 단계는 하나님 말씀을 통해 진리의 계시를 받는 것이다.

● 스스로 물어보자

오늘날 우리 문화에 만연한 번영의 정의는 어떤 것인가? 하나님께서 정의하시는 바와는 어떻게 다른가?

신명기 28장 2-14절을 읽어보자. 거기에 묘사된 번영의 구체적 예들 가운데, 여러분의 삶에 지금 당장 가장 필요한 것은 어떤 부분인가?

여러분이 번영할 때 하나님께서 기뻐하심을 진심으로 믿을 수 있는가? 왜 (안) 그런가?

● 그렇게 살자!

대부분의 사람들에겐 번영에 대한 "메타노에오" 혹은 "사고의 변화"가 필요하다. 여러 가지 이유로 우리는 하나님께서 번영시켜 주고자 하신다는 사실을 믿는 데에 방해가 되는 습관적 사고방식들을 길러 왔다. 번영에 대한 어떤 개념들을 믿어왔기에 하나님께서 물질적 번영을 주기를 원하신다는 것을 받아들이기 어려워한다고 생각하는가? 종이에 적어보자. 이후에 그 목록을 활용하게 될 것이다.

## 무엇을 위한 번영인가?

> "푯대를 향하여 그리스도 예수 안에서
> 하나님이 위에서 부르신 부름의
> 상을 위하여 달려가노라."
>
> (빌 3:14)

무(無)에서 유(有)를? 아주 어렸을 때 나는 한국에서 살았는데, 종종 목재 조각가였던 우리 집 관리인을 지켜보곤 했다. 그가 나무 한 조각을 가져다가 조각 칼로 다듬기 시작하면, 나는 옴짝달싹할 수 없었다. 그러다가 항상 묻곤 했다. "뭘 만드세요?"

그는 반짝거리는 두 눈으로 내게 미소 지으며 이렇게 말할 뿐이었다. "몰라요. 나무에서 무엇이 나오고 싶어하는지 봐야죠." 며칠이 걸릴 때도 있었는데, 조금씩 동물의 모습이 나타나면 나는 무엇일까 알아맞히려 했다. 결국 무엇인지 알게 되어 관리인에게 말을 할 때면 그는 항상 놀란 반응을 보였는데, 나는 승리감을 느꼈다.

그 당시엔 아무것도 없는 데서 무언가가 생겨난다는 것이 마치 마술 같은 과정처럼 보였다. 그리고 나는 조각을 하는 그가 무엇인지 알기도 전에 내가 먼저 발견했다고 생각했다. 물론 이제는 그가 항상 무언가를 만들기 시작하는 순간부터 무언가를 의도하고 있었음을 깨닫는다. 그 칼의 움직임 하나하나에 목적이 숨어 있었던 것이다. 나만 그 목적이 무엇인지를 모르고 미궁에 빠져 있었다. 형체를 알아보게 되기까지 말이다.

하나님께서 아무것도 없는 데서 세상을 만드셨다는 이야기를 자주 한다. 어떤 면에서는 맞는 말이다. 하나님께서 비물질로 물질을 지으셨기 때문이다. 하지만 하나님께서는 땜장이가 아니시기 때문에, 창조는 실험이 아니었다. 하나님께서 하시는 모든 일에는 목적이 있다. 창세기의 창조 기사를 읽어 보라. 그러면 하나님께서 하신 모든 말씀이 구체적이고 목적을 향해 있음을 보게 된다. 우리를 지으실 때도 전혀 다르지 않으셨다. 하나님의 목적은 자신의 형상으로 된 존재를 만드는 것이었다. 그분의 영광을 투영하고 연합하고 협력할 존재 말이다. 이것은 과거에나 지금이나 주님의 궁극적 의도이며, 우리를 위해 행하신 다른 모든 것은 이 핵심 목적을 뒷받침하는 것들이다.

### 목적은 의미를 부여한다

목적은 사람, 사건 혹은 사물에 의미를 부여한다. 농구가 코트의 양 끝에 달린 골대와 각 팀의 선수들, 공으로 구성된 활동일 뿐 이기기 위해 경쟁할 목표가 없다면 어떨까? 그게 무슨 경기가 되겠는가? 결코 오늘날처럼 수백만 달러를 벌어들이는 사업은 되지 못했을 것이다!

우리는 번영에 관해서라면 우리 삶을 향한 하나님의 목적에 대한 그분의 계시가 필요하다. 번영은 우리가 특정 규칙을 따라서 부를 얻는 공식이 아니며, 순종적인 자녀라고 해서 상을 받는 보상 제도도 아니다. 번영은 하나님의 본성과 성품의 한 단면으로, 주님의 충성된 자녀들인 우리는 아버지 하나님과 동의하고 연합하여 그것을 행한다.

믿음으로 우리는 하나님의 베푸심의 은혜를 얻어, 번영하고, 예수처럼 베푸는 사람들이 된다. 우리의 번영에는 세 가지 주된 목적이 있다. 아버지 하나님을 영화롭게 하고(즉 하나님의 고유한 성품과 능력을 드러내고), 주님의 자녀로서 이 세상에서와 영원의 통치를 위한 훈련을 받으며 주님의 왕국을 확장시키는 것이다. 각각 더 자세히 살펴보자.

### 우리의 번영은 아버지 하나님께 영광이 된다

하나님께서 우리를 번영시켜 주시고자 하는 것은 우리를 사랑하셔서다. 주님께서는 우리의 필요를 채우고 갈망을 성취해 주기를 원하신다고 반복적으로 확인시켜 주셨다. (마 7:11, 빌 4:19, 마 6:31-33) 우리의 번영은 주님께 기쁨이 된다. (시 35:27) 그리고 그분의 사랑을 우리에게 또렷이 보여 준다. 수십억 달러의 재산을 가진 거부 도널드 트럼프(Donald Trump)의 자녀들이 야위고 쇠약하며, 오래되어 해어진 옷을 입고 있는 모습을 본다면 어떻게 생각하겠는가? 도널드가 자녀들을 위해서 그보다 훨씬 잘해 줄 능력이 있다는 걸 알기에, 이렇게 생각할 것이다. "뭐 이런 끔찍한 아빠가 다 있어!"

여러분이 월급을 받는 족족 다 쓰며 겨우 입에 풀칠해 살아가고 있다면, 아버지 하나님과 그분의 사랑에 대해 어떤 생각이 들겠는가? 예수께선 우리에게 말씀하셨다. "내가 온 것은 양으로 생명을 얻게 하고 더 풍성히 얻게 하려는 것이라." (요 10:10 下) 풍성한 삶이란 무엇일까? 그것은 사랑과 기쁨, 평안이 풍성한 것이다. 하지만 또한 우리가 삶을 누릴 수 있을 정도로 풍성한 재정을 의미하기도 한다. 바울은 디모데전서 6장 17절에서 이렇게 말한다.

"네가 이 세대에서 부한 자들을 명하여 마음을 높이지 말고, 정함이 없는 재물에 소망을 두지 말고 오직 우리에게 모든 것을 후히 주사 누리게 하시는 하나님께 두며."

바울은 하나님께서 우리의 번영의 근원이 되심을 분명히 한다. 또한 주님께서 우리가 향유할 수 있는 모든 것을 공급하심을 말이다!

지나치게 영적으로 접근하여 하나님께서 우리가 휴가를 즐기고 좋은 음식이나 좋은 인생을 누리게 되기를 원하지 않으실 거라 생각하지 말자. 전도서 기자는 5장 19절에서 이렇게 말한다. "또한 어떤 사람에게든지 하나님이 재물과 부요를 그에게 주사 능히 누리게 하시며, 제 몫을 받아 수고함으로 즐거워하게 하신 것은 하나님의 선물이라."

### 번영은 통치를 위한 성품을 형성한다

돈을 어떻게 다루느냐만큼 우리의 성품을 빠르게 드러내주는 것도 없으리라. 예수께서는 우리가 물질적 소유에 대해 믿을 만하지 못하다면, 하나님께서 그분의 위대한 영적 소유들을 우리에게 맡기지 않으시리라고 아주 명확하게 말씀하셨다. (눅 16:10-13) 하나님께서는 번영을 통해 우리의 자기 절제력을 가꿔가신다. 또한 영적으로 분명히 성숙해 가도록 도우신다. 우리가 주님의 은혜 앞에 내려놓을 때, 우리의 성품은 돈을 다루고 재정의 우선권을 결정하는 데에 있어 점차 그리스도를 닮게 된다.

하나님께서는 우리가 번영을 책임감 있게 관리하고 책무를 다하게 되기를 기대하신다. 우리는 우리의 가정과 자녀들을 적정하게 돌봐야 한다.

"누구든지 자기 친족 특히 자기 가족을 돌보지 아니하면 믿음을 배반한 자요 불신자보다 더 악한 자니라." (딤전 5:8)

이것은 강력한 말씀이다. 친족을 돌본다는 것이 무슨 의미를 내포하고 있을까? 기본적인 음식과 쉴 곳, 의복 이상의 의미라고 생각한다. 자녀의 교육과 개인적 계발을 위한 부분도 포함된다고 본다. 자녀들을 대학교에 보내고, 또 졸업했을 때 엄청난 학자금 대출의 부담에 눌리지 않는다면 너무나 좋지 않겠는가? 나는 하나님께서 여러분을 번영시키기를 너무나 원하셔서, 지혜로운 재정 관리를 통해 여러분이 빚 없이 자녀를 대학교에 보내기를 원하신다고 믿는다. 하나님의 은혜로, 나는 1원도 빌릴 필요 없이 네 자녀 모두 대학교에 보낼 수 있었다.

하나님께서는 또한 우리가 자녀들에게 유산을 남길 수 있게 될 정도로 번영을 주고자 하신다. 잠언 13장 22절은 이렇게 가르쳐준다. "선인은 그 산업을 자자 손손에게 끼쳐도 죄인의 재물은 의인을 위하여 쌓이느니라." 시편 기자는 하나님께서 여러분이 번영 가운데 나날을 보내고, 또 죽을 때에 자녀들에게도 그것을 남길 수 있게 되기를 원하신다고 말한다. (시 25:13) 하나님께서는 이러한 번영을 호의적으로 보시며 이러한 행위를 하는 자를 '선인'이라고 하신다.

### 번영을 통해 우리는 하나님의 왕국을 확장한다

우리가 최초에 받은 위임의 주요한 부분은 온 땅에 대한 권세와 지배권을 갖는 것이었다. 지배권은 특정 영토에 대한 통치권을 나타내며, 예수께서는 우리에게 이 땅에 그분의 나라를 펼쳐나갈 책임이 주어졌다고 분명히 말씀하셨다. 하나님의 왕국은 이 세상에 지정학적인 중심을 둔 왕국이 아니다. 또 하늘에만 있는 것도 아니다. 영적인 차원의 왕국인 것이다. (요 18:36) 예수께서는 하나님의 왕국이 우리 각자 안에 씨앗의 형태로 존재한다고 하셨다. 예수처럼 베푸는 사람이 되는 법을 배워갈 때, 우리는 예수를 우리 삶의 왕이요 주로 삼고 하나님의 통치와 지배가 우리 삶 가운데 들어오게 하는 것이다. (눅 17:21)

하나님의 왕국은 또한 그분의 축복이 임하는 영역이며, 불순종으로 상실한 모든 것의 회복이다. 하늘이 이 땅에 임한 상태라는 말이다. 그래서 우리가 2000년이 넘도록 마태복음 6장 10절의 기도를 하고 있는 것이다. "나라가 임하시오며, 뜻이 하늘에서 이루어진 것 같이 땅에서도 이루어지이다." 아버지 하나님께서는 우리가 하늘에 있는 것을 땅에서 체험하게 되기를 원하신다. 하나님의 왕국을 확장시키기 위해선, 하늘의 것들을 더 많이 땅으로 가져와야 한다.

하나님의 왕국 확장의 일면은 지상명령을 성취하는 것이다. 예수께서는 하늘과 땅의 모든 권세를 받으셨고, 모든 사람들이 그분을 아는 데에 이르기를 갈망하신다. 우리는 "열방으로 제자 삼아야" 한다. (마 28:18-20) 이 위임을 성취하기 위해선 막대한 양의 재화가 요구된다. 선교사 지원 비용, 교회 개척 비용, 교회 건물 건축 비용, 고아 양육 비용, 기독교 학교 설립 비용, 노숙자 쉼터 설립 비용 등 말이다.

그리스도인들이 번영을 "단순히 필요가 채워지는 것"이라고 정의하는 것을 보면, 나는 그 사고방식이 무엇으로 말미암았는지 이해가 안 된다. 그리스도인들 수중의 돈은 잃어버린 자들에게 나아가는 강력한 무기가 될 수 있다. 로버트 모리스(Robert Morris)는 탁월한 저서 〈복된 삶The Blessed Life〉에서 자신과 아내가 웨이트리스에게 상상을 초월하는 팁을 주어 접근할 수 있었다는 이야기를 한다. (지불해야 할 금액이 10달러였는데 50달러를 팁으로 준 것이다.) 웨이트리스는 너무나 충격을 받아, 결국 남편까지 함께 예수께 삶을 드리게 되었다는 것이다. 우리는 다른 이들에게 복이 됨으로써 하나님의 왕국을 확장해야 한다. (창 12:1-3, 고후 9:11)

우리가 하나님의 왕국을 펼쳐가는 또 다른 중요한 방법은, 지역 교회가 세워져 나가도록 돕는 것이다. 하나님께서는 성경 전체에서 늘 그분의 사역자들의 필요를 다른 이들이 채워줄 것을 명하고 계신다. "일꾼이 품삯을 받아 마땅하다"고 말씀하시며, 바울은 고린도 교인들에게 쓴 두 번째 편지에서 교회에 베푸는 것에 대해 굉장히 길게 쓰고 있다. 기쁨으로, 자유로이 섬기라고 격려하고 있는 것이다. (마 10:10, 눅 10:7, 딤전 5:17-18, 고후 8장 및 9장)

하나님의 왕국 확장의 마지막 일면은 제도적 가난을 근절하는 것이다. 하나님께서는 고아와 과부, 이방인들(가족이 없는 사람들)의 복지를 똑똑히 그분의 백성의 어깨 위에 올려 두신다. 왕국 확립에 있어 이러한 측면은 그분께 너무나 중요한 것인지라, 여호와께서는 우리가 가난한 자들에게 베풀 때 그분께서 우리에게 스스로 빚을 지시는 것이라고 말씀하신다. (잠 19:17, 28:27) 주님께서는 야고보서 1장 27절에서 이를 "정결하고 더러움이 없는 경건"이라고 표현하신다. 예수께서는 형편이 더 어려운 사람들을 돌보는 행위가 마지막 심판 때 믿는 자들을 믿지 않는 자들로부터 구별한다고 분명히 말씀하신다. (마 25:31-46)

그러므로 우리는 하나님께서 우리를 번영시켜 주기를 원하실 뿐 아니라, 우리가 하나님께서 명하신 목적과 위임을 이 땅 위에 달성하는 데에 번영이 절대적 필요임을 볼 수 있다. 하나님께서는 우리의 개인적 기분이나 욕심을 만족시키려고 우리에게 번영을 주시는 것이 아니다. 우리가 필요를 채우고도 충분히 다른 이들에게 베풀게 되기를 원하시지만, 사치스럽거나 낭비적인 생활방식을 인정하시는 것은 아니다.

우리는 결코 공급 안에서 우리의 안정감을 찾아선 안 되며, 항상 하늘에서 공급해 주시는 주님을 신뢰해야 한다. 많은 이들에게 있어, 이것은 너무나 어려운 일이라 거의 불가능해 보인다. 우리는 우리 마음을 들여다보아 이것이 왜 어려운지를 이해해야 한다.

● 정리해 보자

하나님께서 우리를 번영시키고자 하시는 것은 목적이 있어서다. 주님께서는 우리의 번영을 사용하사 그분의 영광을 드러내시고, 이 땅에서 주님의 왕국을 통치하고 확장할 수 있는 예수와 같은 성품을 우리 안에 세워 가신다. 우리는 재정적 번영을 활용하여 우리 가족과 가난한 이들을 돌보고, 다른 이들을 축복하며 지상명령을 이룩하고 지역 교회를 세워야 한다.

● 스스로 물어보자

하나님께서는 어떤 면에서 여러분에게 물질적 복을 주셨는가? 최대한 많은 예를 떠올려보라.

현재와 미래에 자녀 교육을 위한 계획을 짜는 데에 어떤 책임이 있다고 보는가? 그들의 유산에 있어서는 어떤가? 여러분의 입장을 재고해야 할 필요가 있는가?

어떤 식으로 가난한 이들의 필요를 채우는 데에 동참하고 있는가? 지금까지 그러지 못했다면, 어떻게 시작할 수 있을까?

● 그렇게 살자!

고린도후서 8장과 9장에서, 바울은 교회의 필요에 대한 연보를 거론하고 있다. 이 두 장을 읽되, 마치 여러분에게 개인적으로 전달된 편지인 것처럼 읽어보라. 그가 권고하는 바를 읽으면서 어떤 느낌이 드는가? 여러분은 보통 유쾌하고 자발적으로 섬기는가? 아니면 마지못해 압박감을 느끼며 헌금하는가? 그렇게 느끼는 이유가 있는가?

## 하나님께서 감당하실 수 있을까?

> "나의 하나님이 그리스도 예수 안에서 영광 가운데
> 그 풍성한 대로 너희 모든 쓸 것을 채우시리라."
> (빌 4:19)

### 핵심이 무엇인가: 문제(problem) 아니면 공급(provision)?

"감당할 수 있을까?" 최근 몇 년간의 경기 대침체(Great recession)로, 점점 더 많은 사람들이 이런 질문을 하고 있다. 일부에서는 다음과 같은 질문에 초점을 맞추고 있다. "우리 가족이 올해에 휴가 갈 수 있을까?" "아이들을 계속 사립학교에 보낼 수 있을까?" 또 다른 이들은 더 검소하게 허리띠를 졸라매며 이렇게 질문한다. "차가 팔릴까?" "전기 요금을 낼 수 있을까?"

우리 모두는 제한된 자원으로 된 세상에 살고 있어 결핍이 결코 멀지 않다는 사실을 안다. 몇 년 전만 해도 꽤 안정적이라고 느꼈던 많은 이들이 이제는 생활이 뒤집히는 경험을 하고 있다. 어떤 이들은 일자리를 잃고 여전히 구직 중이며, 주택 담보 대출에 대해 디폴트를 선언할 수밖에 없었던 이들도 있다. 또 많은 이들이 자신들이 대출 받은 값보다 못한 집에서 살아가고 있다.

우리 추수 반석 교회(Harvest Rock Church)는 미국에서도 가장 부유한 지역 중 한 곳에 위치하고 있다. 다른 지역에 비하면 우리는 침체에 큰 영향을 받지 않고 지내왔다. 주택 가치가 20~30%, 일부 지역에서는 심지어 40%까지 하락하는 반면, 부동산 가치는 10%가 줄었을 뿐이다. 하지만 우리 앰버서더 오디토리엄(Ambassador Auditorium) 성전 주변 반경 8km 정도를 다니며 주민들에게 "가장 필요한 것이 무엇입니까?"라고 물어봤더니 두 번째로 많이 나온 답이 재정이었다.

문화 가운데 염려가 만연하여, 고아의 가슴으로 두려움의 시각을 가지고 한계와 부족에 초점을 맞추기가 쉬운 실정이다. 그리스도처럼 섬기는 사람들은 어떤 상황을 마주하든지, 아버지 하나님의 자녀로서 그분께서 그들에게 주신 풍요를 통해 대처한다. 빌립보서 4장 19절을 보면 놀라운 약속을 발견할 수 있다. "나의 하나님이 그리스도 예수 안에서 영광 가운데 그 풍성한 대로 너희 모든 쓸 것을 채우시리라." 하나님께서는 우리가 두려움으로 하여금 우리의 초점을 곡해하도록 놔두기를 원하지 않으신다고 다시금 말씀하신다. 우리는 우리의 한계만을 볼 것이 아니라, 하나님의 끝없이 풍성한 공급을 신뢰해야 한다. 아버지 하나님께는 재고가 끝이 없으며, 주님께서 능히 감당 못 하실 것은 없다.

이 약속은 짧고 간결하며 직접적이다. 하지만 성경에서 가장 놀랍고도 총괄적인 약속 중 하나다. 우리의 재정에 대한 하나님의 보증인 것이다. 너무나 익숙하다는 이유로 우리는 그 속의 심오한 의미를 간과하기 쉽다. 이 약속에는 풍성한 보증이 담겨 있다. 이제 잠시 그것들을 풀어보기로 하자.

"하나님께서 하시리라." 그분께서 "여러분의 필요를 채워 주실지도 모른다"고 말씀하지 않는다. 하나님의 말씀은 "하시리라"고 약속하고 있다. 이것은 사실이요 절대적 보증이다. 우리는 하나님의 말씀이 모두 진리이며, 우리의 모든 소유와 전 존재를 거기에 걸어도 된다는 사실을 안다. 여기엔 숨겨져 있는 불리 조항, 즉 '면책 조항'이 없다. 아버지 하나님께서는 문자 그대로 그분께서 행하시겠노라 말씀하고 계신 것이다.

"하나님께서 모두 채우시리라…"

"내가 너의 필요 중 일부를 채워 주겠다"고 말씀하지 않으신다. 모든 필요를 두고 약속하시는 것이다. 거기에 자동차 할부금이 포함될까? 교육비? 아이들의 치아 교정기? 주택 담보 대출? 그렇다! 주님께서는 이 모든 필요에 관심을 갖고 계시며, 그것을 채워 주고자 하신다.

욕심이 아닌 필요. 오래 탐내오던 신상 제트스키나 은밀하게 꿈꿔온 성형 수술은 어떨까? 하나님께서는 우리 기분을 모두 채워 주겠다고 약속하신 적이 없다. 필요, 즉 필수품과 욕심을 포함할 수 있는 바람은 다른 것이다. 잠시 생각해 보자. 부모로서 여러분은 자녀가 요구하고 원하는 모든 것을 주겠는가? 나는 그러지 않을 것이라 생각하며, 또 그렇게 하지 않기를 간절히 바란다. 그러면 아이를 망치기 때문이다. 하늘 아버지께서는 선한 분이시다. 결코 우리가 원하는 모든 것을 주시진 않을 테지만, 우리에게 마땅히 필요한 것들은 채워 주신다.

"그분의 풍성함대로." 이 약속은 우리의 자산에 기초한 것이 아니다. 할렐루야! 하나님께서 보유하고 계신 바에 근거한 것인데, 그분의 자원은 무한하다. 하늘에는 침체도 결핍도 없다! 허나 우리가 근시안적인 경우가 너무 많음을 아시는 하나님께서는 성경을 통해 주님께서 누구시며 그분께서 소유하신 바가 무엇인지를 계속 상기시켜 주신다. "은도 내 것이요 금도 내 것이니라 만군의 여호와의 말이니라." (학 2:8) 실상 주님께서는 은과 금뿐만 아니라 만물이 주님께 속한 것임을 이해하길 원하신다. "이는 삼림의 짐승들과 뭇 산의 가축이 다 내 것이며…세계와 거기에 충만한 것이 내 것임이로다."(시 50:10, 12 下) 우리의 필요는 결코 하나님의 공급을 소진시키지 못하리라. 주님께서는 감당하실 수 있다!

"그리스도 예수 안에서." 이 세 단어에 집중하는 것은 매우 중요하다. 왜냐하면 하나님께서는 그분의 선언을 특정 무리에 대하여 제한하고 계시기 때문이다. 이것은 누구나에게 해당되는 약속이 아니라, 오로지 성도들을 위한 것이다. "그리스도 예수 안에" 있는 이들만을 위한 것이다. 다시 말해, 하나님께서는 "네가 우리 가정에 속한 내 자녀라면 내가 네 필요를 모두 채워 주겠다"고 말씀하고 계신 것이다. 하나님께서는 인류의 모든 필요를 채워 주겠노라 말씀하신 적이 한 번도 없다. 오히려 늘 그분의 친자녀들을 돌보시겠다고, 그분을 영접하고 신뢰하는 자들을 책임지시겠다고 너무나 분명하게 말씀하셨다.

"내가 어려서부터 늙기까지 의인이 버림을 당하거나 그의 자손이 걸식함을 보지 못하였도다."(시 37:25)

이 빌립보서 말씀은 아버지 하나님께서 우리의 모든 필요를 채워 주고자 하실 뿐 아니라 그렇게 하실 능력이 있다는 것을 분명히 전한다. 주님께서는 분명히 그것을 감당하실 수 있으며, 그렇게 하고 싶어 하신다. 이렇게 생각할지 모르겠다. "괜찮네. 그러면 왜 아직도 내게 재정적인 필요가 이렇게 많은 거지? 하나님께서 나를 무시하시는 거야, 아님 마음을 바꾸신 거야? 이게 '영적인' 필요만을 얘기하는 건지도 모르겠네. 내 물질과 재정의 필요는 해당이 안 되고 말이야." 낙심할 때면 우리에겐 이런 생각들이 덮쳐와 괴롭힌다. 항상 우리는 하나님께서 어떤 분이신지를 기억해야 한다. 안 좋은 생각을 하고 싶은 유혹이 들 때라도 말이다. 하늘 아버지께서는 변개치 않으시며, 전적으로 미쁘셔서 우리와의 언약을 항상 지키신다.

앞서 우리는 하나님께서 사랑하시고 아낌없이 섬기시는 분이심을 함께 보았다. 주님께서는 그분의 독생자 예수를 희생시키사, 우리가 그분과 올바른 관계를 회복할 수 있게 해주셨다. 로마서 8장 32절은 이렇게 말씀한다.

"자기 아들을 아끼지 아니하시고 우리 모든 사람을 위하여 내주신 이가 어찌 그 아들과 함께 모든 것을 우리에게 주시지 아니하겠느냐."

아버지 하나님께서 사랑으로 말미암아 친아들이라는 최고의 희생까지 내어주사 우리를 구속하셨다면, 우리의 다른 필요를 아껴두실 이유가 있겠는가? 그것이 주님께는 얼마나 쉬운 일인데 말이다.

그러면 왜 우리의 필요가 다 채워지지 않고 있을까? 우리는 하나님께서 그분의 말씀 가운데 펼쳐두신 재정 원칙이 영원한 진리임을 안다. 주님과 마찬가지로, 그 원칙들도 변치 않으며 강력하고 완전한 효과를 갖는다. 하나님께서는 우리의 필요를 채우기 위해 그분께서 하실 수 있는 모든 일을 하셨다. 그분께 무엇이라도 받으려 한다면, 마음을 열어 아버지 하나님께서 우리를 위해 준비하신 선한 것들을 모두 믿고 받아야 한다. 어떻게 믿고 받는가에 대해서는 다음 장에서 살펴보기로 하자.

● **정리해 보자**

하나님께서는 우리가 삶 가운데 마주하는 모든 종류의 필요에 대해 풍성히 채워 주기를 원하신다.

● **스스로 물어보자**

현재 재정적 필요가 있는가? 무엇인가? 잠시 동안 하나님의 풍성한 공급이라는 렌즈를 통해 그 필요를 묵상해 보자. 그 필요를 바라보는 시각이 어떻게 바뀌는가?

하나님께서 여러분의 재정적 필요를 채워 주실 것이라 기대하지 못하도록 방해하는 것들은 무엇인가? 어떤 이유로라도 스스로 자격이 없다는 생각을 하는가? 그 이유가 무엇인가? 최대한 스스로에 대해 구체적으로 생각해 보자.

● **그렇게 살자!**

하나님의 마음을 어떻게 이해하느냐에 따라 그분의 말씀에 대한 여러분의 묵상은 깊어질 것이다. 이 구절을 앞으로 며칠간 적극적으로 묵상해 보라. 묵상 가운데 하나님께서 그분의 마음을 계시해 주시기를 구하라.

적극적으로 묵상을 하는 한 가지 방법은, 구절을 여러 번 반복하되 각 부분을 강조하여 읽는 것이다. 예컨대 이렇게 시작해 볼 수 있겠다.

> 내 하나님께서 채우실 것이다.
> 나의 모든 필요를
> 그분의 영광스러운 풍성함대로
> 그리스도 예수 안에서

이 구절의 각 부분을 반복할 때, 강조되는 단어들에 특별한 초점을 맞춰보라. 각 부분을 여러 차례 반복하고 난 후에만 다음 부분으로 넘어가라. 이렇게 해도 1-2분밖에 안 걸릴 테니, 하루에도 여러 차례 해보라. 며칠이 지나고 나서, 여러분에게 있어 그 구절의 의미가 어떻게 변화되었는지 자문해 보라. 나중에 이 변화를 기억할 수 있게 몇 마디를 메모해 놓아도 좋겠다.

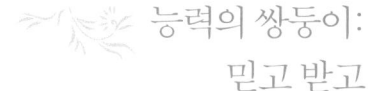
## 능력의 쌍둥이:
## 믿고 받고

> "아무 것도 염려하지 말고
> 다만 모든 일에 기도와 간구로,
> 너희 구할 것을 감사함으로 하나님께 아뢰라."
> (빌 4:6)

**미묘한 무신론**

하나님께서 여러분의 필요를 공급하심을 믿는가? 믿음은 선하신 하늘 아버지와의 신뢰 관계이지만, 선재하는 경험들 때문에 우리는 많은 경우 영적 고아처럼 행동하곤 한다. 우리가 원할 때조차 하나님의 선하심을 믿기가 너무나 어려운 것이다. 예수께서는 산상수훈을 통해 우리에게 하나님의 선하심과 미쁘심을 계속 확증해 주신다. (마 6:25-34) 새들을 보라고 하신다. 새들은 다음 끼니가 어디서 나올까 하는 걱정을 하느라 시간을 보내지 않지만, 하나님께서 필요를 채워 주신다. 예수께서는 하나님께서 새들을 돌보신다면 그분을 신뢰하는 우리를 돌보실 것을 믿을 수 없느냐고 물어보신다. 물론 이에 대한 논리적 정답은 긍정이다.

하지만 믿음은 사실에 대한 정신적 동의 이상이다. 하나님께서 우리에게 그분을 믿으라고 말씀하시는 것은, 확신과 전적인 신뢰를 그분께 두라고 요구하시는 것이다. 이는 그분께 의지해야 한다는 뜻이다. 그저 그분의 말씀에 신임을 드린다는 뜻이 아니라는 것이다. 하늘 아버지께 대한 믿음의 정도가 그분과의 관계를 반영함을 우리는 깨달을 필요가 있다. 주님을 더 친밀히 알수록, 우리는 더 깊게 신뢰할 수 있게 될 것이다.

하나님을 신뢰하는 정도를 알 수 있는 하나의 척도는, 얼마나 자주 걱정하는가이다. 실상 걱정은 무신론의 한 형태다. 걱정을 할 때마다, 우리는 무신론자처럼 행동하는 것이다. "무언가 어떻게 된다면 나한테 달린 일이지"라고 말하는 것과 다를 게 없다. 하나님과 그분의 공급의 능력을 믿는다고 말은 할지 모르지만, 최종 분석을 해보면 우리의 행동은 여전히 스스로의 노력과 자원을 통해 난관을 헤쳐나갈 수 있기를 바람을 증명한다. 우리는 은행의 예금이나 적금, 투자 혹은 어떤 자원이 우리에게 안정감을 주지 못함을 생각해야 한다. 우리에게 얼마가 있든지 말이다. 우리가 참된 안정감을 얻을 수 있는 유일한 곳은 하늘 아버지의 품이다. 스스로 책임을 져야 한다고 우리에게 말하는 이 미묘한 무신론을 우리는 피해야 할 것이다.

### 적극적으로 믿는 것을 받는다

믿음에는 항상 행동이 따른다. 그 행동 끝에 무언가를 받게 되는 것이다. 많은 이들이 받는다는 것이 무언가가 나타나기를 기다리는 수동적 행위라는 잘못된 개념을 갖고 있다. 실상 받는 것은 믿는 것에 대한 적극적 반응이다. 받을 때 우리는 구하고 감사하며, 우리가 요청한 것을 취하여 얻게 된다. "받다"의 정의는 "찾다", "완전히 취하다", "자리를 내어주다", "공간을 마련하다" 등이 있다. 그러니까 적극 관여하게 된다는 뜻이다.

받는 행위의 첫 단계는 적극적으로 구하는 것이다. 성경은 우리가 모든 일에 하나님께 구하고 우리의 간구를 주님께 알려 드려야 한다고 분명히 말씀한다. 우리는 하나님께서 응답하시기를 기대하며 구한다. 내가 좋아하는 성구 중에 야고보서 4장 2절이 있다. "너희가 얻지 못함은 구하지 아니하기 때문이요." 하나님께서는 우리가 구하기를 기다리고 계신다. 사실 신약에서만 20번 이상 필요하고 원하는 것을 구하라고 우리에게 지시하신다. 하나님께서는 우리가 입을 닫지 않는 한 그분의 창고를 결코 닫지 않으신다. 주님께서는 돕기를 원하시는데, 많은 이들이 구하지도 않는다는 것이 문제다.

잠시 생각해 보자. 지난번 차가 필요했을 때, 하나님께서 주시기를 구했는가? 아니면 그냥 나가서 대출을 받아서 사버렸는가? 대부분의 사람들은 구하지 않았을 것이다. 그냥 나가서 산 것이다. 하나님께서는 우리의 필요를 채워 주시기 원하시지만, 적극적으로 구하는 것이 받는 과정의 중요한 부분이다. 삶 가운데 기적을 그토록 보지 못하는 이유 중 하나는, 우리가 구하지 않기 때문이다. 여러분의 삶 가운데 하나님께서 더욱 초자연적으로 역사하시는 것을 보고 싶은가? 구하라!

받는 데에 있어 두 번째로 중요한 열쇠는, 구체적으로 구하는 것이다. 삼촌이 백만장자인데 나한테 차를 사주기로 했다고 상상해 보자. 내가 원하는 것은 무엇이든지 해주겠다고 말하는 것이다. 그냥 삼촌이랑 근처의 자동차 매장에 가서 진열된 차 중에 아무거나 사자고 하겠는가? 그럴 리가 없다! 여러분이 원하는 제조사와 모델을 구체적으로 지정해 그곳으로 가고 말 것이다. 색상이나 액세서리 등 차의 모든 세부 사항까지 찍어두었을 것이다. 아무것도 될 대로 되도록 내버려두지 않으리라. 왜냐하면 받을 것을 분명히 알기 때문이다.

그러면 그 삼촌과는 그렇게 구체적으로 이야기하면서, 왜 하나님께는 뭉뚱그려서 이야기할 때가 많은가? 세계에서 가장 큰 교회를 목회했던- 지금은 은퇴한-한국의 조용기 목사는 이런 이야기를 했다.

신학을 배우던 1950년대에 당시 자전거가 필요했다는 것이다. 하나님께 간구를 드렸지만, 아무 일도 일어나지 않았다. 자신의 필요를 끈덕지게 주님께 올렸지만, 여전히 아무 일도 없었다. 마침내 절망 가운데 정말로 자전거가 필요하다고 하나님께 주장하며 매달렸을 때, 주님께선 물어보셨다. "어떤 종류의 자전거가 정말 필요한 거니?" 그는 어떤 자전거라도 상관없다고 했지만, 하나님께서는 구체적으로 이야기하기를 원하셨다.

스스로 도무지 감당할 길이 없다고 생각했지만, 조용기 목사는 미국 슈빈(Schwinn)사의 10단 기어 자전거를 파란색으로 갖고 싶다고 묘사했다. (당시로선 최고의 자전거였다.) 그렇게 구체적으로 기도한 지 얼마 지나지 않아, 은퇴하는 한 선교사가 한국을 떠나면서 그에게 거의 새 것 같은 자전거를 주었다. 어떤 자전거였을까? 미국 슈빈 사의 파란색 10단 기어 자전거였다!

때로 하나님께서는 우리가 구하지도 않은 좋은 것들을 주고자 하신다. 수년간 우리 가족은 패서디나(Pasadena)의 아주 근사한 집에서 살았다. 우리는 그 집을 좋아했고 이사할 계획이 전혀 없었다. 하지만 신디 제이콥스(Cindy Jacobs)에게서 우리가 새로운 곳으로 이사하기를 구해야 한다는 예언의 말씀을 받게 되었다. 신디는 우리와 가까운 친구인데, 나는 그녀가 진정한 하나님의 선지자라고 생각한다. 이해가 되지 않았지만 아내(Sue)와 나는 앉아서 우리가 새로운 집에 대해 원하는 바를 적기 시작했다. 우리 대가족이 지낼 수 있고 외부에서 오는 손님들을 모실 수 있는, 방 5개에 화장실 4개짜리 집을 주시라고 구했다. 하나님께서는 우리가 생각했던 것보다도 적은 값에 방 6개짜리 아름다운 새 집을 주셨다! 우리는 1998년 추수감사절에 새 집으로 이사를 했다. 그 이후로 우리 집은, 침체에도 불구하고 값이 세 배나 뛰었다. 여호와께서는 우리가 구하지도 않은 넉넉한 선물을 주려고 하신 것이었다. 그런데 모델 하우스 이름이 '부흥'이었다. 그러니까 우리는 1998년 추수감사절에 '부흥'으로 들어간 것이었다! 어쩌면 주님께서 이미 주신 것들에 감사할 때, 더욱 큰 부흥과 임재를 체험하게 될지도 모르겠다. 이 부분을 더 살펴보자.

### 믿음의 언어

감사를 드리는 것이 적극적으로 받는 행위의 세 번째 단계다. 하나님을 참으로 신뢰할 때, 우리는 주님께 모든 것을 기도로 이루며 우리에게 공급하신 것들에 대해 감사하게 된다. 감사는 '믿음의 언어'라고도 부른다. 하나님께 감사 드림으로써 간구할 때, 사실은 아직 보지 못하는 필요들도 채우실 것에 대해 하나님을 믿는다고 증언하는 것이다. 하나님과 그분의 선하심을 믿을 때, 우리의 필요를 채워 주시기를 기대하며 간구하게 된다. 하나님께 간구를 드릴 때, 우리는 그것이 이미 이뤄진 줄로 안다. 실제로 우리가 그것을 받는 것을 보면 더욱 감사가 쉬워진다.

믿는 것과 받는 것은 능력 있는 쌍둥이다. 둘 다 행하는 믿음이다. 우리는 믿지 않는 것을 받을 수 없으며, 우리의 받는 행위는 적극적이어야 한다. 걱정하기를 거부하고 하나님의 선하심을 신뢰하며, 구체적으로 간구하며 공급하실 것을 알고 미리 주님께 감사 드려야 한다.

이러한 형태의 삶에는 기쁨이 넘친다. 예수께서는 요한복음 16장 24절에서 이렇게 말씀하셨다. "지금까지는 너희가 내 이름으로 아무 것도 구하지 아니하였으나, 구하라. 그리하면 받으리니 너희 기쁨이 충만하리라."

하나님께서는 왜 우리가 구하기를 원하실까? 주시기 위해서다. 왜 우리에게 주고자 하실까? 우리가 받을 수 있도록 그러시는 것이다. 그러면 우리가 왜 받기를 원하실까? 우리에게 기쁨이 충만하도록 해주시려는 것이다! 하나님께서는 우리에게 베푸사 우리의 기쁨을 불려 주기를 원하신다. 왜냐하면 주님께서는 사랑의 아버지이시기 때문이다. 사랑하는 아버지들은 자녀들에게 선물하기를 기뻐한다.

● 정리해 보자
이렇게 함으로 믿고 받으라.
걱정을 거부하라.
모든 것을 하나님께 아뢰라.
구체적으로 간구하라.
주님께서 베푸실 것에 미리 감사하라.

● 스스로 물어보자
하나님께 무언가를 마지막으로 구했던 게 언제인지 생각해 보자. 그 간구는 구체적이었는가, 일반적이었는가? 진정으로 원하는 바에 대해 구체적이어야 한다면, 무엇을 간구하겠는가?

간구를 하면서 하나님께 감사하는가? 감사를 드린다면, 그것은 정말 하나님께서 공급해 주실 것을 믿기 때문인가?

무언가를 구매하기 전에 먼저 기도하는가? 하나님께 모든 것을 기도로 아뢰는가, 아니면 스스로 해결할 수 없는 정말 '커다란' 필요에 대해서만 하나님을 찾는가?

● 그렇게 살자!
이 다음에 필요한 것이 있을 때는 믿고 적극적으로 받으라. 걱정을 그만 두고 기쁨의 삶을 살기로 결정할 때 하나님께서 무엇을 해주시는지 지켜보라.

## 거룩한 항공권 예약

> "예수께서 말씀하시되,
> 네가 바다에 가서 낚시를 던져 먼저 오르는
> 고기를 가져 입을 열면 돈 네 드라크마를 얻을 것이니
> 가져다가 나와 너의 세금을 위하여 주라 하시니라."
> (마 17:27)

### 신약에 나타난 통치 훈련의 예

보통 하나님께서 우리의 재정적 필요를 채우신다고 생각하면, 돈이 수중에 들어오는 것을 생각하게 마련이다. 승진을 한다든지, 봉급이 인상된다든지 또는 보너스를 받는 등으로 말이다. 하지만 하나님께서는 우리를 경제적으로 번영시켜 주시는 데에 그러한 틀에 박힌 방법들로 제한을 받지 않으신다. 아주 비범한 일들을 통해 우리에게 물질적 복을 허락하실 수 있다. 많은 기회들을 사용하사 우리에게 통치 훈련을 시켜주신다.

베드로가 예수께 재정적 필요를 가지고 나아갔을 때를 기억하는가? 성전세에 대한 질문 말이다. 예수께서는 세금을 내야 한다고 말씀하셨다. 주님의 사역 가운데 그러한 비용에 대한 재원도 있다는 뜻이다. 주님께서는 분명 거기서 돈을 받으실 수도 있었다. 하지만 베드로에게

아주 유별난 지시를 하셨다. 말 그대로 돈을 낚기 위해 낚시를 하라고 하신 것이다!

분명 베드로는 예수와 충분한 시간을 보냈기 때문에, 그렇게 이상한 지시를 하셔도 의문을 갖지 않았다. 그저 말씀 그대로 따랐다. 이성적으로 받아들일 수 없었음에도 순종했고, 물고기를 낚아 봤더니 성전세가 있었던 것이다! 우리는 베드로의 예를 좇아야 한다. 우리의 필요를 여호와께 아뢸 때는 주님께서 인도하시는 대로 따를 준비가 되어 있어야 한다. 아무리 우리의 상식을 벗어나는 방법이라 할지라도 말이다. 우리는 스스로의 사리판단을 따르고 싶은 유혹에 빠지지만, 그저 주님께서 하시는 대로 믿기만 하면 되는 것이다. 하나님께서는 그분께서 그러겠노라 약속하신 그대로 우리의 모든 필요를 채워 주실 것이다.

### 내가 겪은 통치 훈련

이 내용의 설명을 돕기 위해, 내가 겪은 한 일화를 소개하고자 한다. 나는 여기저기 여행을 많이 하기 때문에 하나님께서 여행 경비를 초자연적으로 채우시는 일들을 많이 보았다. 가장 기억에 남는 것은 한국의 인천 공항에서 싱가포르 항공을 타고 싱가포르로 비행할 때였다. 나는 아침 비행기를 아슬아슬하게 잡아타고 같은 날 저녁에 설교를 해야 했다. 1만 2,000명이 모인, '찬양의 축제(the Festival of Praise)'라는 이름의 거대한 행사였다.

공항에 도착했을 때, 어디에서도 내 비행 일정에 대한 기록을 찾을 수 없었다. 나는 내가 가진 항공 예약권 사본을 보여줬다. 비행기를 많이 타는 탓에 나는 유나이티드 항공(United Airline)에서 글로벌 서비스 자격을 갖고 있었다. 나는 미국 유나이티드 항공사의 글로벌 서비스 사무실에 전화해

내 비즈니스 클래스 좌석을 확인하였다. 그리고 글로벌 서비스 담당자가 직접 싱가포르 항공의 매니저와 통화를 하도록 했다. 매니저는 자신들의 실수였음을 인정했지만, 여전히 해당 항공기에는 빈 좌석이 하나도 - 이코노미 클래스도 - 없다는 것이 문제였다. 완전히 표가 매진된 상태였고, 모두가 체크인을 하고 있었다.

즉시 매니저는 사과하면서 나에게 다음 비행기의 퍼스트 클래스를 타면 어떻겠냐고 제안을 했다. 하지만 비행기 출발이 오후 4시여서, 예정된 설교 시간에 늦고 말 것이었다. 나는 매니저에게 혹시 싱가포르로 가는 다른 항공사 비행기에 태워줄 수 있겠냐고 물어봤지만, 모든 항공사가 완전히 매진되었거나 벌써 출발을 한 상태였다.

때는 여름 휴가철을 맞아 해외 여행이 정점을 찍는 7월이었다. 말레이시아 항공을 통해 내가 갈 수 있는 가장 가까운 도시가 콸라룸푸르(Kuala Lumpur)였는데, 싱가포르까지 연결되는 비행편에 자리가 하나도 없는 상태였다. 일단 거기까지 가면 차를 렌트할 수 있겠지만, 싱가포르에 들어가는 것만도 3-4시간 운전을 해야 했다. 금요일 저녁의 러시아워 문제는 제쳐두고라도 말이다. 운전을 해서는 제시간에 들어갈 수 없을 것을 알았다.

인간적인 생각이 들어오기 시작했다. '이건 처음부터 아니었나보다.' 그래서 내가 설교를 하는 게 하나님의 뜻이 아니었을지 모른다는 생각으로 주최 측에 전화를 했다. 다른 누군가 내 시간을 대체할 수 있을지도 모르니 말이다. 논리적인 해답처럼 보였지만, 주최 측에 이야기했더니 대신할 사람이 없다고 했다. 광고를 할 때부터 유일한 강사로 나를 이야기했고, 어떤 일이 있더라도 나는 그 저녁 시간에 와야 한다는 것이었다. 그 순간의 스트레스가 하늘을 찔렀다는 것은 말할 필요도 없으리라! 나는 싱가포르 항공 매니저에게 콸라룸푸르까지 말레이시아 항공을 타겠다고 말했다. 오후 5시 싱가포르 연결 비행편에 한 자리가 나타나기를 바라면서 말이다. 그래 봐야 오후 4시 20분에 도착을 하니까 아슬아슬한 시나리오였다.

### 통치 훈련에서의 선택의 순간

비행기 안에서 나는 빈 자리가 나게 해주시기를 열심히 기도했다. 콸라룸푸르 공항에 도착하자마자 나는 말레이시아 항공 연결편 데스크로 달려갔다. 이슬람의 머리 가리개인 부르카를 쓴 무슬림 여인이 데스크에 서 있었다. 나는 5시에 싱가포르로 가는 비행편에 자리가 생겼는지를 물었다. 그러자 그녀는 미소 지으며 말했다. "운이 좋은 날이네요. 한 자리가 생겼습니다. 이코노미 클래스지만, 탑승 가능하십니다."

마음에 차오르는 기쁨에 그 앞에서 크게 "할렐루야"를 외쳤다. 아버지 하나님께서 또 해내신 것이다! 이코노미인 것은 전혀 상관 없다고 말했다. 어떤 일이 있어도 나는 그 비행기를 타야 했다. 운전해서 가는 것은 생각할 수 없었기 때문이다. 시간적으로 볼 때, 짐을 찾아 세관을 통과한 뒤에 최소한 3시간-교통 사정이 괜찮다면-을 운전해야 할 텐데 그래도 8시 정각인 설교 시간은 놓치고 말 것이기 때문이었다.

이제 겨우 모든 것이 해결된 듯한 순간에 검은 구름이 드리우는 경험을 해본 적이 있는가? 항공사 직원이 티켓을 변경해 다시 예약하려고 컴퓨터로 작업을 하고 있었는데, 갑자기 멈칫더니 암담한 표정으로 나를 바라보는 것이었다. 그리곤 말했다. "여기 보니까 짐을 하나 부치셨는데, 다음 비행기가 출발할 때까지 그 짐을 실어드릴 수 있는 방법이 없네요."

나는 "저기요, 짐은 전혀 상관 없습니다. 다음번 비행기로 보내시면 되죠. 이 비행기를 무조건 타야 돼요!"라고 말했다.

그녀는 대답했다. "죄송하지만 9·11 이후로 저희 정책이 바뀌어서, 탑승객과 수하물을 분리시킬 수 없습니다. 다음 비행기에 짐을 갖고 가셔야 합니다. 그런데 짐을 찾아서 거기에 실으려면 최소한 1시간이 걸릴 텐데, 다음 비행기 출발까지는 30분밖에 없습니다!"

나는 속에서 희망이 침몰하는 것을 느꼈다. 연결편을 탈 수 있는 기회가 눈앞에 있었는데 짐 때문에 가로막혀야 한다는 사실을 믿을 수 없었다! 잠시 동안이었지만 나는 상황에 따라야겠다는 생각을 했다. 최선을 다해 봤는데 이렇게 됐으면, 더 이상 뭘 어찌겠는가? 주님께서 내 심령 깊은 곳을 쿡쿡 찌르셨다. "내게 구해야지."

불현듯 나는 정신이 들면서 누가 나의 공급자이신지를 기억하게 됐다. 여호와께서 좌석을 열어 주신 것이니, 그분께서 나를 다음 비행기에 태워 주실 수도 있는 것이다. 나는 직원에게 말했다.

"무슬림이신 것 같은데, 저 지금 예수님께 기도해서 가방을 5시 전에 찾아서 실을 수 있도록 해주시라고 기도할 겁니다."

내가 큰 소리로 기도하자 직원은 이상한 듯 나를 쳐다봤지만, 개의치 않았다. 너무나 간절했기 때문이다! 나는 직원에게 수하물 담당자에게 전화해서 내 짐을 5시 전에 찾아서 실을 수 있는지 물어봐 달라고 했다. 직원은 쓸 데 없는 노력이라고 말했지만, 나는 한 번 물어보기만 해달라고 부탁했다. 그리고 전화를 걸어 내 이름을 이야기한 뒤, 짐을 이전 비행기에서 찾은 다음에 다시 전화 달라고 이야기했다.

이 모든 시간 가운데 나는 성령으로 소근소근 기도하고 있었다. 불안해하지 않기가 어려웠지만, 속에서부터 부드러운 평안이 솟아나기 시작했다. 5분도 지나지 않아, 데스크의 전화가 울렸다. 내 짐을 찾은 것이었다! 직원은 당장 서둘러 내 짐을 5시 정각에 출발하는 싱가포르 항공으로 전달해 달라고 말했다. 연결 비행편을 잡아타기까지 내게 남은 시간은 15분이었다. 직원은 보딩 패스를 인쇄해 줬고, 나는 계속 작은 소리로 기도하며 싱가포르 출국 게이트로 뛰었다. 이것이 저 무슬림 여인에게 예수께서 기도에 응답하신다는 증거가 되기를!

나는 문이 닫히는 순간에 탑승을 할 수 있었다. 싱가포르에 도착해서 짐을 찾았을 때는 오후 6시였다! 주최 측에서 보낸 차량은 즉시 나를 행사장으로 태워 갔고, 옷을 갈아입거나 샤워를 할 시간도 없이 나는 강대상으로 나아가 설교를 시작했다. 몸에선 냄새도 나고 옷 매무새도 흐트러진 상태였지만, 하나님의 은혜로 기적적으로 그곳에 도착했던 것이다!

그날 하나님께서는 그리스도 안에서 그분의 영광스러운 부요를 좇아 진정 내 모든 필요를 채워 주셨다. 결코 우연이 아닌 거룩한 간섭이라 할 일련의 사건들을 통해, 주님께서는 나와 컨퍼런스 주최자 측의 재정적 필요를 모두 채워 주셨다. 되돌아보면 나는 그 행사가 나에게 통치 훈련을 시키신 또 하나의 기회였음을 깨닫는다. 우리가 섬기는 하늘 아버지께서는 사랑과 은혜가 풍성하시며, 우리에게 그분의 왕국 주기를 갈망하신다. (눅 12:32) 주님께서는 모든 상황 가운데 우리에게 복 주시고 수익 주기를 원하신다!

● 정리해 보자

하나님께서는 모든 상황 가운데 우리의 재정적 필요에 관심을 갖고 계신다. 주님께서 간섭해 주시기를 구하라. 주님께서 역사해 주실 것을 믿고, 기대할 수 없는 것을 기대하라! 삶에 나타나는 모든 사건들은 하나님께서 그분의 왕국을 통치할 수 있도록 여러분을 훈련시키시는 기회임을 기억하라.

● 스스로 물어보자

경제적 문제가 있었는데 바로 그 때 '우연'한 일이 생겼던 기억이 있는가? 잠시 동안 그때를 떠올려 보자. 하나님의 손이 역사했던 것이 보이는가?

모든 상황 가운데 여러분의 재정적 필요를 주기적으로 주님께 올려 드리는가? 왜 (안) 그런가?

여러분의 간구에 대한 응답으로 하나님께서 뭔가 예외적인 일을 지시하셨다면, 할 수 있겠는가? 망설이게 된다면 어떤 이유일까?

● 그렇게 살자!

재정 기도 일기를 시작해 보자. 간구의 일자와 내용을 기록하라. 여호와께서 공급하시는 것에 주목하여, 응답 일자와 방법을 적어두라. '복된 우연'들을 맞이할 준비를 하라!

그 일기를 자주 돌아보라. 하나님께서 과거에 필요를 어떻게 채우셨는지를 기억하면, 현재에도 믿음 안에서 성장할 수 있게 된다.

## 만족의 능력

"나는 비천에 처할 줄도 알고 풍부에 처할 줄도 알아,
모든 일 곧 배부름과 배고픔과 풍부와 궁핍에도
처할 줄 아는 일체의 비결을 배웠노라."
(빌 4:12)

첫눈에 보기에 빌립보서 4장 12절은 모순이 되는 듯하다. 바울 사도는 어떻게 부족하거나 어려운 상황에 있어도 만족할 수 있었을까? 필요한 것이 없이 모든 상황이 충분하고 편안하면, 당연히 만족할 수 있다. 합리적인 것처럼 보이긴 하지만, 이러한 형태의 만족은 외형 중심적인 것으로, 진정한 만족이 내면적 상태라는 사실을 무시하는 바다. 만족은 기쁨의 상태로, 환희가 넘치며 감사하고, 마음의 평안과 안정을 갖는 것이다. 우리의 만족이 상황에 좌우되는 것으로 본다면, 실상 우리는 불만족하기로 스스로 결정을 내리는 것이다.

### "그때, 그러면 더"라는 속임

불만족스러울 때 따라오는 느낌들에 대해 우리는 잘 알고 있다. 절망을 겪게 되고, 삶에 대한 통제권을 갖지 못했다는 생각과 더불어

상황을 바꾸는 데에 무력감을 갖게 된다. 두려워하며 염려하고, 때론 우리가 가지지 못한 것들에 대해 걱정하며 시간을 보낸다. "그때"와 "그러면"이라는 생각의 모드에 빠지게 되는 것이다. "이러이러한 것들을 갖게 될 때, 그러면 나는 행복할 거야." "직장에서 저러한 승진을 하게 될 때" 혹은 "이 청구서들을 다 납부할 수 있을 때, 모든 게 좋아질 거야."

우리는 미래 중심적으로 변한다. 은퇴를 할 수 있을 때, 집 대출금을 다 갚고 났을 때 사정이 나아질 것이라는 상상을 한다. 만족감은 늘 미래의 어딘가, 뭔가가 달라졌을 때에 존재한다. 깨닫지 못하고 있지만, 현재 우리의 삶을 즐기는 기쁨을 앗아가며 다른 무언가가 우리에게 만족감을 줄 것이라는 이 미래 중심주의 생각 자체가 착각이다.

언젠가 누가 백만장자인 하워드 휴즈(Howard Hughes)에게 물었다.

"사람이 행복해지려면 얼마가 필요할까요?"

그는 이렇게 대답했다. "조금만 더 있으면 됩니다."

우리는 쉽사리 다른 사람들과 비교를 하기 시작하고, "못하다"는 감정을 마주하게 된다. 우리는 "옆집 따라잡기"라는 덫에 걸려 우리에게 저만큼의 소유만 있다면 행복해질 것이라는 상상을 한다. 바울 사도는 다른 사람들과 비교하는 것에 대해 경고를 하고 있다.

"우리는 자기를 칭찬하는 어떤 자와 더불어 감히 짝하며 비교할 수 없노라 그러나 그들이 자기로써 자기를 헤아리고 자기로써 자기를 비교하니 지혜가 없도다."(고후 10:12)

스스로를 다른 이들에게 비교할 때는 결코 만족감이 있을 수 없다. 왜냐하면 잘못된 것, 즉 우리의 소유에 초점이 맞춰져 있기 때문이다. 우리는 물질적인 재화를 획득할 것을 무지막지하게 강조하는 문화 속에 살고 있다. 차에 이런 스티커를 붙이고 다니는 사람들을 봤을 것이다.

"장난감을 제일 많이 가진 사람이 승자(He Who Has the Most Toys Wins)" 이렇게 더 가지면 만족하게 되리라는 사고방식에 빠지기 너무나 쉽다.

'다다익선'이라는 개념은 새로울 것이 없다. 바울 사도는 어린 사역자 디모데에게 편지를 쓰면서 이러한 현혹의 문제를 다뤘다.

"그러나 자족하는 마음이 있으면 경건은 큰 이익이 되느니라. 우리가 세상에 아무 것도 가지고 온 것이 없으매 또한 아무 것도 가지고 가지 못하리니…부하려 하는 자들은 시험과 올무와 여러 가지 어리석고 해로운 욕심에 떨어지나니, 곧 사람으로 파멸과 멸망에 빠지게 하는 것이라."
(딤전 6:6-7, 9)

현실은, 만족감을 낳을 수 있는 '더'라는 분량이 존재하지 않는다는 것이다. 아담과 하와의 이야기가 이것을 강력하게 교훈해 주고 있다. 둘은 완벽하게 창조되었고 하나님과의 친밀한 관계도 누리고 있었으며, 이 땅의 모든 것에 대한 완전한 지배권을 받은 상태였다. '에덴'이라는 완벽한 곳에 살았는데, 거기에는 상상을 초월하는 모든 것들이 갖춰져 있었고 아무것도 부족할 것이 없었다. 하지만 왜 그런 건지 그 완벽한 풍요 속에도 그들은 불만족스러워졌다. 어떻게 그럴 수 있을까?

그들 주변의 풍성한 자원들에도 불구하고, 아담과 하와는 자신의 삶 가운데 무언가가 더해질 수 있으며 그것이 있으면 더욱 만족스러울 것이라고 확신하게 되었다. 그들은 자급자족하여 하나님과 같이 되고 싶었다.

자급자족은 사실 불만족으로 향하는 궁극의 환상이다. 왜냐하면 주변 상황을 통제할 수만 있다면 만족감과 안정감을 확보할 수 있으리라고 상상하기 때문이다. 그러나 우리는 결코 참된 의미의 자급자족에 이를 수 없고, 우리의 무익한 노력은 위협과 불안에 휩싸이며 생존주의적 사고

방식에 사로잡히게 한다.

우리는 하나님께서 우리를 그분께 의지하도록 지으셨으며, 그분과 쉼 없이 교제하도록 하셨다는 사실을 무시한다. 아버지 하나님의 사랑 받는 자녀라는 정체성을 알게 되어 거기서 안정감을 느끼기 전에는, 결코 참된 만족감을 얻을 수 없다.

### 자급자족이 아닌 관계성

참된 만족감은 관계 속에서만 발견된다. 왜냐하면 지속적인 관계에서 발생하는, 주는 행위와 받는 행위에 참여할 때에만 기쁨과 은혜를 찾을 수 있기 때문이다. 만족감은 내면적 충족감으로, 모든 상황 가운데 하나님께 굴복할 때 주어지는 것이다. 어떤 숙명론적인 태도로 굴복하는 것이 아니라, 우리 하나님께서 전능하시며 우리 편에 계심을 알기에 그리하는 것이다. 주님께서는 우리의 필요를 공급해 주기로 약속하셨고, 우리는 전적으로 그 분을 믿는다. (히 13:5-6)

우리는 모든, 그리고 어떤 상황에서도 만족할 수 있다. 왜냐하면 아버지 하나님께서 결코 우리를 버리거나 떠나지 않으실 것이며 모든 상황을 통해 우리에게 선하게 섬기실 것임을 알기 때문이다. 이렇게 아버지 하나님과 신뢰의 관계 속에 거할 때 우리 안에 만족감이 생긴다. 주변 상황과는 무관한 것이다. 하나님께는 불가능이 없으며(눅 1:37) 우리를 사랑하사 그분을 우리에게 주신 그리스도를 통해 우리가 모든 일 가운데 승리함(롬 8:37)을 안다. 우리는 하나님의 말씀 그대로 그분을 믿으며, 그분의 약속이 참되며 변함 없고, 반드시 성취될 것을 확신한다.

현재 상황이 마음에 들지 않을 때에라도, 혹은 그 목적이 감춰진 듯 보일 때에라도 우리는 여전히 아버지 하나님의 풍성한 공급을 신뢰하고 주님께서 어떤 선한 것도 우리에게서 감추지 않으실 것을 안다. 이러한 이해를 통해 우리는 어떤 상황에서도 만족감을 가질 수 있는 것이다.

### 하이난(河南)에서의 만족감

국제 사도 네트워크인 HIM의 대표로 있다 보니 나는 여행을 많이 다닌다. 그리고 불만을 가질 수 있는 경우도 굉장히 많았다. 특별히 한 가지 사건이 떠오르는데, 집회 인도 차 중국의 하이난성에 갔을 때 일이다. 하이난에 도착하기까지는 거의 포장이 되지 않은 도로로 8시간 이상을 가야 했는데, 온도 32℃, 습도 100%에 달하는 날씨에 에어컨도 없었다. 목적지에 도착했을 때 나는 덥고 끈끈해서 완전히 무기력해졌다. 그저 에어컨 바람 좀 쐬고 샤워를 하고 싶었다!

차에서 내리니 학교 운동장 같은 곳이 보였다. 그곳은 폐쇄된 단지였는데, 이끌려 따라가보니 환기가 전혀 안 되는 건물이었다. 화장실은 단지 밖에 위치한 한 군데밖에 없었고, 그곳의 악취란 견딜 수 없을 지경이었다. 이른 저녁 시간이었는데, 모기들은 총공세를 펼치고 있었다. 정신을 좀 차리려고 하니, 샤워는 불가능하고 열과 습도로부터 벗어날 길이 없음을 인식하게 됐다.

나는 근처의 모텔에서 묵을 수 있는지 물어봤다. 분명 숙소가 이보다 안 좋을 수는 없었고, 에어컨이나 샤워 시설이 있을 가능성도 있었기 때문이다. 곧바로 보안 상의 문제로 그렇게 할 수 없다는 이야기를 듣게 됐다. 그날 밤 그 온도와 습도에, 샤워를 하지 못하는 바람에 나는 쉼 없이 설사를 쏟아냈다.

하지만 여호와께서는 바울과 실라 사도들의 상황이 떠오르게 하셨다. 그들이 어떻게 빌립보 감옥에 갇혔는지 말이다. (행 16:22-40) 분명 그들은 상황에 대해 불평할 수도 있었지만, 오히려 하나님께 감사를 드렸다. 노래하고 찬양하는 가운데, 하나님께서는 그들을 석방시켜 주셨다. 그들은 도망칠 기회를 붙잡지 않고 머물러 빌립보 출신의 간수에게 복음을 전했다. 그리고 그는 예수를 영접했다. 분명 나의 상황은 그들에 비할 것이 못 되었기에, 나는 가만히 감사하며 잠을 청하기로 했다.

다음날 집회 가운데, 나는 당시까지 경험해 보지 못한 최고의 기적들을 체험하게 되었다. 귀가 먼 여인의 청력이 완전히 회복되었다. 위암을 가진 남성이 즉시 치유를 받았다. 그래서 그 사람과 온 가족이 구원에 이르렀다. 하나님께서 이런저런 이사(異事)들을 행하시는 것을 보고, 내 상황 중의 불편이 나의 방문을 통해 이루시고자 하나님께서 계획해 두신 것에는 비할 수 없음을 깨달았다. 감옥에 갇힌 바울과 실라처럼 우리가 하나님을 신뢰하고 모든 상황 가운데서 만족할 때, 놀라운 돌파를 겪게 됨을 나는 배웠다.

● 정리해 보자

참된 만족의 마음은 우리가 처한 상황과 같은 아래의 것들이 아닌 위의 것들에 애착을 갖게 만든다. 예수께서는 이러한 진리를 들려주신다.

"그런즉 너희는 먼저 그의 나라와 그의 의를 구하라 그리하면 이 모든 것을 너희에게 더하시리라." (마 6:33)

● 스스로 물어보자

어떤 상황 속에서도 하나님께 찬양하며 감사할 수 있는가? 왜 (안) 그런가?

지금 마주하고 있는 상황을 떠올려보자. 만족의 능력이 지금의 상황을 대하는 자세를 어떻게 바꿀 수 있을까?

불만족스러울 때, 어떤 모양의 "그때" "그러면" "더"와 같은 생각을 하는가?

● 그렇게 살자

여러분의 삶에 있어 가장 의미 있는 것은 무엇인가? 대체할 수 없다고 느껴지는 무언가가 있는가? 상황, 사물, 사람 혹은 관계인가? (물어볼 필요가 있는 질문일지 모르겠다.) 이번 주엔 이러한 관계들에 주의하며, 그것들을 인하여 하나님께 찬양과 감사를 드려보자. 그렇게 할 때, 여러분의 만족감이 커지지 않는가 보라. 상황에 대한 불만족은 사그라들 것이다.

3장

# 영혼이 번영하는
# 만큼 번영한다

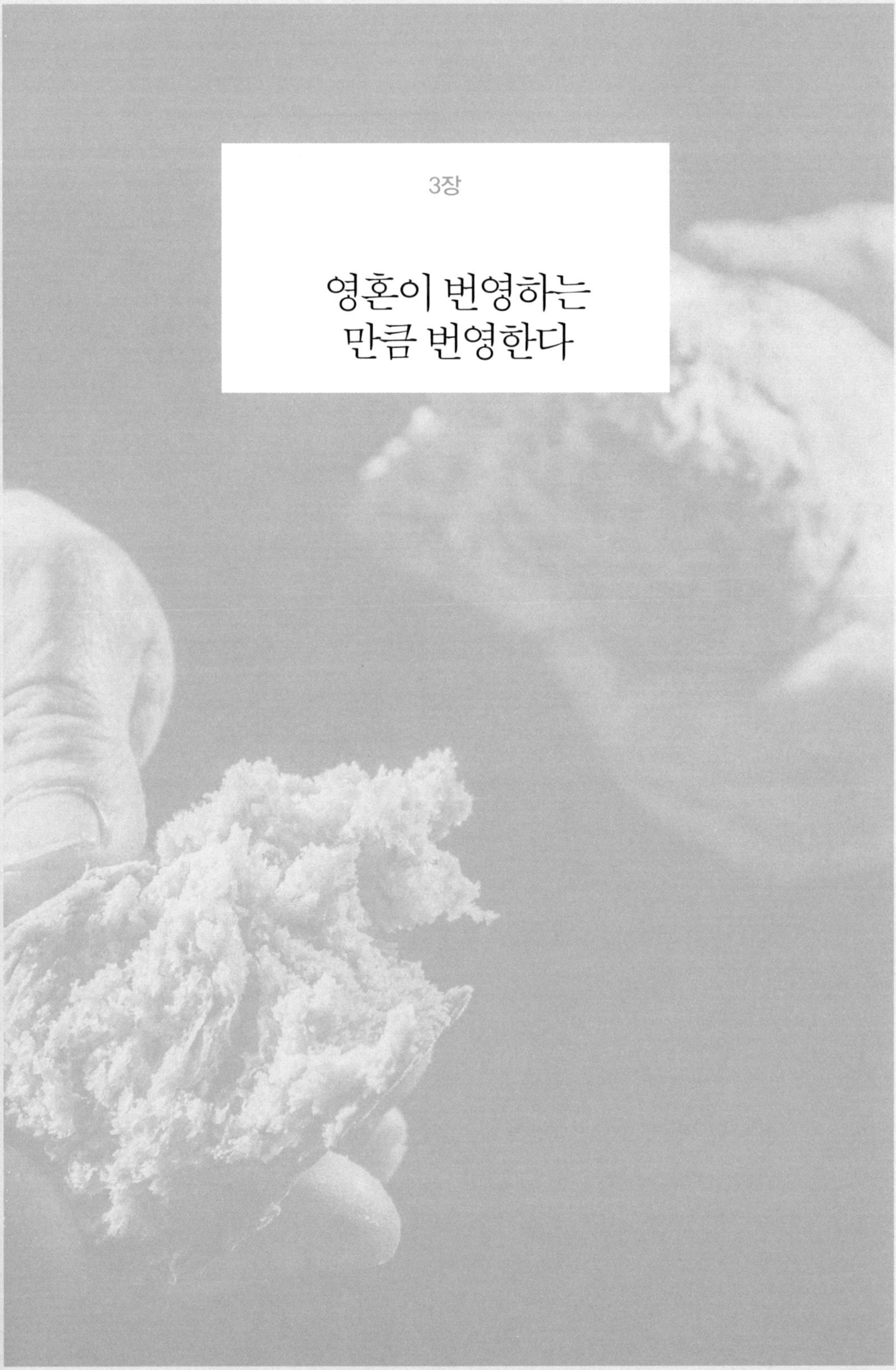

**앞부분에서** 아버지 하나님께서 우리에게 복을 주시고 우리를 통해 다른 이들에게 복을 주시며, 그분의 왕국을 확장시키고자 번영시켜 주시기를 원하심을 확인해 보았다. 그분의 약속과 공급을 믿고 적극적으로 받을 때, 우리는 주님의 왕국에서 합당하게 통치할 수 있는 권세를 받고 다스릴 수 있도록 훈련되는 것이다.

성경은 우리가 하나님의 자녀로서 그리스도 안에서 새로운 피조물이 되었다고 확증하지만, 이것은 우리의 혼이 아닌 영이 거듭난 것을 가리킨다. 우리의 생각과 마음 사이에는 강력한 상관 관계가 있고, 우리의 생각이 새롭게 될 때에만 우리가 변화될 수 있다. 우리의 생각과 마음에 있는 문제들은 하나님의 은혜가 우리 안에 역사하는 것을 문자 그대로 차단하며, 주님의 약속과 공급에 참예하지 못하도록 막는다.

많은 이들에게 있어 아버지 하나님의 약속과 공급을 믿고 받는 것은 어려운 일이다. 그 어려움에는 여러 요인이 작용하는데, 가난과 가난의 대물림이 경건하다고 보는 그릇된 관념, 혼의 상처와 고아적인 마음으로 인한 자아 정체성의 왜곡 등이 있겠다. 대부분의 사람들은 번영에 대해 잘못된 개념을 갖고 있고, 하나님께서 그에 대해 어떻게 생각하시는지에 대한 혼돈이 있다.

이 부분에서는 번영에 대한 각자의 태도와 자세를 살펴보고 자신이 번영할 가치가 있는 사람인가에 대한 느낌을 물어볼 것이다. 이러한 과정에 간단하게 쓸 수 있는 자가 진단 도구가 있다. 우리의 태도와 자세는 사실 하나님께서 그분의 선하심을 우리에게 전해 주시도록 하기 전에 다뤄져야만 하는 요새와 같다.

우리는 하나님의 왕국에 대해 잃어버린 권세를 다시 열게 해줄 마스터 키를 살펴볼 것이다. 치유는 행위를 통해서 임하는 것이 아니라, 하나님의 은혜를 받아들이고 그 말씀을 들으며, 그것을 적극적으로 이해하고자 구하려는 우리의 선택을 통해 임한다. 하나님의 은혜는, 우리가 치유를 선택하고 그것을 좇을 때 우리 마음을 변화시킬 것이다. 우리가 적극적으로 그분을 구하고 좇을 때 하나님께서 우리를 인도하시고 이끌어주시는 치유에는 본질적으로 네 부분이 있다.

풍요와 번영에 대한 하나님의 약속을 믿고 받는 우리의 능력은 주님께서 우리 마음을 치유하시고 우리 생각을 새롭게 하시는 데에 달려 있다. 주님의 은혜를 받을 때에만 우리 혼이 내적 변화에 이를 것이며, 우리로 하여금 전진하여 주님께서 주고자 하시는 모든 풍성함을 받을 수 있게 한다.

이번 장을 조심히 읽으며 각 부분을 충분히 소화할 수 있도록 끝에 나오는 질문과 적용에 대한 제안들을 재고해 보라. 이 책 나머지 부분에서 얼마만큼의 유익을 얻을 수 있는가는, 여러분 마음의 상태와 혼의 번영(과 치유)에 달려 있다.

## 생각과 마음의 상관 관계

"대저 그 마음의 생각이 어떠하면
그 위인도 그러한즉."
(잠 23:7上)

**돈은 우리의 문제가 아니다**

미국에 사는 사람들이라면 돈 문제를 안고 있다는 데에 모두 공감할 것이다. 사실 문제는 '2008년의 대 침체' 보다 앞서 시작되었다. 2003년에 행해진 갤럽 조사에 따르면, 침체 이전에 부부 중 64% 이상이 돈 문제로 다퉜다고 한다. 이제 돈은 이혼 사유 제1위가 되었다. "빚이 우리를 갈라놓기까지"라고들 말하지 않는가? 이혼의 54%가 돈 문제로 다투다가 진행된 것으로 추산된다.

하지만 돈 문제는 거기서 그치지 않는다. 현재 미국의 소비자 부채는 1조 7,000억 달러에 이른다. 국가 부채가 아니라 개인 부채가 말이다! 이는 러시아의 국민 총생산 3년치가 넘는 액수다. 미국은 세계에서 가장 부유한 국가이지만, 너무나 많은 이들이 개인 재정 문제로 씨름하고 있다. 그러면 왜 이번 장을 "돈은 우리의 문제가 아니다"라는 선언으로 시작하려

하는가?

누군가 우리 집에 왔는데, 정원에서 가위로 식물을 다듬는 내 모습을 봤다고 상상해 보자. 정원을 둘러싼 커다란 잡초들의 줄기와 잎들을 쳐내는 내 모습을 지켜보다가, 그가 이렇게 묻는다. "뭐 하는 거야?"

나는 바로 대답한다.

"이 줄기랑 가지들이 이따금씩 너무 커질 때가 있어서 쳐내고 있어."

그러면 어떻게 생각하겠는가? 물론 나중에 또 잡초들을 쳐낼 수 있지만, 뿌리를 찾아서 뽑아내지 않으면 줄기와 가지가 다시 자랄 것은 자명한 일이다. 잡초의 뿌리를 뽑아내야만 완전히 없앨 수 있는 것이다.

우리의 돈 문제는 단순히 회계 관리의 어려움이나 지식의 부족이 아니라, 마음의 문제라는 사실을 꼭 말해 주고 싶다. 예산을 짜는 전략이나 부채를 줄이는 방편에 집중하게 되면 영원한 해법에 이르지 못할 것이다. 우리가 돈으로 인해 곤란해지는 것은 영적인 문제다. 아버지 하나님께서 공급해 주실 것을 믿지 않으며, 그 단단한 기초가 없으면 우리는 진정으로 번영할 수 없다.

몇 년 전 나는 최고의 금융 설계사로 귀족 고객들만 상담하며 수억의 연봉을 받는 여성을 만난 적이 있다. 하지만 그녀 자신의 재정은 난장판이었다. 온갖 지식과 전문 기술이 있었지만, 안타깝게도 마음 깊이 자리한 성품의 문제가 먼저 치유되어야 했던 것이다.

### 자신과의 다툼

하나님과 분리되어 스스로 길을 찾겠다고 하는 선택은, 우리가 결코 의도하지 않았던 결과들이 폭포수처럼 쏟아지게 했다. 우리가 언급한 것들 중에 우리의 내면에 분열이 생겼다는 사실이 있었다. 최초에 하나님께서 우리를 설계하셨기 때문에, 우리의 몸과 혼, 영은 하나의 단일체로서 움직였고 우리의 영이 방향과 목적을 지시했다. 하나님의 지혜를 분명히 가지고 있어, 실재와 내면의 조화 및 안정감을 이해할 수 있었다.

선과 악을 알게 하는 나무 열매를 먹음으로써 악이 들어와, 우리는 세상의 새로운 체계 가운데 생각하고 알고, 존재하게 되었다. 하나님의 지혜가 우리의 영에 진리를 계시하여 주는 대신, 이제는 감각에 기초한 추론을 통해 지식을 얻게 되었다. 하지만 이 새로운 정보원에는 문제가 있었다. 제한되어 있어서 우리 각자가 조금씩 다른 방식으로 체험하게 되는 것이었다. 그래서 서로 간에 이견이 생겼고 스스로 내면에 불확실성을 갖게 되었다. 종종 우리는 동시에 여러 방향으로 이끌리는 것을 느꼈고 불안정하고 불안하며, 우유부단한 모습을 갖게 됐다. (약1:8) 우리의 사고와 감정은 상호 전쟁을 벌이게 되었다. 우리의 논리가 하라고 말하는 대로 행한다고 생각했지만, 감정에 붙들려 비이성적으로 행동하는 모습을 발견하게 된 것이다. 때로는 우리의 행동들에 대해 깊은 후회를 갖기도 했지만, 그렇다 해도 그 행동들을 지속해 버렸다.

그리스도인이 된 이후, 내면의 전쟁은 더 시끄러워졌을 뿐이다! 우리의 영은 이제 그리스도 안에서 다시 지음 받아 아버지 하나님과 교제를 회복하게 된 한편, 우리의 혼과 몸은 여전히 자기 멋대로 움직이려는 경향이 있다. 영으로는 아버지 하나님의 뜻에 합의하여 그 길을 좇으려 하지만, 원하지 않는 옛 행동 패턴이 습관처럼 우리를 걸려 넘어지게 하는 모습을 본다. 바울 사도는 이 내면의 전쟁을 로마서 7장 14-25절에서 묘사하고 있다.

긍정적인 변화를 이뤄보겠다고 결심을 하고 또 하지만, 옛 패턴으로 다시 돌아갈 수밖에 없는 모습을 빈번히 본다. 여러분에게도 해당되는 이야기 아닌가?

　이런 고투가 진행되다 보면 공교롭게도 많은 그리스도인들이 크게 낙심할 수 있다. 우리를 묶고 있는 듯한 많은 옛 습관들을 극복하기 위해서는, 우리가 진공 상태에서 싸움을 하는 것이 아님을 이해해야 한다. 우리에 대항하여 전투 대열로 서 있는 세력들이 있다.

### 마음의 문제

　우리 마음은 '반향 의식(reflective consciousness)'이라고도 알려진 우리 인격이 앉는 자리다. 인식을 하고 반향을 하고 감각하며, 상상하고 갈망하고, 의도하는 우리의 일부다. 우리가 '나'라고 할 때 알고 있거나 동일시하는 그 존재다. 성경에서 '마음(heart)'이라는 단어는 신구약 모두에서 영과 혼으로 제약 없이 번역된다. 실상 마음은 영과 혼 모두의 영향을 받으며, 여기서 내면의 전쟁이 일어나는 것이다. 전투는 우리 마음을 두고 벌어지는 것이다.

　영이 그리스도 예수 안에서 다시 창조되고 나면, 우리는 주님의 성령을 통해 하나님의 지혜를 계시 받을 수 있게 되지만 혼은 계속해서 스스로의 지식과 이해를 가지고 영향력을 행사하려 한다. 많은 이들은 오래 전의 경험과 외상(trauma)으로 깊이 상처 받은 마음을 품고 있다. 이 부정적인 정황들 가운데에는 학대나 무시로 인한 것들도 있지만, 가난한 가정에서 자랐거나 소수 민족 출신이거나, 동급생들에게 왕따를 당했던 등의 이유로 일어날 수도 있다. 이러한 경험들은 우리 스스로의 정체성, 다른 이들에 대한 기대와 우리 삶의 역사에 대한 이해를 더욱 심하게 왜곡시킬 뿐이다. 시간이 지날수록 우리는 이러한 왜곡들을 믿게 되며, 우리가 믿는 바를 또 영속시키고 재창조하게 된다. 잠언 23장 7절은 우리에게 말씀한다.

"대저 그 마음의 생각이 어떠하면 그 위인도 그러한즉."

이러한 왜곡들은 우리의 사고 가운데 습관적 틀이 된다. 그것들을 그리도 오랫동안 믿어왔기 때문에, 마치 현실처럼 느껴지게 되고 스스로 다른 사고나 행동 양식을 선택할 수 없다고 생각하기에 이른다. 바울은 이러한 습관적 패턴들을 '요새'라고 부른다. (고후 10:3-5)

간단하게 말해 요새는 복잡한 생각, 느낌과 행동들로 구성된 신념 체계다. 한 번 확립된 요새는 우리의 실재에 대한 필터 역할을 하며, 마음에 합한 정보들만 들여보내고 잔류하게 한다. 예컨대 어렸을 때 실망을 많이 하여 불신의 요새를 짓게 되었다면, 여러분은 다른 모든 사람들의 동기를 의심하고 있을 것이다. 하나님이나 다른 사람들에게 좋은 것을 받기가 어려운 것이다. 왜냐하면 "내겐 좋은 일이 일어난 적 없어"와 같은 믿음의 기초 위에 불신의 요새가 세워졌기 때문이다. 그러므로 현재 상황이 아무리 좋아 보일지라도, 그것이 불가능하다고 생각하며 마음을 열어 받아들이지 못한다.

### 요새의 정복자

앞에서 다뤘듯, 요새는 흔히 상황이나 삶 가운데 만났던 사람들로 인해 생긴 마음의 상처들을 통해 세워진다. 하지만 우리 마음에 강력한 요새를 세울 수 있는 또 다른 세력들도 작용하고 있다. 하나는 우리가 성장한 가정과 사회의 문화 혹은 세계관이다. 우리는 부모와 교사, 동급생, 미디어, 영화, 광고 등을 통해 특정한 가치, 태도, 바람, 사고 방식들이 "옳다" 혹은 "바람직하다"고 배운다.

미국에서 요새가 될 수 있는 문화적 영향력의 예들은, 물질 축적을 갈망하는 물질주의, 권세에 대한 욕구, 명성에 매료되는 상태, 과학을 다른 모든 형태의 지식보다 높은 가치로 보는 관점 등이 있겠다. 이 정도면 무슨 말인지 알 수 있을 것이다. 바울은 이러한 문화적 영향력들을 "이 세상의 지혜"라 부르며 그것이 하나님께는 어리석음이라고 분명히 밝힌다.

"아무도 자신을 속이지 말라. 너희 중에 누구든지 이 세상에서 지혜 있는 줄로 생각하거든, 어리석은 자가 되라. 그리하여야 지혜로운 자가 되리라. 이 세상 지혜는 하나님께 어리석은 것이니, 기록된 바 하나님은 지혜 있는 자들로 하여금 자기 꾀에 빠지게 하시는 이라 하였고 또 주께서 지혜 있는 자들의 생각을 헛것으로 아신다 하셨느니라." (고전 3:18-20)

우리에게는 아주 실질적 대적인 사탄도 있다. 우리의 것을 훔치려 하고, 우릴 죽이며 멸망시키려는 자 말이다. (요 10:10 상) 그가 가장 좋아하는 전술 중 하나는 수치심이나 죄책감, 열등감, 낮은 자존감 등 자기 정죄의 요새를 우리 내면에 확립하여, 우리 마음이 고소들로 부자유해지게 만드는 것이다. 또 다른 요새들은 자립심이나 성과를 통해 인정을 받고 싶은 마음 등 무언가 감탄스러운 모습으로 변장할 수도 있다. 이 모든 요새들은 하나님의 약속들을 충분히 믿고 삶 가운데 그분의 목적을 성취하는 일을 방해할 수 있다.

바울은 에베소서 2장 2-3절에서 우리에게 경고한다.

"그 때에 너희는 그 가운데서 행하여 이 세상 풍조를 따르고 공중의 권세 잡은 자를 따랐으니, 곧 지금 불순종의 아들들 가운데서 역사하는 영이라 전에는 우리도 다 그 가운데서 우리 육체의 욕심을 따라 지내며 육체와 마음의 원하는 것을 하여 다른 이들과 같이 본질상 진노의 자녀이었더니."

우리의 옛 습성들은 도무지 사라지려 하지 않지만, 아버지 하나님께서는 항상 우리에게 생명과 사망, 축복과 저주 가운데 선택을 하라고 하신다. (신 30:19-20) 내면의 전쟁이 얼마나 격렬하든지 간에, 우리는 그 선택에 대한 책임을 져야 한다. 주님께서는 이렇게 말씀하신다.

"모든 지킬 만한 것 중에 더욱 네 마음을 지키라. 생명의 근원이 이에서 남이니라." (잠 4:23)

기쁜 소식은, 우리가 홀로 싸우는 것이 아니라는 것이다. 하나님께서는 우리에게 성령이라는 선물을 주사 우리를 온갖 형태의 저주와 정죄로부터 자유롭게 하셨다. (롬 8:1-2) 이제 우리 마음의 모든 요새들을 무너뜨리고 하나님의 자녀로서의 특권을 가지고 행할 수 있도록 무장되었다. 그 요새들에 대해 어떻게 승리하느냐를 논하기 전에, 먼저 정직하게 우리 마음을 바라보고 거기서 발견되는 요새들을 식별해 내야 할 것이다.

● 정리해 보자

요새들은 우리 마음에 뿌리를 내려, 우리가 하나님을 신뢰하지 못하고 우리에게 주기를 갈망하시는 하나님의 번영을 믿지 못하게 방해하는 태도나 행동의 습관적인 양상들이다. 이것들은 부정적 상황이나 사람들과의 경험, 가정과 사회로부터 받는 문화적 메시지, 원수 사탄이 유발하는 자기 정죄 등을 통해 세워진다. 마음을 정직하게 들여다 보아, 그 속에 기생하고 있을지 모를 요새들을 식별해 내야 한다.

● 스스로 물어보자

로마서 7장 14-25절을 읽으라. 바울 사도가 묘사하는 분투에 공감이 가는가? 재정에 관련된 나쁜 습관을 끊으려 했지만 계속 다시 넘어지고 마는 영역이 있는가? (예: 충동 구매, 신용카드 빚, 작은 사치들을 스스로 금함 등) 여러분이 분투하는 영역들을 기록해 보자.

여러분의 부모님이나 여러분이 성장한 가정의 재정 철학은 어떤 것이었는가? 그 철학이 오늘날 여러분의 재정에 대한 태도와 자세에 어떻게 영향을 끼쳤는가? 일부 사람들이 엄청난 재정적 번영을 누리는 이유가 무엇이라 생각하는가?

● 그렇게 살자!

앞으로 3일간, 재정과 돈에 대한 여러분의 생각과 스스로 말하는 바를 적어보라. 그것들을 읽어보라. 번영과 재정에 대해 마음속에 무엇이 있는지 알 수 있는가?

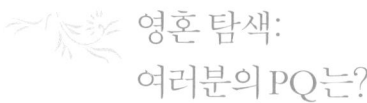
# 영혼 탐색: 여러분의 PQ는?

"사랑하는 자여, 네 영혼이 잘됨 같이 네가 범사에 잘되고
강건하기를 내가 간구하노라."
(요삼 2)

하나님께서는 우리 안에 예수를 닮은 성품을 지으사, 본래의 목적과 운명을 회복시켜 주고자 하신다. 우리가 하나님의 자녀로서 자리를 찾아, 예수처럼 베풀며 예수와 더불어 유업을 받는 자가 되도록 초청하신다. 이렇게 하기 위해서 우리는 방해가 되는 것이라면 무엇이든 없애 버려야 한다. 예수 그리스도께서는 이 과정을 "자기 부인"이라고 표현하셨으며, 바울 사도는 "모든 무거운 것을 벗어버린다"고 말했다. (마 16:24, 히 12:1) 우리는 마음을 살펴보고 거기서 발견되는 요새들(무거운 것들)을 마주해야 한다.

이제 내가 PQ(번영 지수)라고 부르는 간단한 자기 진단을 통해 마음을 살펴볼 것이다. 이 진단을 마치면, 번영에 대해 가지고 있는 기본적 태도를 식별하고, 여러분이 주님 안에서 번영을 누리지 못하게 막고 있는 믿음과 행동의 요새들을 드러낼 수 있을 것이다.

이것은 과학적인 측정이 아니지만, 번영에 대한 태도와 관련된 수많은 각종 질문지 및 재정 문제와 관련하여 교회 성도들을 상담한 나의 경험에 기초하고 있다. 이 PQ는 7영역으로 나뉘며, 각 부분에는 7개의 설명이 있다. 각 설명을 읽고 거기에 묘사된 태도나 행동이 여러분에게 해당되는지 판단해 보라. 각 설명에 대해 아래 척도에 기초해 1-3 사이의 번호를 매기라.

1. 전혀 나에게 해당 없음
2. 때로 나와 비슷함
3. 대부분 나와 같음

이 결과를 볼 사람은 아무도 없으므로 스스로 정직하라. 이 결과를 가지고 책의 끝까지 논하게 될 것이다. 각 영역의 숫자를 합산하여 부분별 총계를 내라. 최고점을 가진 부분이 여러분에게 가장 많이 해당되는 것이다. 이 진단의 끝 부분에는 결과에 대한 이해를 도울 수 있는 간단한 요약문이 있다.

### 번영 지수 자기 진단

제1 영역

___1. 때로 재정 걱정을 하다가 잠을 못 이룬다.

___2. 일들이 너무 잘 될 때면, 내려갈 때가 있을 것이라고 생각한다.

___3. 중대한 구매를 할 때는, 아무리 정보 수집을 많이 해도 지나치지 않다.

___4. 너무 위험 부담이 커서 나는 절대 개인 사업을 할 수 없다.

___5. 투자 포트폴리오가 어떻게 돌아가고 있는지 보기 위해 매일 주식 시장을 확인해야 한다.

___6. 언제 재앙이 닥쳐올지 모른다.

___ 7. 다 납부하지 못한 청구서들이 항상 떠오른다.

___ 제1 영역 총계

제2 영역

___ 1. 통장 잔고 맞춰 보기를 전염병처럼 피한다.

___ 2. 예산을 짠 적이 많았지만, 실제로 사용을 안 했다.

___ 3. 항상 하루씩 늦고, 1,000원씩이라도 모자란 듯하다.

___ 4. 청구서 납부를 최후의 순간까지 미루거나 연체한다.

___ 5. 은퇴에 대한 계획을 더 세워야 한다.

___ 6. 봉급 인상을 요구해야 하는데 피하게만 된다.

___ 7. 때로 월급을 지출 통장에 제때 입금하지 않아 지출보다 마이너스 되는 경우가 있다.

___ 제2 영역 총계

제3 영역

___ 1. 무언가를 진정으로 원한다면, 적금 통장을 털어서라도 산다.

___ 2. 신용카드 청구서를 매월 최소한의 분량이라도 납부한다.

___ 3. 쇼핑을 하면 항상 힘이 난다.

___ 4. 정기적으로 복권을 구입한다. 구입을 안 하면 당첨도 안 되지 않는가?

___ 5. 매월 예산을 정해 두지 않는다. 너무 속박 당하는 느낌이다.

___ 6. 때로 순간적인 충동에 이끌려 뭔가를 사고 나중에 후회한다.

___ 7. 크리스천 집회에서 감동이 되어 헌금을 하게 되면, 돈이 없지만 신용카드로 낸다.

___ 제3 영역 총계

제4 영역

___ 1. 자격도 없는 많은 사람들이 부유하게 살고 있다.

___ 2. 부자들은 폼 나는 차와 옷을 사는 대신 이웃들에게 더 나눠 줘야 한다.

___ 3. 돈을 크게 벌려면 돈이 있어야 한다.

___ 4. 돈은 모든 악의 뿌리다.

___ 5. 돈을 너무 많이 쓴 것 같아서 물건을 샀다가 환불한 적이 있다.

___ 6. 부자들은 자신들이 남보다 낫다고 생각하며 우쭐댄다.

___ 7. 부에 현혹되어 그리스도인으로서의 헌신에서 벗어나게 될 가능성이 있다.

___ 제4 영역 총계


제5 영역

___ 1. 쿠폰에 엄청나게 집착한다.

___ 2. 집을 사려고 찾을 땐, 압류된 집 리스트를 먼저 확인한다.

___ 3. 10원 단위까지 내 모든 지출을 기록한다.

___ 4. 10원을 아끼면 10원을 번 것이다.

___ 5. 오래된 물건을 버리는 것을 잘 못한다. 언제 그게 필요하게 될지 모르니까 말이다.

___ 6. 얼마나 중요한 기념일이든지 상관 없다. (일정액) 이상은 저녁 식사에 쓸 수 없다.

___ 7. 세일할 때 신발 세 켤레 사두는 것이 세일 안 할 때 비싼 신발 한 켤레 사는 것보다 낫다.

___ 제5 영역 총계

제6 영역

___ 1. 가난이 우리 가계에 흐르고 있다.

___ 2. 실망을 하지 않도록 목표를 너무 높지 않게 잡는 것이 좋다.

___ 3. 좋은 일들은 항상 내가 아닌 다른 누군가에게 생긴다.

___ 4. 경제적 의무 때문에 직장에 매인 느낌이다.

___ 5. 상황이 결코 좋아질 듯하지 않다. (너무 늙어서, 너무 어려서, 학력이 부족해서, 아는 사람이 없어서 등)

___ 6. 미래에 대해 꿈을 꾸는 것은 부질 없는 짓이다. 내 미래는 바뀔 리 없기 때문이다.

___ 7. 재정적으로 정말 구속되어 있다. 그렇지만 누울 곳이라도 있으니 그냥 자자.

___ 제6 영역 총계


제7 영역

___ 1. 하나님께서 내게 복 주시고 최선의 것들을 허락해 주실 것을 믿는다.

___ 2. 돈과 관련된 좋은 기회가 오면 결코 흘려 보내지 않는다.

___ 3. 가난한 사람들은 대부분 그저 게을러서 그렇고, 시스템의 단물을 빼먹으려는 생각만 한다.

___ 4. 하나님께서는 스스로 돕는 자를 도우신다.

___ 5. 주는 대로 받게 되리라는 것을 강하게 믿는다.

___ 6. 돈이 더 있었다면 다른 이들에게 더 베풀었을 것이다.

___ 7. 돈을 애써서 벌고 있다.

___ 제7 영역 총계

### 번영 지수 자기 진단 결과

이것은 과학적이지 않은, 비공식 진단이라는 것을 기억하라. 그러나 스스로의 번영에 대한 태도와 자세에 대해 생각할 수 있는 기회가 됐을 것이다. 각각의 영역들에 대한 간단한 요약 설명이 아래에 나올 텐데, 서로 다른 사람이라도 각기 다른 이유로 비슷한 결과에 이를 수 있음을 기억해야 한다.

여러분의 태도와 자세는 여러분 마음 깊은 곳에 있는 잠재적 문제들에 대한 징후와 증상들을 보여 준다. 태도와 자세의 뿌리까지 들어가야만, 여러분의 마음이 변화되고 하나님께서 여러분에게 주고자 하시는 것들을 받지 못하도록 막는 장애물들을 제거할 수 있다.

### 제1 영역: 두렵고 불안함

번영과 재정은 불편과 염려를 갖게 하는 분야다. 돈을 다루는 데에 불편을 느끼거나 부를 생산해 내는 자신의 능력에 대해 확신이 없을 수 있다. 돈에 대해 걱정하고, 나타날지 모를 차질에 대해 걱정하느라 너무 많은 시간을 보낸다. 또한 중대한 재정적 결정을 내리는 데에 어려움을 겪을 수도 있다.

### 제2 영역: 피하는 사람

번영과 재정에 대한 이야기를 최대한 피함으로써 스스로의 불편함을 다뤄내려는 경향이 있다. 이렇게 피하는 것 자체가 미루는 버릇을 보여 준다. 해야 할 일들을 그저 미루지만, 이러한 습관적 행동의 틀에서 벗어나지 못하는 듯하다.

### 제3 영역: 감성적 소비자

기분이 좋아지려고 번영과 돈을 사용한다. 필요하지 않은 데에도 무언가를 사지 않고는 쇼핑몰에서 나가질 못한다. 책임감을 가지기보다는, '빨리 부자가 되자'는 생각을 한다. 커다란 돌파를 기다리고 있지만, 우선 빚부터 줄일 방법을 강구해야 한다.

### 제4 영역: 청빈

부와 부를 소유한 사람들을 믿지 않는다. 번영이 스스로를 그리스도께로부터 멀어지게 할까 염려한다. 번영과 풍요는 내가 속할 수 없는 모임처럼 느껴지며, 스스로 부를 소유할 자격이 있는지에 대한 확신이 없다.

### 제5 영역: 구두쇠

이 경우에도 번영과 재정 때문에 불안과 염려를 느낀다. 스스로의 소비에 대해 극도로 경계하고, 언제든 가능만 하다면 싼 물건을 삼으로써 자신의 불편을 통제하려 한다. 안정감을 갖기 위해, 더 양질의 제품을 살 여력이 있는데도 불필요하게 사지 않거나 값싼 모조품으로 만족한다.

### 제6 영역: 낙심

스스로를 현재의 상태에 묶어 둠으로써 재정적 어려움을 조종하려는 경향이 있다. 오랫동안 씨름하다가 어떤 변화도 있을 수 없다는 결론에 이르렀을 수 있다. 저지른 실수들을 돌아보며 현재의 상황이 마땅하다고 생각할 수도 있다. 소망을 가지고 기대할 때 얻을 수 있는 기쁨의 삶을 그러한 염세론이 앗아가고 있는 것이다.

### 제7 영역: 번영 의존적

하나님께서 번영으로 복 주기를 원하신다는 것을 옳게 이해하지만, 번영의 목적을 이해하지 못한다. 공급을 받는 데에 초점이 있으며, 공급자를 바라보지 못하고 있다. 또한 부를 획득하는 데에 자기 의존적인 경향이 있다.

● 정리해 보자

대부분의 사람들은 번영과 재정에 관련된 문제들을 안고 있다. 이 문제들은 우리의 마음에 대해 여러 가지를 이야기해 준다. 예수께서도 말씀하셨다. "네 보물 있는 그 곳에는 네 마음도 있느니라." (마 6:21) 태도와 자세를 정직하게 바라다 보면, 우리 영혼 가운데 치유가 필요한 상처들이 발견된다. 그 상처들을 가지고는 아버지 하나님을 신뢰하거나 주님의 축복을 받을 수 없다.

● 스스로 물어보자

어떤 영역에서 가장 높은 PQ를 받았는가? 결과가 정확한 것 같은가? 왜 (안) 그런가?

배우자나 잘 아는 사람을 떠올려 보자. 그들의 PQ는 어떨 것 같은가? 이 PQ가 그들의 말과 행동에 어떻게 투영된다고 생각하는가?

번영의 복을 받는 데에 여러분의 PQ가 어떻게 방해가 되고 있는가?

● 그렇게 살자!

번영과 관련된 여러분의 자세와 태도 중 더욱 발전되었으면 하는 부분을 세 개만 골라 보자. 최대한 구체적으로 생각하여 적어 보자. 그것이 실현되게 하려면 어떻게 해야 할까?

# 하나님의 왕국을 여는 마스터 키

"씨를 뿌리는 자가 뿌리러 나가서…"
(마 13:3下)

어렸을 때 지하실에서 놀다가 오래된 열쇠 하나를 발견했던 기억이 난다. 그 열쇠로 어디를 열 수 있을지 전혀 몰라서, 누나에게 보여줬다. 당시 우리는 TV에서 옛날〈보물섬〉영화를 본 직후였다. 누나가 조심스럽게 열쇠를 만지작거리면서 심각한 표정을 짓는 것을 보고, 나는 물었다.
"누나, 이거 보물 상자를 여는 것 아닐까?"
"음…" 누나는 또 다시 심각하게 가만히 있었다. 그리고 미소를 지으며 다시 열쇠를 돌려줬다.
"정말 보물의 열쇠를 찾게 될지도 모르겠다. 진짜로."
나는 누나를 믿었다. 누나는 아주 똑똑한 사람이었기 때문에, 보물 상자를 여는 열쇠라고 하면 나는 그렇게 믿을 것이었다. 그 다음주에 나는 어디든 자물쇠만 보이면 열쇠를 들이밀어 보았다. 물론 아무것도 열리지 않았고, 결국 나는 포기하게 되었다.

열쇠 하나를 갖게 되었다고 잠시 동안 생각해 보자. 놀라운 보물이 든 상자를 열 수 있다는 것이다. 그러면 여러분은 그냥 서랍에 넣어두고 잊어버리겠는가? 아니면 지금은 너무 바쁘니까 어디 숨겨두겠는가? 그럴 리가 없다! 그 열쇠를 가지고 어디든 가서, 자물쇠를 열어 보물을 갖고 말 것이다.

### 마스터 키

예수께서는 그분의 왕국에서 권세를 풀 수 있는 중대한 열쇠를 우리에게 주셨다. 주님께서는 우리가 왜곡된 자아상, 세상의 문화와 사탄의 악독한 공격들로 인해 생긴 요새들과 싸우게 될 것을 아셨다. 주님께서는 이 요새들이 파해져야만 하며, 그렇지 않을 경우에는 아버지 하나님께서 주고자 하시는 풍성한 생명과 번영을 받지 못하게 되리라는 것을 아셨다. 하나님께서는 이 땅 가운데 우리의 지배권과 권세를 회복시켜 주셨는데, 우리가 열쇠를 획득해야 거기에 접근할 수 있게 된다.

예수께서는 진리를 설명하거나 거룩한 원리들을 묘사하기 위해 하나님 왕국에 대한 비유를 많이 사용하셔서, 일상의 것들에 빗대어 말씀하셨다. 왕국에 대한 비유들 중 가장 잘 알려진 것이 "씨 뿌리는 자와 씨"의 비유일 것이다. 이 비유가 마태복음, 마가복음, 누가복음에 등장하고 있는 걸 보면, 제자들에게 강한 인상을 남겼던 것 같다. (마 13:3-23, 막 4:2-20, 눅 8:4-18) 예수께서는 이 비유를 이해하는 것이 하나님 왕국에 대해 말씀하신 모든 것을 이해하는 데에 열쇠가 된다고 하셨다. (막 4:13)

그렇기 때문에 이 비유는 중요한 마스터 키가 되는 것이다. 모두에게 아주 익숙한 것이지만, 이제 여러분과 이 비유를 자세히 살펴보며 어떻게 하나님 왕국의 권세를 푸는 데에 적용되는지를 알아보고자 한다.

### 씨 뿌리는 자와 씨 (마 13:3-9)

"예수께서 비유로 여러 가지를 그들에게 말씀하여 이르시되, 씨를 뿌리는 자가 뿌리러 나가서 뿌릴새 더러는 길 가에 떨어지매 새들이 와서 먹어버렸고 더러는 흙이 얕은 돌밭에 떨어지매 흙이 깊지 아니하므로 곧 싹이 나오나 해가 돋은 후에 타서 뿌리가 없으므로 말랐고, 더러는 가시떨기 위에 떨어지매 가시가 자라서 기운을 막았고 더러는 좋은 땅에 떨어지매 어떤 것은 백 배, 어떤 것은 육십 배, 어떤 것은 삼십 배의 결실을 하였느니라, 귀 있는 자는 들으라 하시니라."

예수께서 들음에 대한 말씀으로 이야기를 마치시는 것에 주목하라. "귀 있는 자는 들으라"고 하셨다. 주님께서는 육체의 귀나 청력에 대해 이야기하시는 것이 아니다. 영으로, 즉 마음으로 듣는 것을 말씀하시는 것이다. 나는 AMP의 번역을 좋아한다. "들을 귀가 있는 자는 귀를 기울여, 들음으로 생각하고 인식하고 이해하라." 이것을 보면 듣는 것과 그에 따른 이해가 의지적 행위, 곧 우리가 하기로 선택하는 바임이 명확해진다.

예수께서는 종종 비유로 말씀하셨지만, 제자들에게 말고는 그 비유들을 해석해 주신 적이 거의 없다. 마태복음에서 예수께서 이 비유를 말씀하신 뒤에 막후에서 어떤 일이 일어났는지를 볼 수 있다. 예수의 제자들이 왜 비유로 말씀하시냐고 묻자 예수께서는 이렇게 대답을 하셨다. "대답하여 이르시되 천국의 비밀을 아는 것이 너희에게는 허락되었으나 그들에게는 아니되었나니." (11절) 이 말씀은 마치 예수께서 제자들을 편애하시고 무리들에겐 비밀 알리기를 거절하셨던 것 같다.

하지만 그것은 사실이 아니다. 예수께선 뒤이어 이렇게 설명하신다.

"누구든 영적인 지식이 있는 사람은 더 많이 받고 더 풍성한 공급을 받아 풍요를 누릴 것이다. 하지만 그렇지 못한 사람은 가지고 있는 것조차 빼앗길 것이다. 그러한 연유로 내가 그들에게 비유로 말하는 것이다. 보는 능력을 갖고 있는데도 보지 못하고 듣는 능력이 있는데도 듣지 못하며, 깨닫지도 이해하지도 못하기 때문이다. 하지만 보는 눈과 듣는 귀를 가진 사람은 복을 받을 것이요 부러움을 살 것이다."(12-13, 16절 AMP역)

예수께서는 우리가 하나님의 말씀을 들을 것인지 여부를 선택해야 한다고 명시하신다. 보게 하시고 주님의 말씀을 깨닫게 하시는 은혜를 받아들일 것인가를 결정해야 한다. 우리는 주님의 왕국 권세에 접근할 수 있도록 적극적인 선택을 할 수도 있고, 거부할 수도 있다. 예수께서는 왕국에 대해 더 통찰을 갖고자 갈망한 제자들을 높이셨고, 그 때문에 그들에게 비유를 해석하사 비밀들을 풀어 주신 것이다.

### 계시된 열쇠

예수께서 이 비유를 어떻게 해석하시는지 보고, 주님께서 계시하시는 비밀을 이해해 보자.

"그런즉 씨 뿌리는 비유를 들으라 아무나 천국 말씀을 듣고 깨닫지 못할 때는 악한 자가 와서 그 마음에 뿌려진 것을 빼앗나니 이는 곧 길 가에 뿌려진 자요."(18-19절)

예수께서는 여기서 씨가 하나님의 말씀 혹은 복음이라 하신다. 흙은 하나님의 말씀을 어떻게 받을 것인가에 대한 우리의 선택이다. 즉, 마음의 상태라고 말할 수 있다. 마음은 우리가 생각하고 인지하며, 느끼고 행동하는 방식이며 그것이 우리의 현실(곧 어떤 것이 확립되고 발전되는가)을 결정함을 기억하자.

다른 복음서들을 보면, 길은 교통량이 많은 길 혹은 노변을 가리키는 것으로 나타난다. 이는 주변 문화 가운데 팽배한 사고를 좇기로 결정하는 사람을 상징한다. 이들은 하나님의 말씀을 터득하거나 깨닫지 못하는데, 그것을 추구하지 않기 때문이다. 하나님의 말씀은 그들이 믿고 있는 세상적 지혜로는 이해가 안 된다. 그래서 쉬이 옆으로 미뤄둔 채 잊어버리고 마는 것이다. 예수께서는 이들이 악한 자의 영향 아래 있다고 분명히 말씀하신다. 이들은 하나님의 말씀이 뿌리를 내리기도 전에 거절해 버린다.

이러한 마음 상태는 굳은 마음으로 설명되는데, 여기엔 여러 가지 요인이 있을 수 있다. 어떤 이들은 외상과 상처를 입었으며, 실망감을 안고 있다. 스스로를 보호하기 위한 노력으로 폐쇄적인 모습을 취하며, 하나님께서 엄격하시거나 과도한 요구를 하실까 두려워하여 피하고 만다. 또 어떤 이들은 교만으로 가득한 굳은 마음을 가져, 어떠한 문제도 인정하지 못한다. 거친 외형이 종종 내면의 불안정한 감정들을 덮는다. 어떤 이들은 상처가 쓴 뿌리로 곪아 들게 내버려두고, 다른 모든 이들의 접근을 차단해 버린다. 고통을 피하지만 삶 가운데 새로운 일이 생기진 않는다. 그 마음은 아무것도 자랄 수 없는 사막처럼 황폐하다.

"돌밭에 뿌려졌다는 것은, 말씀을 듣고 즉시 기쁨으로 받되 그 속에 뿌리가 없어 잠시 견디다가 말씀으로 말미암아 환난이나 박해가 일어날 때에는 곧 넘어지는 자요."(20-21절)

이러한 마음 상태를 가진 사람은, 겉으로는 관심이 있지만 진정한 헌신이 없는 유형이다. 이들은 이런저런 종교 행사들을 찾아다니며, 체험을 갈구하는 사람들일 수도 있다. 스스로 편리함을 느끼는 한은 믿음을 갖지만, 어려움이 생기면 분개하여 화를 내고 만다. 시험의 때를 통해 하나님을 신뢰하고 순종하는 대신, 실족하여 넘어져 버린다. 이들은 하나님의 형상을 닮아가기보단 편안을 누리길 원한다.

"가시떨기에 뿌려졌다는 것은, 말씀을 들으나 세상의 염려와 재물의

유혹에 말씀이 막혀 결실하지 못하는 자요."(22절)

이러한 사람은 하나님의 말씀을 받기로 진정한 마음의 결단을 하고 그분과의 관계 가운데서 성장하기 시작한다. 허나 하나님의 말씀이 인생의 최우선에 있지 않아, 마음이 나뉘게 된다. 불안이나 더 많은 물질 소유에 대한 갈망, 업무나 일상 생활, 혹은 오락 추구 등 다른 데에 마음을 빼앗긴다. 이러한 주의 산만으로 삶을 정복 당하기 시작해, 성령의 음성은 뒷전이 된다.

"좋은 땅에 뿌려졌다는 것은 말씀을 듣고 깨닫는 자니, 결실하여 어떤 것은 백 배, 어떤 것은 육십 배, 어떤 것은 삼십 배가 되느니라 하시더라."(23절) 이러한 사람은 하나님의 말씀을 듣고 받아들일 뿐 아니라, 신뢰하고 믿음을 갖는 유형이다. 이들은 하나님의 은혜에 굴복하여, 하나님의 길을 인식하고 인정하며 점진적으로 더 많은 체험을 하고 주님을 깊이 알아가게 된다.

이들은 하나님과의 동반 관계를 적극적으로 추구하며 난관들을 통치 훈련의 기회로 바라본다. 나뉨 없는 마음을 하나님께 드리기로 결단하고, 하나님께서 내면에 예수와 같은 성품을 이뤄주시기까지 끈기 있게 인내한다. 이 선택을 통해 하나님의 목적과 계획의 중심에 서게 되며, 하나님의 풍성한 번영을 받을 수 있게 된다.

### 구하는 마음

"좋은 땅"과 같은 마음 상태는 구하는 마음이다. 하나님을 추적하는 사람의 마음인 것이다. 하나님께서는 이러한 타입의 사람들을 인정하신다. "너희가 온 마음으로 나를 구하면 나를 찾을 것이요 나를 만나리라."(렘 29:13) 구하는 마음은 혼과 몸을 다시금 하나님의 성령의 인도 하에

둠으로써 내적 연합을 재확립하기로 결단한 마음이다. 이러한 내적 변화는 하나님께서 흠향하시는 것이다. 왜냐하면 주님께서는 우리 마음 상태가 그분께 가장 중요한 것이라고 분명히 말씀하시기 때문이다.

"내가 보는 것은 사람과 같지 아니하니, 사람은 외모를 보거니와 나 여호와는 중심을 보느니라." (삼상 16:7 下)

그러면 이 비유가 하나님 왕국에 있는 우리의 권세를 획득하는 것에 대해 말씀하는 바는 무엇인가? 우리 마음의 상태가 하나님의 말씀에 대한 수용도를 결정한다는 것이다. 하나님의 말씀이 마음 가운데 뿌리 내리고 열매를 맺어 권세에 나아갈 수 있게 되기를 원한다면, 우리는 우리에게 능력을 주는 성령을 더욱 받아야 하며(엡 5:18) 주님의 계시를 구하고, 그 계시를 믿고 받으며 그에 걸맞게 행해야 한다. 우리는 그에 대해 그저 정신적 동의를 하고 있을 수 없다. 인생과 행동들의 기초를 주님의 약속과 인도에 두어야 한다.

여기에는 주님의 성품에 대한 적극적 신뢰와 주님의 은혜가 우리 내면에 변화의 능력으로 역사하실 수 있다는 믿음이 요구된다. 그렇게 우리는 다시 한번 그분의 형상을 투영하게 되는 것이다. 우리는 선택이 우리에게 달렸으며, 언제나 그래 왔고 앞으로도 우리가 결정해야 하는 것임을 깨달아야만 한다. 우리는 스스로 마음 상태를 결정할 수 있고, 주님께서는 우리에게 그분의 생명을 선택하라고 권고하신다.

마음 상태를 돌아보지 않으면, 어떤 행동을 아무리 해봐도 영속적인 결과를 낳지 못한다. 좋은 재정 관리 테크닉을 취할 수 있고, 긍정적 사고와 엄청난 투자 전략을 받아들일 수 있지만, 결코 하나님께서 갈망하시는 만큼의 번영에 이르지 못할 것이다. 하나님께서 최선이자 최고로 우선시하시는 바가 우리 안에 예수를 닮은 성품을 짓는 일이며,

우리가 그분께 구하는 다른 모든 축복들은 여기서부터 출발하는 것임을 깨달아야만 한다. (마 6:33)

● 정리해 보자

마음의 상태가 하나님 말씀을 어떻게 받아들이는지와 그에 따른 결과를 결정한다. 우리는 여러 가지 선택들을 통해 마음 상태를 결정한다. 우리는 하나님의 생명이라는 은혜로운 선물을 받고 하나님과 그분의 변화시키는 능력을 구하기로 선택할 수도 있고, 반대로 그분을 차단시킬 수도 있다.

● 스스로 물어보자

1. 위 비유를 읽으면서 어떤 땅이 여러분의 현재 마음 상태를 대변한다고 생각했는가?
2. 골로새서 3장 16절을 읽어보자. 거기 언급된, 하나님의 말씀을 받아들이는 방법을 열거해 보자. 여러분은 어떤 방법을 사용하는가? 어떤 새로운 방법들을 사용해 볼 수 있겠는가?
3. 마지막으로 하나님의 음성을 듣고자 시간을 떼어둔 적이 언제인가? 어떤 말씀을 들었는가?

● 그렇게 살자!

스스로의 모습을 3일 동안 모니터해 보자. 여러분의 사고를 빈번하게 지배하는 생각은 무엇인가? 이러한 생각들이 하나님과의 관계에 있어 주의를 방해하는가? 적어 보자.

## 영혼의 스패너

"너희는 이 세대를 본받지 말고
오직 마음을 새롭게 함으로 변화를 받아."
(롬 12:2上)

청소년기에 나는 '비틀즈'라는 밴드를 가장 좋아했다. 나는 존 레논이 쓴 〈스페인 노동자들A Spaniard in the Works〉이라는 제목의 책을 구하게 되었다. 그 책은 레논이 쓴 기발한 단편 이야기들과 시들을 엮은 것이었다. 나는 그 표지를 결코 잊지 못할 것이다. 존 레논이 투우사 망토와 모자를 걸치고, 렌치를 들고 있었다. 당시에는 제목과 표지를 이해하지 못했는데, 누군가가 후에 영국에서는 스패너를 렌치라고 부른다고 알려주었다.

그중 내가 잊을 수 없는 한 가지 이야기가 "프랭크에겐 파리가 없다No Flies on Frank"였다.

프랭크는 성질이 나쁜 사람으로, 자신보다 더욱 심술궂은 아내와 살고 있었다. 어느 날 그는 계속 불평하는 데에 질려서 부엌에 있던 냄비로 아내를 쳐죽인다. 집안이 조용해져 안도를 한 프랭크는 거실에서 신문을 읽으려 한다. 그러나 얼마 후, 파리 몇 마리가 윙윙거리고 있는 것을 발견하게 된다. 부엌에 가 보니 아내의 몸에 파리들이 덕지덕지 붙어 있었는데, 프랭크에겐 한 마리도 붙질 않았다! 시간이 지날수록 점점 더 많은 파리들이 아내의 몸에 꼬였는데, 프랭크는 자기 몸에는 한 마리도 붙질 않았다고 자랑스럽게 선언했다.

이 이야기는 우리 삶에 일어나는 일들에 대한 책임을 우리가 인정하기를 거부할 때가 얼마나 많은지를 직접적으로 보여 주는 우화다. 우리는 깊은 내면의 문제들로부터 스스로 거리를 두고, 우리가 그것들이 나타나는 데에 일조했다는 사실을 간과한다. 그것들이 존재하지 않는 양 무시하면 우리는 그저 그것들이 곪아 썩게 만들 뿐이다.

### 성과가 아닌 선택

나는 이 이야기가 오늘날 너무도 만연한 대처 방식을 보여주고 있다고 생각한다. 무언가를 무시하면, 그저 지나가리라는 생각 말이다. 정말 좋아 보이는 이야기지만 결코 그렇게 되지는 않는데 성경은 우리에게 이렇게 강조하고 있다.

"어떤 길은 사람이 보기에 바르나 필경은 사망의 길이니라." (잠 14:12)

아버지 하나님께서는 우리를 사랑하시며, 우리에게 진정한 치유를 베풀기를 갈망하신다. 주님께서는 우리를 더 좋은 길로 인도하기를 원하시며, 우리 영혼을 회복시킬 스패너를 갖고 계신다.

우리가 살펴본 바와 같이, 우리의 상처 난 마음에는 요새들이 있다. 우리 자신과 타인들에 대한 이미지를 왜곡시키고 아버지 하나님께서 우리에게 주기를 갈망하시는 풍요를 받지 못하도록 막아서는 습관적 사고와 감정, 행동의 패턴들 말이다. 씨 뿌리는 자와 씨의 비유에서, 예수께서는 우리가 주님의 말씀을 듣기로, 또 깨닫기를 구하기로 선택해야 한다고 말씀하신다. 선택의 책임은 우리에게 있는 것이다. 우리는 피할 수 없으며, 그에 따라 우리 마음의 상태와 우리가 하나님께로부터 무엇을 받는지가 결정될 것이다.

안타깝게도 많은 그리스도인들이 선택과 성과를 헷갈려 한다. 하나님께서는 우리가 스스로 아무것도 할 수 없음을 분명히 말씀하신다. 왜냐하면 우리는 그렇게 살아가도록 지음 받지 않았기 때문이다. (요 15:5) 하나님께서 그분과 그분의 말씀을 구하라고 말씀하실 때는, 그분과 그분의 길, 그 계획과 목적을 선택하라고 하시는 것이다. 주님께서는 우리의 노력의 결과로 그분의 역사를 이뤄내라고 요구하지 않으신다. 오히려 그분의 은혜가 우리 안에 흘러갈 것에 복종하고, 그를 신뢰함으로 우리 안에 역사가 일어나게 하라고 하신다.

주님의 말씀에는 우리 마음 밭을 갈아낼 능력이 내재되어 있어, 생각을 새롭게 함으로 점차 우리를 변화시킬 것이다. 주님께서는 우리에게 이런 일이 일어나도록 하라고 요구하지 않으신다. 그저 주님께서 우리 안에서, 우리를 통해서 일하실 수 있도록 허락해 달라고 하시는 것이다.

나는 낙심과 극도의 피로를 느끼는 그리스도인들을 너무나 많이 보았다. 그들은 수년 동안 성경에서 읽는 바대로 살아가고자 엄청 애를 썼지만 계속해서 부족한 모습을 발견할 뿐이었다. 성과라는 요새 하에서 씨름하고 있었다. 늘 더 많은 것을 요구하는, 자신들이 아버지 하나님이라고 생각하는 권위적인 존재를 기쁘게 하기 위해서 말이다. 사탄은 그들로 하여금 갇히고 무력한 느낌이 계속 들게 한다. 반복적인 실패로 인해 죄책감과 수치심이 충만하게 하는 것이다. 자유와 기쁨을 느끼는 대신, 그들은 압박과 속박을 절감한다.

마음 상태의 치유와 영원한 변화는, 밖에서부터 인간의 노력으로 시작되어 안으로 진행될 수 있는 것이 아니다. 안에서부터 밖으로 흘러나가는 영적인 과정인 것이다. 우리의 생각은 성령께서 하나님의 성품과 그 말씀의 진리를 계시해 주실 때 새롭게 된다. 우리는 스스로를 그저 정보로 가득 채우거나 새로운 행동양식을 취할 수 없다. 이런 건 표면적 변화이며, 정원에 난 잡초들의 가지와 잎을 쳐내는 것과 같다. 상처 난 마음의 뿌리가 되는 문제들을 다루지 않기 때문에, 영속적인 변화가 생기지 않을 것이다.

### 옷장 속의 괴물

다른 많은 어린 아이들처럼 어렸을 때 나도 어둠을 무서워했다. 특히 친구 생일 잔치에서 최초의 드라큘라 영화를 보고 나서는 너무 무서웠다. 한 번은 침대에 있는데 옷장이 반쯤 열린 게 보였다. 무슨 거대하고 위협적인 어둠의 존재가 옷장에서 나오기 시작하는 것 같았다. 나는 드라큘라라고 생각했다! 나는 놀라서 방 맞은편에서 자고 있던 누나에게 달려갔다. 그리고 드라큘라가 방 안에, 옷장 속에 있다고 말했다. 물론 누나는 깨기 싫어서, 나한테 가서 자라고 했다. 전혀 위로를 받지 못한 것이다. 하지만 너무나 무서워서 침대까지 갈 수도 없었다. 다행히도 누나가 일어나 불을 켰고, 나는 그 '드라큘라'가 다름 아닌 문에 걸린 목욕 가운이었음을 확인하게 되었다.

우리의 상처 난 마음을 사로잡는 요새들은 마치 이렇게 어린 시절 옷장 안에서 보는 괴물들 같다. 그것이 존재하며 우리 힘으로는 멸할 수 없다는 것을 인정하지만, 그 위에 하나님의 진리의 빛을 비출 때 우리는 그것들이 거짓이며 속임수임을 알 수 있게 된다. 하나님의 말씀은 진리이며, 거짓에 맞설 가장 강력한 무기도 바로 그 진리다. 우리는 하나님께서 우리 마음에

난 상처들의 뿌리를 이루는 핵심 거짓들을 우리를 향한 그분의 사랑으로 바꿔주시도록 허락함으로, 점차 어떤 게 가짜인지를 깨닫게 된다. 주님의 진리를 알 때 자유로워지는 것이다. (요 8:32)

우리는 하나님께서 우리 생각을 바꿔주시도록 하기도 전에 스스로 너무도 자주 생각을 바꾸려 한다. 감각에 기초한 우리의 이성의 이해에 의존하기보다, 아버지 하나님의 사랑과 인도를 신뢰하는 법을 배워야 한다. 이해를 기다리기보다, 그분의 사랑과 은혜를 신뢰하도록 내려 놓아야 한다. 우리는 우리에게 계시하신 그분의 진리에 따라 행한다. 왜냐하면 감정과 상관 없이 그분을 믿기 때문이다. 실상 첫눈에는 그렇지 않은 듯 느껴질 수도 있지만, 하나님께서는 우리가 그리스도 예수 안에서 그분의 손으로 다시 창조된 존재라고 확증해 주신다. 주님께는 계획이 있고, 우리를 그분께서 준비하신 길로 데려가길 원하신다. 그래야 그분께서 예정하고 준비해 두신 좋은 삶을 살 수 있게 되기 때문이다. (엡 2:10)

### 내적 치유를 위한 4R

내적 치유는 상처 난 마음에 쌓여 있는 정신적, 감정적 쓰레기들을 치우는 과정을 이른다. 요새들을 무너뜨리고 마음의 상처들을 치유하는 데에는 크게 네 단계가 있다. 이 과정은 아버지 하나님께서 인도하시고 안내하시는 대로 진행된다. 주님께서는 어떻게 해야 우리가 치유의 과정 가운데 성장할 수 있으며, 어떤 계시와 만남이 우리에게 가장 격려가 될지를 정확히 아신다. 네 단계가 전부 필수적인 것이지만, 모든 사람에게 다 맞는 치유의 모형이 존재하진 않는다. 우리는 우리 믿음의 창시자요 완성자이신 그분을 신뢰할 수 있다. (히 12:2) 하나님의 은혜는 우리를 변화시키고 자유롭게 할 수 있는 동기와 능력을 공급한다.

회개(Repent) 우리의 사고와 행동이 왜곡되었으며 회개해야 한다는 것을 인정해야 한다. 그 상처들이 우리 마음에 얼마나 아픔이 되었든 간에, 스스로의 마음 상태에 책임을 지고 방향 전환에 대한 적극적인 선택을 해야 한다. 우리는 스스로의 힘으로 이러한 전환을 이룰 수 없음을 고백하고 아버지 하나님께서 그분의 은혜의 역사를 우리 안에 베풀어 주시기를 구한다. 우리는 두려움 없이 옷장 안의 괴물을 마주할 수 있다. 아버지 하나님께서 치유하고자 하시는 것만을 계시해 주심을 알기 때문이다.

우리는 적극적으로 하나님을 구하며 그분의 말씀을 듣는다. 우리는 하나님과 그분의 진리에 더욱 초점을 맞출수록, 주님께서도 우리를 더욱 그분의 평안 가운데 지키시며 그리스도의 형상을 닮아가게 해주실 것을 알기 때문에 그렇게 행하는 것이다. (사 26:3, 고후 3:18) 이렇게 함으로써 우리 마음 밭을 갈아 엎는 데에 성령과 적극적으로 협력하여, 점차적으로 많은 열매를 맺는 옥토가 되게 한다. 이것이 과정임을 알며, 주님의 사랑은 결코 실망시키는 일이 없음을 기억하기에 잠잠히 인내할 수 있다. (렘 31:3, 고전 13:8上)

해방(Release) 다른 이들이 의도적이었든 아니든, 우리에게 상처를 주었던 것을 용서함으로써 스스로를 과거와 과거의 속박으로부터 풀어 준다. 이것이 우리의 의지적 행위이지 감정이 아님을 이해한다. 용서하지 못하는 마음, 쓴 뿌리와 다른 이들에 대한 판단을 품고 있는 한, 우리는 그와 관련된 마음의 상처들에 계속 매여 있을 수밖에 없다. 썩은 알바트로스를 목에 매고 다니던 옛 뱃사람처럼, 우리도 우리의 쓴 뿌리와 판단들로 차꼬가 채워진 상처들을 달고 산다. 다른 이들을 용서할 때 우리는 스스로 역시 용서해야만 하는데, 많은 경우 이것이 가장 어려운 용서임을 깨닫게 된다.

단념(Renounce)  요새들을 세워놓은 거짓말들을 끊어야 한다. 하나님의 진리에 동의하며 기도 가운데 소리를 내어 고백해야 한다. 찬양과 감사를 통해, 예배와 묵상을 통해 고백을 해나가야 한다. (골 3:16) 내적 치유나 심지어 축귀에 경험이 있는 사람과 힘을 합쳐서, 우리 요새들의 뿌리를 부숴버려야 할 수도 있다. 이 과정 가운데 우리에게 도움이 될 수 있는 자료와 사역 단체들이 아주 많다. 그중 일부를 부록에 첨부했다.

수용(Receive)  믿음을 가진 아이들처럼 우리는 스스로를 열어 하나님의 영과 은혜, 선하심을 받아야 하며, 주님의 인정을 받고자 하는 행위들을 그쳐야 한다. 성령께로부터만 도움을 받는 것이 아니라, 치유의 과정에 있어 다른 이들로부터도 도움을 받을 수 있다. 하나님께서는 치유가 결코 고독한 과정이 되게 만들지 않으셨다. 처음부터 주님께서는 우리가 홀로 있는 것이 좋지 않다고 하셨다. (창 2:18) 하나님께서는 때에 맞게 우리의 필요를 섬겨줄 수 있는 사람들을 곁에 보내주실 것이다. 늘 수용적인 상태를 유지하고, 주님께서 우리에게 보내주시는 도움에 마음을 열어둬야 한다.

주님께서 우리 마음에 확립된 요새들을 무너뜨리는 데에 필요한 모든 것을 공급해 주시리라는 것을 아는 우리는 확신을 가지고 나아갈 수 있다. (고후 10:4-5) 치유가 진행되면, 우리는 하나님의 말씀을 더욱 쉽게 신뢰하고 믿을 수 있다. 더욱 소망을 갖게 되고 낙관할 수 있게 된다. 매일 새 아침을 맞으며 선한 것들이 임할 것을 기대하는 모습을 스스로 발견하게 된다. 우리의 참된 정체성을 더욱 분명하게 보는 법을 배우고, 우리의 목적과 어떻게 그것을 성취해야 할지를 깨닫는다.

이러한 원칙들은 하나님의 말씀에 강력하게 나타나 있다. 우리가 그 원칙들이 작용하도록 만드는 것이 아니다. 주님의 말씀을 듣고, 이해하고자 애쓰기로 결단함으로써 가동을 시키는 것이다. 그렇게 할 때, 우리의 생각이 새롭게 되고 변화를 입는다. 우리 마음은 옥토가 되어 주님의 능력이 우리 안에, 우리를 통해 흘러가며 우리에게 마땅히 속한 번영과 풍요를 낳는다. 이러한 형태의 변화로만 하나님의 왕국의 지배권을 가지고 자유로이 행할 수 있다. 다음 부분에서, 사탄이 하나님께서 명하신 번영을 우리로부터 앗아가려고 세워둔 요새들을 구체적으로 살펴볼 것이다.

● 정리해 보자

우리는 스스로 마음의 상처를 치유할 수 없다. 우리를 치유하실 하나님의 말씀을 듣고, 그것을 이해하려고 애쓰기로 결단할 뿐이다. 하나님의 은혜는 네 단계의 치유를 통해 우리를 안내한다. 회개, 해방, 단념 그리고 수용. 치유를 받으면, 하나님을 더욱 신뢰할 수 있고 그분의 선하심과 공급에 대해 확신 있는 기대를 가질 수 있다.

● 스스로 물어보자

하나님의 마음에 들기 위해 애쓰다가 지쳐가고 있는가? 그렇다면, 그렇게 해야 한다고 믿게 만드는 거짓말은 무엇인가?

옷장 안의 괴물을 드러내주는 하나님의 진리를 체험한 적이 있는가? 어떻게 그럴 수 있었는지 이야기해 보자. 몇 분 동안 그것을 상기해 보고, 하나님께 찬양을 드리자.

몇 분 동안 이 부분에서 다룬 네 항목을 돌아보자. 계속적으로 취하지만 버리고 싶은 행동이나 자세를 발견해 냈는가? 적어 보자.

● 그렇게 살자!

여러분은 위 3번에서 식별해 낸 자세와 태도들 때문에 스스로 죄책감과 정죄감을 갖는가? 스스로를 용서함으로써 자기 정죄에서 해방되고자 결단할 의지가 있는가? 그렇다면, 지금 바로 행하라.

여러분이 필요로 하는 것이 하나님이며 내면으로부터 여러분을 변화시켜 줄 하나님의 능력을 여러분이 원하고 있다는 사실을 인정할 의사가 있는가?

이사야 26장 3절, 고린도후서 3장 18절, 예레미야 31장 3절과 고린도전서 13장 8절을 묵상하라. 하나님께서 말씀하시는 게 들리는가? 적어 보자. 며칠 동안 계속 적어 보고, 적은 것을 보고 또 보자. 하나님을 찾을 때, 하나님께선 말씀하실 것이다. 주님의 지시를 따를 때, 여러분은 내적 치유를 향한 걸음을 내딛기 시작한 것이다.

4장

# 번영을 앗아가는 자들이
# 가장 원하는 것

**역사적으로** 볼 때, 번영의 메시지에는 많은 이의 제기가 있었고, 강력한 영적 권력인 두 개의 주요 세력에 의해 오염되었다. 그것은 다름 아닌 가난의 영과 맘몬의 요새다. 중세의 수도원 제도와 가난의 서약은 가난을 신심(信心)의 위치로 끌어올렸고 그것은 여전히 오늘날의 교회에도 많은 잔재를 남겼다.

이 부분에서는 우리의 생각을 자주 주도하며 지혜와 겸손의 이름으로 전해지는, 가난에 대한 통념들을 살펴볼 것이다. 여기에는 예수께서 가난하셨다는 믿음도 포함이 될 것이다. 이 만연한 가르침을 분석하여 그 오해를 풀 것이다.

맘몬의 요새는 다양한 형태로 나타나는데, 여기에는 물질주의, 욕심과 탐욕, 교만과 자기 의존, 그리고 인색의 영이 있다. 개인적 가난의 영으로부터의 구원에는 내면의 치유와 영적 해방 두 가지의 과정에 대한 설명이 수반되어야 한다.

스스로의 마음을 살펴 재정과 번영에 대한 잠재적 요새들을 식별하게 될 것이다. 또한 내적 치유와 영적 해방의 과정도 시작하면 좋겠다. 이 과정 가운데 정죄는 없다. 아버지 하나님께서는 그저 우리가 그분께서 자녀 된 우리에게 주고자 갈망하시는 모든 것들을 받지 못하도록 방해하는 온갖 요새들로부터 자유롭게 되기를 바라실 뿐이기 때문이다.

우리를 가로막는 이 요새들을 파할 때에만, 하나님의 변화의 은혜를 받는 데까지 나아가 주님께서 고대하시는 대로 예수와 같이 베푸는 자가 될 수 있을 것이다.

## 가난의 영

"도둑이 오는 것은 도둑질하고 죽이고
멸망시키려는 것뿐이요."
(요 10:10上)

'성인'이나 '성도(saint)'라는 단어를 들을 때 어떤 생각이 드는가? 긴 옷을 입고 수도원에 사는, 날씬하고 여윈 사람인가? 아니 어쩌면 로마의 콜로세움에서 용감하게 사자를 마주하고 있는 사람을 떠올릴지도 모르겠다. 혹은 머리 주변에 후광이 비추는, 하늘을 바라보며 기도하는 사람을 그릴지도 모르겠다. 여러분의 마음에 거의 떠오르지 않을 것이라 생각되는 이미지는 행복하고 부유한 사람이다. 아무리 인자한 사람일지라도, 보통은 부자들을 성인이라고 보지 않는다.

사실 교회는 현대 사회 가운데 사람이 얼마나 작은지를 성공의 척도로 보는 유일한 장소다. 그들의 사고 방식은 이렇다. 그리스도인들은 영을 우선으로 생각해야 한다. 왜냐하면 영적인 세계가 거룩한 것이기 때문이다. 물질적 세상은 부패했고 돈은 물질적 부패의 노골적인 상징이므로, 그리스도인이라면 결코 그런 것을 획득하려 애쓰지 말아야 한다. 어찌 되었건, 대다수의 사람들이 그리스도께서 가난하셨으니 그 결과 그의 추종자들도 물질 세계에 연루되지 않고 영적인 세계에 집중함으로써 그분의 금욕주의를 본받는 게 맞는 것이라 인식하고 있다.

### 구약에 나타난 가난

이러한 세계관 가운데 가난과 경건은 나란한 관계다. 두 종교적 개념은 모두 숭고한 것으로 여겨지며 기독교에는 이런 것들이 가득하다. 하지만 거기에 하나님의 진리가 정확히 반영되어 있는가? 구약과 족장들의 삶을 보면, "적은 음식으로 대충 때우자"는 사고는 그 문화에 존재하지 않았다. 오히려 현실은 그와 정반대였다. 아브라함, 이삭, 야곱은 모두 현저히 부유한 사람들이었으며, 성경은 그들의 부가 하나님의 축복이었다고 명시한다. (창 24:35, 26:12-13, 16, 30:43) 구약에서는 한 번도 가난한 것이 미덕이라는 식의 이야기가 등장하지 않는다. 실상 가난은 저주로 취급되었다.

그에 대한 첫 번째 예를 에덴 동산에서 볼 수 있는데, 아담과 하와가 불순종하고 스스로 하나님께로부터 분리된 이후 이야기다. 권세와 지배권을 상실한 그들에게, 땅은 더 이상 풍요를 생산해 줄 수 없었다. 하나님께서는 아담에게 말씀하신다.

"땅은 너로 말미암아 저주를 받고, 너는 네 평생에 수고하여야 그 소산을 먹으리라. 땅이 네게 가시덤불과 엉겅퀴를 낼 것이라. 네가 먹을 것은 밭의 채소인즉 네가 흙으로 돌아갈 때까지 얼굴에 땀을 흘려야 먹을 것을 먹으리니, 네가 그것에서 취함을 입었음이라. 너는 흙이니 흙으로 돌아갈 것이니라." (창 3:17下-19)

하나님께서는 신명기 28장 15-68절에서 가난의 저주에 대한 총체적인 설명을 해 주신다.

"네가 성읍에서도 저주를 받으며 들에서도 저주를 받을 것이요, 또 네 광주리와 떡 반죽 그릇이 저주를 받을 것이요 네 몸의 소생과 네 토지의 소산과 네 소와 양의 새끼가 저주를 받을 것이며, 네가 들어와도 저주를 받고 나가도 저주를 받으리라… 네가 많은 종자를 들에 뿌릴지라도 메뚜기가 먹으므로 거둘 것이 적을 것이며 네가 포도원을 심고 가꿀지라도 벌레가 먹으므로 포도를 따지 못하고 포도주를 마시지 못할 것이며, 네 모든 경내에 감람나무가 있을지라도 그 열매가 떨어지므로 그 기름을 네 몸에 바르지 못할 것이며… 네가 모든 것이 풍족하여도 기쁨과 즐거운 마음으로 네 하나님 여호와를 섬기지 아니함으로 말미암아 네가 주리고 목마르고 헐벗고 모든 것이 부족한 중에서 여호와께서 보내사 너를 치게 하실 적군을 섬기게 될 것이니 그가 철 멍에를 네 목에 메워 마침내 너를 멸할 것이라."(16-19, 38-40,. 47-48)

이것이 철저한 극빈의 모습이라는 데에는 이견이 없을 것이다. 본문에는 이것이 저주임에 여지를 두지 않는다. 옛 이스라엘은 풍요와 번영이 하나님의 축복이며 부족과 가난은 저주임에 대한 매우 분명한 이해가 있었다.

오늘까지 이러한 이해는 유대인들의 정신에 남아 있다. 스티브 실비거(Steve Silbiger)가 쓴 〈유대 현상The Jewish Phenomenon〉은 미국 문화 가운데 유대인들의 놀라운 성공 이야기를 담고 있다. 유대인들은 미국 인구의 2%에 불과하지만, 미국 최고 부자들 중 45%는 유대인들이다. 할리우드 연예 산업은 유대인 제작자들, 감독과 스튜디오 CEO들이 장악하고 있다. 이 탁월한 성과는 미국에만 국한된 것이 아니라 전 세계에서 드러난다. 노벨 과학상 수상자 중 45%, 그리고 전체 노벨상

수상자 가운데 25%가 유대인들에게 수여되었다.

### 신약에 나타난 가난

신약의 수많은 구절들이 하나님께서 아브라함에게 허락하신 것과 동일한 복이, 예수 그리스도를 통해 이방인 성도들에게도 주어질 수 있음을 명시하고 있다. 예수께서 우리를 만드시기 위해 가난해지셨으며, 번영을 포함하는 아브라함의 모든 복이 예수 그리스도 안에서 우리 것이 되었음을 볼 수 있다. (고후 8:9, 9:8, 갈 3:13-14, 29)

많은 사람들이 믿는 바와 다르게 예수께서는 가난하지 않으셨다. 순회 랍비이셨지만, 좇는 이들이 많았고 그분의 사역을 후원하는 부유층도 많았는데 그중 다수의 이름이 거론되었다. (눅 8:1-3) 주님께서는 사회에서 영향력 있는 사람들에게 빈번히 대접을 받으셨으며 부자인 나사로와 같은 이들과도 친밀한 관계를 유지하셨다. 예수께서는 부의 우상화에 대해 경고하셨지만, 삶의 방식으로서의 가난을 변호하신 적은 없다. 실상 가난한 자들에게 천국이 그들의 것이기에 복이 있다며 소망을 주셨다. 본질적으로 이런 말씀을 하신 것과 같다.

"가난한 이들이여, 행복해하라. 하나님 왕국의 부가 여러분의 것이기 때문이다."

가난을 경건의 수준으로 강조하는 것은 하나님이나 성경으로 말미암은 것이 아니다. 그럼 그 출처가 어디이며 왜 그렇게 교회 안에서 영향력을 갖게 되었을까? 예수께서는 그분의 목적과 우리의 원수 사탄의 목적을 설명하시면서, 친히 굉장한 단서를 주신다. 요한복음 10장 10절에서 이런 말씀을 하고 계시는 것이다.

"도둑이 오는 것은 도둑질하고 죽이고 멸망시키려는 것뿐이요 내가 온 것은 양으로 생명을 얻게 하고 더 풍성히 얻게 하려는 것이라."

아무도 가난하게 사는 것을 풍성한 삶이라고 이야기해선 안 된다! 예수께서는 우리에게 가난한 삶을 주려고 오신 것이 아니라, 풍성한 삶을 주려고 오신 것이다.

하지만 사탄의 근본적 목적은 관계의 파멸이다. 그 무엇보다도 그는 사람들이 하나님과 친밀한 관계를 누리지 못하게 되기를 원한다. 하지만 그 목표를 이룰 수 없게 된다면, 사탄은 이뤄진 관계를 왜곡하고 그르쳐서 율법적인 것으로 만들고자 한다. 그래서 가난의 영을 사용하는 것이다.

나는 이 가난의 영이 사람들을 가난의 상태에 내버려두려는 악한 영이라고 믿는다. 이것은 가난의 사고방식과 다르다. 가난의 영은 가난의 사고방식으로 이끌지만, 문자 그대로 사람들을 가난의 상태에 묶어 두려는 귀신의 권세에 대해 말하는 것이다. 이것은 단순히 가난한 상태가 아니라 사탄이 풀어놓은 악한 영이다. 체제적 가난은 이 권세의 열매이며 이는 분명히 사탄의 역사다.

가난은 온갖 형태의 악으로 이끄는 저주인데, 그중 하나가 부패다. 가난이 만연한 개발도상국들을 방문할 때마다 공공연한 부패와 탐욕을 볼 수 있다. 모잠비크에서 고아원을 운영하며 수천 명을 섬기는 선교사 하이디 베이커(Heidi Baker)에게 전달하려고 5만 달러어치의 어린이 비타민을 가져갔던 기억이 난다. 세관원은 그 물품들을 몰수하고는 뇌물을 요구했다. 터무니 없이 비타민 같은 물건들에 코카인의 흔적이 있다는 것이었다. 우리는 하이디에게 연락을 했고 그녀는 이렇게 말했다.

"그 사람들한테 한 푼도 주지 마세요. 저는 이 나라를 개혁하고 가난과 부패를 근절하려고 애쓰고 있어요."

안타깝게도 지역적인 가난의 영이 전 세계에 이처럼 널리 퍼져 있다.

### 교회 내의 가난의 영

가난의 영은 플라톤의 철학에 굳게 뿌리 내리고 있다. 플라톤은 고대의 다양한 출처로부터 기원한 정신과 육체의 이원론을 갈고 다듬은 사람이다. 그는 정신 혹은 영혼과 육체는 두 가지 별개의 개체라는 입장을 고수했다. 육체는 물질 세계에 연결된 것이오 정신이나 영혼은 이데아의 세계에 연결되어 불멸한 것이라는 말이다.

1세기가 끝나기 이전, 이러한 철학은 이미 영지주의(Gnosticism)의 형태로 교회에 침투하고 있었다. 영지주의자들은 영적 지식 혹은 상위의, 통찰 지식이 물질 세계로부터 영혼을 구원하는 길이라는 입장을 지켰다. 물질 세계는 하나님이 아닌 중개적 존재에 의해 창조되었으며, 악하고 부패한 상태로 지어진 것으로 본다. 이것은 결코 기원적으로 성경적이거나 히브리적인 관점이 아니다. 그들의 불가피한 결론은, 사람은 영적으로 변할수록 덜 물질적일 수 있다는 것이다.

바울 사도는 영지주의에 대하여 어린 사역자 디모데에게 다음과 같은 경고를 했다. "디모데야, 망령되고 헛된 말과 거짓된 지식의 반론을 피함으로 네게 부탁한 것을 지키라. 이것을 따르는 사람들이 있어 믿음에서 벗어났느니라." (딤전 6:20-21) 요한의 첫 번째 편지에도 영지주의와 관련된 이단들에 맞서라는 기록이 있다.

4세기에 교회가 콘스탄티누스 황제와 연합한 뒤, 히브리 세계관보다는 헬라 세계관으로의 문이 활짝 열렸다. 이 덕에 교회에 대한 영지주의의 영향은 더욱 강해졌다. 영적인 생활의 덕목들, 예컨대 금식과 기도, 하나님 말씀 묵상들은 추구해야 할 것이지만, 세상과 그에 관련된 모든 것들은 꺼려야 할 것으로 여겨졌다. 이것은 소위 수도원 운동으로 이어졌다. 이 운동에 가담하고 싶어한 사람들은 가난하기로 서약을 해야 했다.

성경에는 그 어디에도 예수를 따르기 위해 가난하기로 서약하라는 말씀이 없다. 누군가 가진 모든 것을 줘버리고 간소한 삶을 꾸리겠다고 하면 거기엔 전혀 반대하지 않는다. 하지만 그런 생각에서 이뤄진 일들이 아니다. 교회를 섬기는 모든 이들은 가난의 서약을 해야 했다. 율법적이게도 말이다. 결국 경건이 가난과 동의어가 되어 버렸다. 더 가난하고 희생적인 삶을 살수록, 더 영적이게 된다는 것이다. 이 귀신 같은 가난의 영은 오늘날 교회에도 널리 퍼져 있다. 다음에는 이 영이 우리 모두에게 영향을 끼치려고 마음에 속삭이는 "지혜"에 대해 살펴볼 것이다.

● **정리해 보자**
역사적으로 가난은 헬라 철학에서 내려온 정신-육체의 이원론을 통해 경건과 짝을 이뤘다. 성경에서 가난은 독실함의 상징이 아니다. 오히려 저주로 간주된다. 사탄은 이 악한 가난의 영을 사용해 민족과 나라들을 억압하고, 계속 가난의 상태에 두려 한다.

● **스스로 물어보자**
가난하다는 데에 무언가 경건한 것이 있다고 생각하는가? 그렇다면, 어떠한 영향으로 그러한 생각을 갖게 되었는가?

가난의 영은 하나님과 친밀한 관계를 가지려 하는 우리를 어떻게 방해할 수 있는가?

가난을 경건하게 보는 시각이 어떤 면에서 교회 사역을 덜 효과적이게 만들었는가?

● **그렇게 살자!**
"신약에 나타난 가난" 부분에 인용된 성경 구절들을 읽어 보라. 이 구절들이 개인적으로 어떤 의미를 갖는가? 이 구절들 가운데 가난 혹은 번영에 대해 새로운 생각을 갖게 하는 내용이 있는가? 그렇다면 어떤 것인가?

## 가난의 "지혜"

> "하나님의 말씀을 제쳐두고
> 너희의 전통과 조상들이 물려 준 규정들을 명목으로,
> 거기서 능력과 권세를 앗아가며,
> 아무 효과가 없게 만드는도다."
> (마 15:6, AMP역)

### 진정 잘못되었다

처음 그리스도인이 되었을 때 나는 "바로 알기"로 작정을 했다. 어떻게 제자답고 성별된 삶을 살 것인가에 대해 닥치는 대로 모두 읽었다. 나는 주님을 사랑했고, 온 맘 다해 진실하게 주님을 섬기고 싶었다. 당시 나는 어떻게 살아야 하는가에 대해 길잡이와 지시를 엄청나게 제공하는 보수적 교회에 다녔다. 청년 시절에 나는 다른 그리스도인 형제들과 동거하며 공동체 생활을 하고 있었다. 관리비와 식비 등을 나눠 내며, 간소한 삶을 살고자 애를 썼다.

그러다가 란 사이더(Ron Sider)가 쓴 〈기근의 시대의 부유한 그리스도인들 Rich Christians in an Age of Hunger〉이라는 책이 출간되어서 우리 모두 열심히 읽었다. 그 책은 미국과 같이 부유한 사회에 사는 사람들은 더욱 검소하게 살고 가난한 나라들에 관대하게 베풀 줄 알아야 한다는 입장을

대변하고 있었다. 친구들과 나는 우리의 삶에 대한 단순화 노력을 더욱 강화해야겠다고 생각했다. 우리는 자주 금식하며 서로의 수입을 할당했고, 난방을 때기보다는 옷을 껴 입었다. 상상할 수 있는 모든 비용 절감의 수단을 동원했다. 깨닫지 못한 채, 우리는 가난의 사고 방식을 계발하고 있었고 그에 대해 경건한 느낌을 갖기 시작했다.

우리는 사회정의와 기독교의 행동주의에 대한 글들을 많이 읽었다. 이러한 사상들에 대해 빠져들수록, 번영은 그리스도인들과 상관 없다는 생각이 들었다. 세상에 그렇게 많은 사람들이 비참한 빈곤 가운데 살고 있는데 어떻게 우리의 생활 수준을 정당화할 수 있단 말인가? 나는 내 모든 구매에 대해 질문을 던지기 시작했고, 절대적으로 필요한 것들로 스스로를 제한하려 했다. 하나님께서 내 손에 맡겨 주신 자원들에 대한 선한 청지기가 되고 싶었다.

수년 후 풀러 신학교(Fuller Theological Seminary)에서 박사 과정을 할 때, 담당 교수이자 멘토였던 피터 와그너(C. Peter Wagner) 박사에게 비슷한 주제의 이야기를 듣고 나는 미소를 지었다. 풀러에 온 후 4년 동안, 피터 박사는 근처의 구세군 재활용 센터에서 옷가지와 생활용품들을 샀다. 훨씬 더 좋은 것을 살 수 있는 능력이 있는데도 말이다. 그는 그것이 양심 있는 그리스도인으로서 자신의 책무라고 생각했다. 최대한 절약해서 더 많이 섬길 수 있도록 하는 것 말이다.

우리 둘 다 대단히 신실했지만, 진정 잘못되었음을 이제 나는 안다. 우리는 가난의 "지혜"에 귀를 기울이고 있었다. 하나님께서는 우리가 다른 사람들에게 섬기기 위해서 가난의 끝자락에 살도록 부르시지 않았다. 오히려 풍요롭도록 축복하사, 우리도 풍성히 섬기기를 원하신다.

앞에서 우리는 우리 마음의 상처와 고아적 사고 방식이 하나님께서 주고자 갈망하시는 모든 축복을 받지 못하도록 방해하는 요새를 만든다는 사실을 보았다. 가난이라는 악한 영도 우리 마음에 요새를 짓는다. 가난이 우리에게 속삭이는 말에 귀를 기울이고 그 속임을 믿는다면 말이다. 속고 있는 것인지 어떻게 알 수 있을까? 가난의 영이 사용할 가장 흔한 속임수를 이야기해 보자.

### 최고의 속임수: "다 영적인 거야."

나는 가난의 영이 가장 현혹적이라고 생각하는데, 그 이유는 종교적인 영이기 때문이다. 피터 와그너 박사는 종교적인 영이 "종교적 장치를 이용해 변화를 막고, 현상 유지를 하도록 사탄이 선임한 요원"이라고 정의한다. 이 종교의 영은 교회와 그리스도인들의 생각 속에 스며들어가, 숭고하게 들리는 종교적 개념들을 예치시킨다. 이것들은 손쉽게 교리적인 위치로 옮겨갈 수 있다. 하지만 이 종교적 개념들은 성경의 맥락에 확실한 근거를 둔 것이 아니다. 그 주장을 뒷받침하기 위해 성경을 인용하지만 말이다. 사탄이 광야에서 예수를 유혹할 때도 성경을 인용했던 것을 기억하라. 그것들은 문맥을 벗어난 인용이었다.

종교적 가난의 영은 대부분 똑같은 방식으로 작용한다. 흔히 인용되는, 아니 오용되는 예를 살펴보기로 하자. 고린도후서 8장 1-9절의 말씀이다. 고린도 교회에 보낸 이 두 번째 편지는 바울이 첫 번째 편지를 보낸 뒤 몇 달 있다가 쓴 것으로 보인다. 바울은 마게도니아에서 글을 쓰고 있고, 고린도 교회에 예루살렘의 성도들이 극심한 재정적 위기 가운데 있음을 상기시켜 준다. 첫 다섯 구절을 보면, 마게도니아 교회가 심각한 환란 가운데서도 예루살렘 교회에 아주 관대한 연보를 했다며 이야기를 잇는다.

6~8절에는, 고린도 교인들에게 마게도니아 교인들의 섬김을 이어갈

뿐만 아니라 넘어서라고 격려한다. 8절을 보면, 다음과 같이 말한다.

"내가 명령으로 하는 말이 아니요, 오직 다른 이들의 간절함을 가지고 너희의 사랑의 진실함을 증명하고자 함이로라."

그리고 9절에선 이렇게 이어 간다.

"우리 주 예수 그리스도의 은혜를 너희가 알거니와, 부요하신 이로서 너희를 위하여 가난하게 되심은 그의 가난함으로 말미암아 너희를 부요하게 하려 하심이라."

여기 물질적 연보에 대해 이야기를 한 것이 사실인데도 지금까지 거의 대부분의 유명 성경 주석들은 9절이 돈이나 물질적 번영이 아닌 "영적 번영"에 대한 것이라고 굳이 해석한다. 그들은 이 구절의 의미를 이렇게 본다.

"…주님께서는 영적으로 부요하셨지만 너희를 위해 영적으로 가난해지셨다. 그분의 영적 가난으로 말미암아 너희가 영적으로 부요해지도록 말이다."

이러한 해석은 바울이 하는 말의 흐름을 완전히 붕괴시키는 것이다. 왜냐하면 10절과 11절에서도 돈을 관대하게 섬기는 것에 대해 계속 이야기하기 때문이다.

"이 일에 관하여 나의 뜻을 알리노니 이 일은 너희에게 유익함이라 너희가 일 년 전에 행하기를 먼저 시작할 뿐 아니라 원하기도 하였은즉 이제는 하던 일을 성취할지니 마음에 원하던 것과 같이 완성하되 있는 대로 하라."

바울 사도가 물질로 섬기는 이야기를 하다가 갑자기 영적 번영에 대한 여담을 한다는 게 말이 되는가? 아낌 없이 섬기라고 권고하고 있었기 때문에, 바울이 9절에서 예수를 섬김의 예로 높인 것 같다. 바울은 그리스도께서 하늘의 부요를 남겨 주셨음과 십자가에서 가난의 저주를 스스로 지고 우리를 자유롭게 하사 하나님의 번영을 누리게 하신 것을 상기시켜 준다.

그리스도께서 그토록 아낌 없이 섬기셨다면, 우리도 그러해야 하지 않겠는가? 그러니 10절과 11절에서, 그들이 1년 전에 서약한 바를 지켜서 예루살렘 교회에 풍성하게 섬기라고 격려하고 있는 것이다.

사실 9절을 영적 부요에 관계된 것으로 해석한다면, 바울은 그리스도께서 영적으로 가난해지셨다는 이야기를 하고 있는 것인데, 그것은 불가능하다. 예수께서는 완전히 하나님이시며 완전히 인간이시다. 주님께서 영적으로 가난하셨다면 그와 같은 기적과 이사들은 결코 행하실 수 없었으리라!

### 우리는 물질적으로 번영해야 한다

하나님께서 우리를 물질적으로 번영하게 해주시려 했음을 뒷받침하는 구절들을 추가적으로 살펴보자.

신명기 8:18 "네 하나님 여호와를 기억하라. 그가 네게 재물 얻을 능력을 주셨음이라. 이같이 하심은 네 조상들에게 맹세하신 언약을 오늘과 같이 이루려 하심이니라."

역대상 29:12 "부와 귀가 주께로 말미암고, 또 주는 만물의 주재가 되사 손에 권세와 능력이 있사오니 모든 사람을 크게 하심과 강하게 하심이 주의 손에 있나이다."

시편 112:1-3 "할렐루야, 여호와를 경외하며 그의 계명을 크게 즐거워하는 자는 복이 있도다. 그의 후손이 땅에서 강성함이여, 정직한 자들의 후손에게 복이 있으리로다. 부와 재물이 그의 집에 있음이여, 그의 공의가 영구히 서 있으리로다."

시편 1:2-3 오직 여호와의 율법을 즐거워하여 그의 율법을 주야로 묵상하는도다. 그는 시냇가에 심은 나무가 철을 따라 열매를 맺으며 그 잎사귀가 마르지 아니함 같으니 그가 하는 모든 일이 다 형통하리로다."

잠언 10:22 "여호와께서 주시는 복은 사람을 부하게 하고, 근심을 겸하여 주지 아니하시느니라."

고린도후서 9:8 "하나님이 능히 모든 은혜를 너희에게 넘치게 하시나니, 이는 너희로 모든 일에 항상 모든 것이 넉넉하여 모든 착한 일을 넘치게 하게 하려 하심이라."

하나님께서 우리에게 물질적 번영을 주고자 하신다는 것을 확실히 증거해 주는 많은 성경 구절 중 몇 가지만 골라본 것이다. 하지만 부에 대한 하나님의 생각을 볼 수 있는 것은 성경이 전부가 아니다.

### 역사를 통한 현실 직시

풀러 신학교에 다니던 시절, 나는 지금은 고인이 된 교회 성장 이론의 확립자 맥게이번(McGavern) 박사 밑에서 공부를 할 기회가 있었다. 그는 "구속과 입신(Redemption and Lift)"이라는 원리를 가르쳤다. 교회사를 통틀어, 복음이 전달되는 곳이면 구원과 구속이 임했고, 사람들을 가난으로부터 입신시켰다는 것이다. 나는 별다른 생각 없이 이 이론을 받아들였다. 분명 오늘날의 세계에서 경제 성장이 있는 곳은 기독교를 포용한 역사가 있는 최고 선진국들이다.

그리고 2000년에는 두 명의 하버드 교수 로렌스 해리슨(Lawrence E. Harrison)과 새뮤얼 헌팅턴(Samuel P. Huntington)이 쓴 세속 도서 〈문화가 중요하다 Culture Matters: How Values Shaped Human Progress〉라는 책을 읽었다. 둘 다 사회학자인데, 한 국가가 청렴과 근면 등 유대-기독교적 가치들을 받아들였을 때 경제적 번영을 맞았다는 점에 주목하고 있었다.

그들은 한국을 사례 연구로 들었는데, 내가 한국 혈통이기 때문에 더 주의가 갔다. 한국 전쟁 이후 남한에서는 평균적으로 1년에 30달러 정도를 벌었다. 복음에 대한 문이 활짝 열려 있었던 탓에, 놀라운 수의 사람들이 예수께로 회심했다. 기독교는 널리 퍼졌고 한국은 번영했다. 오늘날 한국은 세계 13위의 경제 대국이다.

중국의 경우도 다르지 않다. 기독교는 중국 내에 급속도로 번지고 있고, 현재도 약 1억~1억 5,000명의 성도들이 있다. 중국은 향후 20년 내에 세계 제일의 경제 강국이 될 것이다. 인도에서는 매일 3만 명의 사람들이 그리스도께 나아오고 있으며, 현재 인도의 경제 성장은 세계 최고 수준이다. 이는 브라질을 비롯해 영적 부흥을 경험하고 있는 모든 나라들에 해당되는 이야기다. 이것은 기독교 근로 윤리를 포용한 결과일까, 아니면 고린도후서 8장 9절("우리 주 예수 그리스도의 은혜를 너희가 알거니와, 부요하신 이로서 너희를 위하여 가난하게 되심은 그의 가난함으로 말미암아 너희를 부요하게 하려 하심이라")의 진리에 대한 거시적인 실례일까? 나는 그리스도를 영접하고 그분의 번영의 축복 아래로 들어간 나라들에 하나님의 축복이 임한 것이라고 믿는다.

이 다음 부분에서는 종교적 가난의 영이 우리에 대해 쓰는 다른 속임수들에 대해 알아볼 것이다.

● **정리해 보자**

가난의 영의 최고의 속임수는 성경에 나타난 번영이라는 개념을 "영적으로 만드는 것"이다. 성경에는 물질적 번영에 대한 구절들이 매우 많다. 또한 열국의 경제적 역사를 살펴봐도 하나님께서 예수 그리스도께 나아오는 나라들을 물질적인 번영으로 축복하심을 알 수 있다.

● **스스로 물어보자**

본문에 나온 두 문장을 떠올려보자.

"하나님께서는 우리가 다른 사람들에게 베풀기 위해서 가난의 끝자락에 살도록 부르시지 않았다. 오히려 풍요롭도록 축복하사, 우리도 풍성히 베풀게 되기를 원하신다."

하나님의 왕국을 확장시키는 데에 하나님의 방식이 어떤 면에서 더 효과적인가?

교회의 전통이 성경에 대한 올바른 이해를 가로막는 다른 예를 떠올려 보자. (힌트: 신체의 치유에 대한 약속을 "영적으로 해석," 값없이 주어진 복음의 은혜에 행동이나 복장에 대한 규정 추가 등)

잠언 10장 22절을 묵상해 보자.

"여호와께서 주시는 복은 사람을 부하게 하고 근심을 겸하여 주지 아니하시느니라."

부로 인해 생기는 문제가 어떤 것이 있을 수 있을까? 하나님의 방식대로 부를 받으면 어떻게 이 문제를 피할 수 있을까?

● **그렇게 살자!**

간단한 조사를 해보자. 인터넷 상에서 스리랑카, 한국, 모잠비크, 중국, 인도네시아, 브라질 등 국가의 연간 평균 소득을 찾아보라. 각 나라의 주요 종교도 함께 찾아보라. 어떤 패턴을 알 수 있는가? "구속과 입신" 원리가 정확하다고 보는가?

## 가난이 주는 또 다른 "지혜"

"이는 내 생각이 너희의 생각과 다르며
내 길은 너희의 길과 다름이니라 여호와의 말씀이니라.
이는 하늘이 땅보다 높음 같이 내 길은 너희의 길보다 높으며,
내 생각은 너희의 생각보다 높음이니라."
(사 55:8-9)

### 거짓된 겸손

내가 결혼을 했을 때 나는 공동체의 생활 방식은 뒤로했지만, 가난의 영의 속임들은 결혼과 사역 안으로 그대로 가져왔다. 사역자로서 아주 수수하게 살아야 한다는 생각에 대해서 전혀 의심해 보지 못했다. 사실 이런저런 이유로 재정적 어려움이 많았기에 의심이 어려운 상황은 아니었다. 하지만 번영은 모양이라도 드러내지 못하게 하려고 애를 썼다.

1993년에 아버지가 버지니아주 북부에서 목회 은퇴를 하셨던 때가 기억난다. 나는 아버지의 은퇴 예배에서 설교를 부탁 받았다. 아버지가 담임했던 안디옥 한국 침례 교회 성도들이 진심으로 존경을 표했다. 그들은 최고급 신차인 링컨 컨티넨탈(Lincoln Continental)과 금시계를 아버지에게 선물했다.

은퇴를 축하하는 가족 식사 자리에서, 아버지는 내게 말했다. "체야,

성도분들이 새 시계를 선물해 주었으니 이제 내 시계를 네게 주고 싶구나."
그리고는 크롬으로 된 롤렉스(Rolex) 시계를 벗어서 나에게 넘겨주었다.
즉시 나는 아버지의 손을 밀쳐냈다. "아버지, 저는 이런 거 받을 수 없어요."

아버지는 물었다. "무슨 말이니?"

"아버지, 이건 롤렉스 시계잖아요. 제가 목사인데 어떻게 롤렉스를 차요?" 나는 대답했다.

아버지의 대답에 나는 허를 찔린 듯했다. "봐라. 나도 목사인데 이 시계를 계속 차왔다. 뭐가 잘못됐다는 거니? 게다가 네가 산 것도 아니잖니. 내가 주는 선물이다. 롤렉스 최고품도 아니고, 가장 싼 제품이란 말이다!"

예의를 갖추지 못했다는 것에 대해 아버지가 기분이 나빠졌음을 재빨리 깨닫고, 나는 시계를 받아 찼다. 하지만 나는 그 날 이후 수년 동안 그 시계를 찬 적이 없었다. 사실 내 삶 가운데 주님께서 가난의 영을 깨어주시기 전에는 그 시계를 차지 못했다.

나는 거짓된 겸손의 기만 아래 살고 있었다. 사역자로서 그런 것을 소유하는 것이 부적절하다고 생각했다. 내가 입는 옷이든, 사는 집이든 운전하는 차든 말이다. 너무 "번영한" 모습으로 보일 수 있었기 때문이다. 그리스도인으로서 나는 겸손하게 살아야 한다고 생각했다. 실제로 나는 겸손한 것이 아니라 멍청했다. 번영에 대한 하나님의 말씀과 뜻에 대해 무지했고, 그래서 그것을 모른 채 살고 있었다.

수년 동안 나는 똑 같은 속임수에 걸려든 많은 그리스도인들을 만났다. 스스로를 부인하며, 그것이 경건한 행위라고 믿었다. 그들은 "너무 좋은" 것을 소유하고 있으면 죄책감을 가졌다. 그리고 자신들이 겪는 죄책감이 하나님의 성령께서 겸손하게 살라고 손짓하시는 것이라 생각한다. 양질의 소유물들을 누리며 멋진 휴가를 보내고, 최신 차량을 운전하며 살아갈 수 있는 이들을 보고 하나님께서는 왜 이리 많은 제약들을 주시냐고 분개한다. 진퇴양난에 빠져 곤란해하는 것이다. 이들은 좋은 물건을 가지면 죄책감을 가지고, 스스로를 부인해야 될 때는 하나님께 화를 낸다. 이처럼 곤란한 입장에 빠져 있자니 얼마나 끔찍한가!

### 연기와 거울

일부 그리스도인들은 좋은 것들을 소유하기로 스스로를 허용할 순 있지만, 자신이 사는 모습을 정당화하기 위해 행위를 합리화시켜야 한다. 번영을 그냥 누리지 못하고, 거기에 영적인 의미를 부여해야 한다. 나도 이러한 어려움을 겪어 보았다. 벤츠를 몰던 때에 사람들이 "차 좋네요"라고 하면, 나는 "제 것이 아니고 교회에서 리스해 준 거예요"라고 말하곤 했다.

어느 날 주님께서는 나를 다루기 시작하셨는데, 내가 좋은 것만 가지면 그것을 정당화하기 위해 얼마나 애썼는지를 보여 주셨다. 내가 입은 옷을 사람들이 칭찬하면 나는 '50% 세일을 해서 산 것'이라고 강조해야 했다. 하와이로 멋진 휴가를 다녀오면 이렇게 핑계를 대야 했다. "마일리지 쌓은 걸로 비행기 타고 콘도 회원카드 빌려서 간 거예요." 누가 우리 집에 대한 칭찬이라도 하면 "저희가 집을 산 뒤 집값이 세 배나 뛰었어요"라고 말해 구매가 선한 청지기로서 합당한 결정이었음을 강조해야 했다. 칭찬을 들으면 그냥 "고맙습니다"라고 대꾸할 수 없었다. 눈에 보이는 번영의 신호라도 보이면 늘 영적인 합리화를 해야 했다. 속으로는 항상 무언가 죄책감을 가졌다. 내가 진정으로 영적이라는 확신이 들게 만들 방법을 찾지 못하는 한 말이다. 예컨대 멋진 가죽 서류가방이 갖고 싶다면, 나는 그런 것이 싼 물건보다 최소한 3배는 오래 갈 것이라고 내 자신을 정당화했다. 실상 그게 더 돈이 덜 드는 것이라는 뜻이었다. 질 좋은 서류가방을 소유하게 됨을 그저 즐길 수 없었다. 나는 스스로 수년 동안 이러한 연기와 거울 게임을 했지만 결코 진정한 평안을 찾지 못했다.

### 교만한 경건

깨닫지도 못한 채 일부 그리스도인들은 사실 스스로의 경건심에 교만을 품고 있다. 스스로에 대한 번영은 부인하면서, 죄책감 없이 번영을 누리는 다른 이들은 판단하고 비난한다. 항상 다른 사람이 입은 옷이나 타는 차의 값은 정확히 안다. 그리고는 그 돈이면 가난한 아이들 몇 명에게 몇 끼를 먹일 수 있을 것이라고 계산해 낸다. 무슨 물건이 됐든 가장 싼 값에 살 수 있는 곳, 무료 상품과 서비스를 받을 수 있는 방법, 가장 값싼 식당을 안다는 데에 자부심을 갖는다. 항상 어떤 물건을 얼마나 적은 값에 사서 얼마나 많이 깎아서 아꼈는지를 떠벌리기를 좋아한다.

검소한 생활이라는 과제를 가져다가 실상은 속박의 한 형태인 자기 수양으로 바꿔버렸다. 인생의 선택 가운데 하나님의 권고와 지시를 신뢰하기보다, 경건하고자 하는 스스로의 노력에 완전히 갇혀버렸다. 깨닫지도 못한 채 그들은 스스로의 율법적 경건으로 하나님께 성과를 입증하고 있는 것이다.

바울 사도는 삶의 어떠한 영역에서도 율법적 성과에 빠지지 말도록 경고하고 있다. 왜냐하면 율법주의는 우리를 통제하고 하나님의 은혜를 부인하기 때문이다. 골로새서 2장 20-23절을 보면 바울은 이렇게 선언한다.

"너희가 세상의 초등학문에서 그리스도와 함께 죽었거든, 어찌하여 세상에 사는 것과 같이 규례에 순종하느냐. 곧 붙잡지도 말고 맛보지도 말고 만지지도 말라 하는 것이니, 이 모든 것은 한때 쓰이고는 없어지리라.

사람의 명령과 가르침을 따르느냐. 이런 것들은 자의적 숭배와 겸손과 몸을 괴롭게 하는 데는 지혜 있는 모양이나, 오직 육체 따르는 것을 금하는 데는 조금도 유익이 없느니라."

바울은 정말로 육체를 내려놓기 위한 노력으로 이 말을 하고 있다. 우리의 율법주의는 육체를 훨씬 강하게 만들 뿐이다! 우리는 검소한 삶을 살기보다 하나님의 축복을 받아 주님께서 원하시는 대로 예수처럼 베푸는 자가 될 수 있는 능력을 재정적으로 제한하는 데에 스스로를 가둬 버렸다.

### 가난의 우상화

우리는 이미 사탄이 에덴 동산에서 우리의 정체성을 앗아갔음을 보았다. 아담과 하와에게 하나님의 방법과 지혜보다 스스로의 길과 이성을 선택하라고 설득했을 때 말이다. 우리는 하나님의 형상대로 지어졌다는 실재를 잃어버렸고, 고아적인 사고로 가득하게 되었다. 우리의 자아상은 삶 가운데 마주하는 상황들과 가족, 친구들의 영향, 그리고 우리를 둘러싼 문화의 사고와 태도로 한층 더 왜곡되었다. 종합적으로 볼 때 이 모든 요인들은 우리 마음에 요새들을 지었고, 그것이 우리로 하여금 아버지 하나님의 약속들을 신뢰하지 못하고 그분의 축복을 받아들이지 못하도록 하는 습관적 태도와 행동들을 구성하고 있다.

씨 뿌리는 자와 씨의 비유가 기억나는가? 우리가 하나님의 왕국에서 할 수 있고 받을 수 있는 모든 것은 우리 마음 상태에 달려 있다. 마음에 가난의 요새가 있다면, 그것은 마치 돌들이 가득한 밭과 같다. 번영에 대한 하나님의 관점을 전혀 깊이 이해하고 있지 못한 것이다. 그래서 우리를 풍성히 복 주시려는 주님의 약속의 진리가 마음에 뿌리를 내리지 못하는 것이다. 부에 대한 하나님의 진리로부터 분리되어, 결국 가난의 기만에 속박 당하는 것이다.

가난이라는 악한 영은 속임수를 덧붙여 이러한 요새를 강화시킨다. 그 영의 목적은 부에 대해 수치심, 자기 비하, 무력감과 절망감, 깊은 의심, 그리고 심지어 두려움까지 부추김으로써 우리의 자아상을 더욱 왜곡시키는 것이다. 사탄은 우리가 그리스도로 인해 구속되는 것을 막지 못했기 때문에, 우리를 번영할 수 있는 권리에 대해 우리가 여전히 왜곡된 이미지를 갖도록 덫에 묶어 둠으로써 하나님의 왕국 안에서 우리의 영향력을 멸하려는 것이다.

로버트 모리스(Robert Morris)는 저서 〈축복된 삶〉에서 이것을 잘 정리해 주고 있다.

"우리 영혼의 대적은 돈에 대한 우리의 생각을 썩히고 곡해하기 위해 최선을 다한다. 마귀는 하나님께서 일시적인 돈을 가지고 영원한 영혼을 만드실 수 있다는 것을 안다. 우리가 교회에 더 많은 돈을 낼수록 더 많은 영혼이 구원을 받고, 하나님의 왕국이 더 널리 확장되며 어둠의 왕국은 실패하게 된다는 사실을 그는 안다."

사탄은 무엇이든 우리가 우선적인 관심을 두는 대상이 우리의 경배 대상임을 안다. 검소하고 엄격하게 자신의 재정을 통제하기로 스스로 결정한 노력을 한다면, 우리는 가난을 예배하는 것이요 그것은 우상숭배다. 요컨대 부에 대해 우리가 가진 생각과 신념이 하나님의 말씀과 약속들보다 우월하다고 말하는 것과 같다. 뭔가 익숙하게 들리지 않는가? 바로 에덴 동산에서, 우리는 우리를 향한 하나님의 지혜와 목적, 계획 대신에 스스로의 이성을 선택했다. 우리는 주님의 길과 생각이 우리의 길과 생각보다 훨씬 높다는 것을 기억해야 한다. (사 55:8-9) 스스로의 생각이 아닌 주님을 경배해야 한다.

● 정리해 보자

가난의 영은 검소한 삶과 거짓 겸손을 연결시킴으로써 여러 가지로 우리를 속이려 한다. 우리가 다른 이들의 낭비적인 생활방식을 비난할 때, 거짓의 영은 우리가 가진 좋은 물건을 합리화해야 할 필요와 경건 속의 교만을 만들어낸다. 이 모든 기만들은 우리가 스스로의 이성과 길을 하나님의 길과 지혜보다 더 믿기 때문에 우리 마음을 점령하게 된다.

● 스스로 물어보자

거짓된 겸손에 속아본 적이 있는가? 좋은 물건을 갖게 된 것을 스스로 정당화하거나 스스로의 경건에 대해 자만심을 갖게 되었던 적이 있는가? 이러한 속임이 여러분의 태도와 행동에 어떤 영향을 끼쳤는가? 구체적으로 말해 보자.

하나님께서 다른 이들에게는 주시는 좋은 것들을 여러분에겐 안 주신다고 생각해 본 적이 있는가? 이러한 시각이 옳다고 생각하는가? 왜 (안) 그런가?

이사야 55장 8-9절을 읽어 보자. 번영에 대한 하나님의 길과 생각들이 여러분의 것보다 높음을 믿는가? 그렇다면, 주님의 지혜와 삶의 방식을 여러분의 재정 생활 가운데에 포용하지 못하게 만드는 것은 무엇인가?

● 그렇게 살자!

가난의 지혜로 말미암은 태도 및 행동과 여러분이 3장에서 해본 번영 지수 자기 진단 사이에 연관성이 있는가? 어떤 것들인가? 그리고 어떻게 그것들을 이루었는가?

## 예수께서 가난하지 않으셨다?

"오히려 자기를 비워 종의 형체를 가지사
사람들과 같이 되셨고."
(빌 2:7)

거리의 보통 사람들에게 예수께서 가난하셨다고 생각하는지 물어보면, 대부분은 "그렇다"고 대답할 것이다. 예수께서는 영화에서나, 또 강단에서나 흔히 집도 없이 아주 간소한 삶을 살며 하늘을 지붕 삼아 배우지 못한 어부들의 무리와 동행한 모습으로 묘사된다.

많은 신학자들은 예수께서 가난하셨다고 가르친다. 왜냐하면 그들은 가난을 영성과 동격화시키기 때문이다. 정말로 "그리스도를 닮기" 위해서는 우리도 가난해져야 한다는 것이다. 하지만 이러한 관점이 올바른 것일까? 몇 가지 사실을 더욱 면밀히 살펴보기로 하자.

### 예수의 탄생과 어린 시절

많은 이들이 예수께서 가난하셨다고 생각하는 이유는 마구간에서 태어나셨기 때문이다. 요셉과 마리아는 가이사가 명한 전국 인구조사에 등록하기 위해 베들레헴으로 이동했다. 성경은 분명히 그 둘이 여관에 머무르려고 했음을 밝힌다. 그러니까 분명 돈이 있었다는 뜻이다. 그런데 묵을 곳을 찾지 못했던 것이다. 예수께서 마구간에서 태어나신 것은, 부모가 빈곤했기 때문이 아니라 그저 마땅한 장소가 없었기 때문이다.

아주 흔한 오해들 중 하나가 동방박사가 예수의 출생지로 찾아왔다는 것이다. 이 그릇된 생각을 뒷받침한 것은 많은 성탄 그림들이 구유 옆에 목자들과 함께 동방박사들을 보여주고 있기 때문이다. 마태복음 2장 11절은 말씀한다.

"집에 들어가 아이와 그의 어머니 마리아가 함께 있는 것을 보고, 엎드려 아이께 경배하고 보배합을 열어 황금과 유향과 몰약을 예물로 드리니라."

이 구절을 보면 여러 가지 명백한 사실들이 나타난다. 예수께서 태어나신 이후로 얼마의 시간이 흐른 것이다. 예수를 아기가 아닌 아이라고 부르고 있으며, 동굴이나 마구간이 아닌 집에 살고 있는 것으로 보인다. 예수의 부모들은 얼마간 베들레헴에 머무르기로 결정했고, 어떤 형태든 집을 소유할 수 있을 정도로 잘 지내고 있었다. 다시금 나타나지만, 예수의 가정은 결핍과는 거리가 멀었다.

동방박사들은 매우 부유하고 영향력이 있었으며, 먼 거리-페르시아일 가능성이 높다-를 지나왔다. 그들은 헤롯 왕에게 분명 중요한 사람들로 대접을 받았다. 그들은 새로 태어난 왕(예수)께 경배를 드리기 위해 왔다. 역사적으로 볼 때 또 다른 왕께 금을 공물로 바칠 때는, 그냥 금전 몇 닢이 아니라 굉장한 양의 금덩이였다. 유향과 몰약은 굉장히 귀하고 값비싼 연고였으며 가치 면에서 금에 버금갔을 수도 있다. 나는 동방박사의 선물들이 요셉, 마리아, 예수 가족이 피난하고 이집트에서 향후 수년 동안 생활하는 데의 재정을 감당할 수 있었을 것이라고 믿는다.

### 나사렛 생활

오늘날의 시각으로 볼 때 비전문적이라거나 고상하지 않은 직업을 가지셨다는 이유만으로, 예수께서 가난하셨다고 볼 수는 없다. 예수께서는 대단히 발달된 기술과 거래처를 가진 장인이셨다. 왜 예수께서 가구만 만드셨을 것이라 생각하는가? 집들을 지으셨다고 볼 수도 있지 않겠는가?

뭔가에 뛰어난 사람은 여기저기서 찾기 마련이다. 우리는 요셉이 꽤 명성이 있었음을 안다. 마태복음 13장 55-56절에서 예수께 대해 이런 말씀을 하고 있다.

"이는 그 목수의 아들이 아니냐. 그 어머니는 마리아, 그 형제들은 야고보, 요셉, 시몬, 유다라 하지 않느냐. 그 누이들은 다 우리와 함께 있지 아니하냐."

요셉이 그 목수라고 불리는 것에 주목하라. 요셉이 마을에서 유일한 목수였다는 뜻일 수도 있고, 최고의 목수였다는 뜻일 수도 있다. 하지만 목수로서의 명성으로 요셉은 완전히 신분이 뚜렷했다는 뜻이므로, 성공했을 가능성이 높다.

예수께서는 요셉으로부터 그 기술을 배우셨을 텐데, 그러니 탁월한 목수셨다고 가정해도 무리가 없다. 목수로서 예수께서 보잘것없는 집을 지으시는 것이 상상이 되는가? 요셉이 언제 죽었는지는 모르지만, 분명 예수께서 공생애를 시작하시기 이전이었던 것 같다. 중동의 전통을 보면, 아버지의 죽음 이후엔 장자가 가정을 돌볼 책임을 갖는다.

예수께는 대가족이 있었다. 형제가 넷이요 자매도 둘 이상이었다. 그러니 어머니 마리아를 포함하면 여덟 식구가 된다. 성경은 예수께서 키와 지혜가 자라가시며, 하나님과 사람에게 사랑을 받으셨다고 말씀한다. (눅 5:22) 이것은 경제적으로 실패했다는 묘사일 수 없다.

### 예수의 공생애

예수께서는 수많은 순회 랍비들 중 한 분이셨다. 당시에는 랍비가 알려지고 명망 있는 직업이었다. 배운 사람들이 이 마을 저 마을로 다니며 회당이나 모임 장소에 찾아가 강의를 하곤 했다. 자신이 배울 수 있는 사람을 찾은 이들은 집을 공개하여 랍비를 모시고, 숙식과 다음 행선지까지의 여행 경비를 제공하곤 했다. 지속적인 훈련에 열망이 있는 사람들은 제자가 되어 랍비의 여정에 동행하는 것이 일반이었다.

우리는 하나의 작은 무리를 이뤄 어디든지 동행한 열두 제자들을 두신 예수를 생각한다. 예수께서 친히 열두 명을 제자로 선택하신 것은 사실이나, 예수를 추종하던 무리는 훨씬 컸다. 위임을 주어 사역하도록 보낼 사람을 찾으셨을 때, 예수께서는 열두 제자뿐만 아니라 70인을 쉽게 구하실 수 있었다. 이 사람들을 알고 신뢰하셨음이 분명한데, 이들을 어디서 찾으셨겠는가? 그들은 계속 주님을 따르던 무리에 속한 자들이었다. 이렇게 이동하는 무리는 규모가 꽤 컸다!

이들이 누구였을까, 어떻게 예수와 동행하는 모든 비용을 감당할 수 있었을까 생각해 본 적이 있는가? 그들은 스스로의 책임을 저버리고 대책 없이 식구들을 버려둔 채 예수를 따르기로 한 노숙자나 종교 광신자들이 아니었다. 그러한 행동은 율법의 기본적인 교리를 위반했을 것이요 예수께서 용납하셨을 리가 없다. 그들은 독립적일 정도로 재산이 있는 사업가들로, 자신들이 여행을 하는 동안 가족의 사업을 돌봐줄 다른 사람들이 있는 이들이었다.

베드로 사도를 예로 살펴보자. 가버나움에 위치한 그의 집은 신약의 배경 장소 가운데 가장 증거 문헌이 많은 곳이다. 가버나움은 부산하고 번창한 도시로, 거기엔 거대하고 정교한 회당이 있었다. 베드로의 집은 크고 넉넉했으며, 회당에서 아주 가까웠다. 이는 그가 부족할 것이 없는, 영향력이 있는 사람이었음을 상징한다. 도시 내에서 가장 중요한 사람들이 회당에 가장 가까이 살았기 때문이다.

성경은 그와 그의 형제 안드레가 배들과 그물들을 소유하고 있었다고 기록한다. 베드로는 단순한 어부가 아니라 가족 사업으로서의 어업에 종사하는 경영주였다. 성경은 예수께서 가버나움에 자주 가셨다고 지적한다. 번영한 베드로와 그의 가족들에게 자주 대접을 받으셨을 것은 뻔한 일이다.

### 사역의 재정

대체 예수와 그분의 제자들은 여행 경비를 어떻게 감당했을까? 추종자들의 일부는 재정 후원자이기도 했다. 누가복음 8장 1-3절을 보면 그 후원자들 중 여럿의 이름이 거론된다.

"그 후에 예수께서 각 성과 마을에 두루 다니시며 하나님의 나라를 선포하시며 그 복음을 전하실새, 열두 제자가 함께 하였고 또한 악귀를 쫓아내심과 병 고침을 받은 어떤 여자들 곧 일곱 귀신이 나간 자 막달라인이라 하는 마리아와 헤롯의 청지기 구사의 아내 요안나와 수산나와 다른 여러 여자가 함께 하여 자기들의 소유로 그들을 섬기더라."

이 여인들은 분명 유지였다. 이름으로 불린 것을 보면 알 수 있다. 우리는 예수께 부유한 친구들이 많았던 것을 알 수 있다. 베다니의 나사로, 마리아와 마르다가 한 예다. 니고데모와 아리마대 사람 요셉, 그리고 수많은 창립 멤버들도 은밀한 기부자였을 가능성이 높다고 생각한다. 하지만 그 외에도 예수의 사역에 있어 재정적 중추를 이룬 많은 무명의 후원자들이 있었다.

여기서 주목해야 할 점은, 예수의 사역이 재정 기부자들을 언급해야 할 정도로 엄청난 재정을 소유했다는 사실이다. 또한 회계를 담당할 사람-가룟 유다-이 필요할 정도로 성공적이었다.

요한복음 12장 6절을 보면, 유다가 정기적으로 사역 자금에서 자기 몫을 챙겼음을 알게 된다.

"그는 도둑이라. 돈궤를 맡고 거기 넣는 것을 훔쳐 감이러라."

분명 그가 좀도둑질을 해도 티가 안 날 만큼 많은 돈이 있었던 것이다.

또한 예수께서는 비싼 옷을 입으실 때도 있었다. 요한복음 19장 23-24절을 보라.

"군인들이 예수를 십자가에 못 박고 그의 옷을 취하여 네 깃에 나눠 각각 한 깃씩 얻고 속옷도 취하니, 이 속옷은 호지 아니하고 위에서부터 통으로 짠 것이라. 군인들이 서로 말하되 이것을 찢지 말고 누가 얻나 제비 뽑자 하니."

이러한 옷은 오늘날로 치면 아르마니(Armani) 맞춤 정장을 입는 것에 비길 수 있으리라. 예수께서 선물로 받으셨을 수도 있지만, 오늘날의 사역자들은 그렇게 비싼 선물을 받는 것만으로도 비난을 받지 않는가? 예수께서 이 옷을 사셨든 받으셨든, 분명 번영한 사람으로 보이는 것에 대해 어려운 마음을 갖지 않으셨다. 지금까지 본 모든 사실들을 보면 어떤 생각이 드는가? 예수께서 가난하셨다고 생각하는가?

● 정리해 보자

가난의 경건이라는 종교적 발상들은 자체적으로 발전하여, 성경이 실제로 전달하는 사실들과 무관하게 부적절하게 적용될 수 있다. 말씀에 뿌리를 내리고 굳게 서라!

● 스스로 물어보자

예수께서 성공한 사람처럼 옷을 입고 성공적인 사역을 이끄셨다면, 번영에 대한 그 분의 생각은 어떠하였을 것으로 보는가?

예수께서 번영을 누리셨다는 사실이 가난에 대한 여러분의 생각을 조금이라도 바꿨는가? 왜 그토록 많은 그리스도인들이 하나님께서 그분의 자녀를 부요케 하기를 원하신다는 것을 믿지 못할까?

● 그렇게 살자

마태복음 5-7장의 산상수훈을 다시 읽되, 대단히 성공적이고 번창하는 사역을 이끄는 기술 좋고 성공한 목수 출신의 예수께서 하시는 말씀으로 바라보라. 그렇게 할 때 그 말씀을 읽고 해석하는 여러분의 관점이 조금이라도 변화되는가? 그렇다면 어떤 부분에서 그런가? (이것은 친구들과 혹은 소그룹에서 나눠볼 수 있을 것이다.)

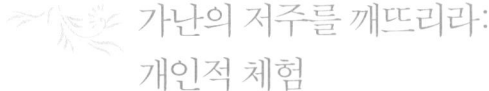
# 가난의 저주를 깨뜨리라: 개인적 체험

"진리를 알지니 진리가 너희를 자유롭게 하리라."
(요 8:32)

가난의 영은 종종 우리가 의심도 못 할 미묘한 형태로 우리에게 영향을 미친다. 우리가 "그냥 지나치는" 기분에 남겨두려고 말이다. 이것을 더 자세히 설명하기 위해, 내가 겪은 가난의 영으로부터 자유로워지는 데에 도움이 되었던 두 가지 중대한 사건을 나누고자 한다. 두 가지 일 모두 내가 추수 반석 교회에서 목회를 시작한 지 얼마 되지 않았을 때 일어났다.

### 첫 번째 체험

첫 번째 체험은 1996년에 있었는데, 내가 속한 사도 사역 네트워크인 HIM(국제 추수 선교회)이 막 발족했을 당시였다. HIM 회원이 되고자 관심을 보이던 한 교회에서 주말 설교를 해달라고 초청을 받은 상태였다. 그곳 목회자는 1970~1980년대에 우리와 자매 관계에 있던 선교 단체에 속해 있어서 아주 오래 알고 지낸 사이였다. 그 주 마지막에 설교를 마친 뒤,

그는 나를 불러내더니 사랑을 담아 다음과 같은 진리를 전해 줬다.

"체, 주말 내내 지켜보니 자네에게 가난의 영이 있어." 그리고 말을 이어갔다. "나는 하나님께서 자네를 번영시켜 주기를 원하신다고 진심으로 믿어. 지금 연수입이 어떻게 되나?"

그래서 나는 1년에 9만 달러 정도를 벌고 있다고 했다.

그는 내게 대답했다.

"지난해에 나는 30만 달러 이상을 벌었네. 내가 섬기는 교회는 자네 교회보다 작은데도 말이야. 그중 대부분이 사례금의 형태로 왔어. 나는 하나님께서 가난의 영을 깨뜨리고 이제부터 자네를 번영시키고자 하신다고 믿어. 그래서 예언적 행위를 한 가지 하려 하네. 자네가 겨우 한 번의 설교를 한 줄로 알지만, 5,000달러(그 당시까지 설교 1회에 내가 최고로 많이 받은 액수)를 사례비로 주고 싶네. 이것은 자네가 버는 돈에 대해 하나님을 어떤 식으로든 제한하지 않게 되기를 하나님께서 원하신다는 것을 알려주기 위한 예언적인 선포야. 둘째로 이 돈을 줌으로써 자네의 인생에 드리운 가난의 영을 깨뜨릴 것이네!"

나는 너무나 놀라서 전혀 할 말이 떠오르지 않았다. 나는 네 자녀를 두었는데, 대부분 10대 초반이었기 때문에 항상 예상보다 큰 지출이 도사리고 있었다. 우리에겐 좋은 집도 있었고 나름대로 잘 지내고 있었기에, 하나님께서 내게 더 베풀어주고자 하시리라는 생각은 전혀 해보질 못했다. 분명 우리는 가난하지 않았다. 그런데 어떻게 내게 가난의 영이 있다는 말인가? 그 자리에 서서 친구의 예언적 권고를 받아들이는데, 진실로 무언가 전환되는 것이 느껴졌다. 나는 믿음으로 하나님께서 진정 나를 번영시켜 주고자 하시며 내가 다시는 재정적으로 그분을 제한하지 말아야 한다는 것을 받아들였다.

### 두 번째 체험

그 다음해의 언젠가, 우리는 매년 개최하는 예언 집회를 갖고 있었다. 교계에 가장 알려진 예언자이자 나와 가장 친한 친구 중 하나인 신디 제이콥스(Cindy Jacobs)가 주강사였다. 점심 휴식 직후, 그러니까 오후 세션이 시작되기 전에 우리 교회 성도 한 사람이 내게 와서 봉투 하나를 건네줬다. 그리고는 자신이 평생 최악의 한 주를 보냈다고 말하는 것이었다. 그 주에 그녀는 직장을 잃었고 또 며칠 뒤엔 남편이 실업자가 되고 말았다.

그들은 적금 통장을 깨뜨려서 찾은 뒤 교회에 헌금으로 2,000달러를 가져온 것이었다.

나는 그들의 관대하고 희생적인 선물에 감동을 받았지만, 그들의 재정적 곤경에 우려를 할 수밖에 없었다. 당시 나는 그녀에게 한 대답이 현명하고 목회자다운 것이라고 생각했다.

"패트리샤, 자매님의 가정에는 직업을 다시 구하기까지 이 돈이 필요할 거예요."

그리고는 돈을 돌려주고 돌아서며, 그 헌금을 거부한 것에 대해 스스로 "영적이다"라는 느낌을 가졌다.

깨닫진 못했지만 패트리샤는 좌절한 상태로 돌아섰다. 패트리샤는 오후 세션이 시작되기 전 신디 제이콥스가 마지막으로 쇼핑을 하고 있던 우리 교회 서점으로 들어왔다. 그녀는 모든 이야기를 신디에게 털어놓았다. 자신과 남편이 어떻게 실직을 하게 되었으며, 어떻게 해서 내게 종자돈을 갖다 주었고 결국 내가 거부했다는 이야기 말이다.

신디는 서점을 나와 뛰기 시작했고, 패트리샤도 그 바로 뒤를 좇았다. 나는 신디가 그토록 화가 난 모습을 평생 본 적이 없었다. 신디는 내게 성을 내며, 내 얼굴을 똑바로 쳐다보고 이렇게 말했다.

"체, 이 자매님이 드리는 헌금을 거부했어?"

"어, 그래. 하지만 이 자매님은 실직을 했고 남편도 마찬가지고 말야. 당분간 지내려면 이 돈이 필요할 거야."

나는 혼란스럽기도 하고 해서, 약간 주저주저하며 말했다.

신디는 물었다. "체, 너 성경을 믿니?"

나는 대체 왜 그러한 질문을 하는 건지 이해가 안 됐지만, 온유하게 대답했다. "어."

신디는 다시 말했다.

"네가 정말로 믿는 건지 나는 모르겠다. 성경은 받는 것보다 주는 것이 복되다고 말씀하잖아. 네가 정말 믿었다면, 이 여인의 헌금을 받고 그 축복을 뺏지 않았을 거야. 패트리샤는 필요가 있어서 드리는 거였음을 알아야지. 이제 이 헌금을 받아!"

나는 순종의 마음으로 그 헌금을 받았다. 그리고 신디는 이렇게 말을 이어갔다.

"너에게 가난의 영이 있는 것 같아. 지금 예수의 이름으로 네게서 가난의 영이 떠날 것을 명한다!"

나는 또다시 삶 가운데 무언가 끊어져 나가는 것을 느꼈다. 나는 그때 가난의 영으로부터 놓임을 받았다고 믿는다.

신디는 그날 오후 예배 가운데 이 이야기를 모두 나눴다. 나는 쥐구멍이라도 있으면 숨고 싶은 심정이었다! 그리고는 신디는 패트리샤를 불러 강단에 올라오게 한 뒤, 그녀를 위해 즉흥적으로 헌금을 모으기 시작했다. 그 날 오후에 1만8,000달러가 넘는 헌금이 모인 것으로 기억하는데, 전액이 패트리샤에게 전달되었다. 그 다음주에 패트리샤는 더 좋은 직장을 구하게 되었고 남편도 더 높은 연봉을 받는 곳으로 갈 수 있었다.

내 인생은 그 주에 영원한 변화를 겪게 되었다. 나는 가난의 영으로부터 놓임을 받았고, 뿌리고 거두는 중요한 진리가 어떻게 가난의 영을 끊어낼 수 있는지 배우게 되었다. 필요가 있으면 씨앗을 심어야 한다. 패트리샤가 바로 그렇게 행한 것이고, 나는 처음 그녀의 종자돈을 거부함으로써 그녀의 축복을 거의 막아 설 뻔했다.

나는 선한 의도로 행한 것이었지만, 세상적인 사고를 하고 있었다. 가난의 영이 주는 지혜의 안내를 따랐다는 말이다. 너무나 합리적이고 심지어 인정 많게 보이기도 하는 결정이었지만, 진리가 아니었다. 또한 실상은 상황을 쥐고 있는 가난의 영향력을 더욱 세게 한 것이었다.

나는 2,000달러라는 돈을 패트리샤가 당장 쓸 수 있는 돈이라는 데에 초점을 맞추고 있었지 아버지 하나님께서 그리스도 예수 안에서 그분의 영광의 부요함을 따라 우리의 모든 필요를 채워 주겠다고 하신 약속을 바라보지 못했다. (빌 4:19) 나는 이 말씀을 본문으로 설교도 해봤고 분명히 그대로를 믿는다고 생각했다. 하지만 그 상황이 패트리샤라는 육신으로 내 앞에 다가왔을 때는 알아보지도 못했다!

● 정리해 보자

우리는 가난의 지혜가 대단히 합리적으로 들릴 수 있다는 것을 알고 있어야 한다. 하지만 그것은 진리가 아니다. 그것을 따르면, 가난의 영향력은 더욱 세질 것이요 더 깊은 속박으로 이끌 것이다.

● 스스로 물어보자

최근 내린 재정적 결단을 떠올려보자. 어떤 지혜가 여러분의 결정을 이끌었는가? 하나님의 것인가, 가난의 영의 것인가?

어떤 면에서 여러분은 재정적으로 "그냥 지낼 만한" 수준에 만족하게 되는가? 하나님께서 여러분에게 더 베풀어 주고자 하심을 진정 믿는가?

빌립보서 4장 19절은 현재 여러분의 상황에 대해 어떤 소망을 말씀하는가?

● 그렇게 살자!

이번 주엔 시간을 내어 돈에 대한 스스로의 생각과 말들에 귀 기울여 보라. 어떤 지혜를 듣게 되는가? 하나님의 것인가, 가난의 것인가? 가난의 지혜에 대한 어떤 일관된 패턴을 발견하게 되는가? 그렇다면, 여러분을 속박 가운데 가두고 있는 생각들을 더욱 깨닫게 해줄 그 지혜들을 적어 보라.

## 맘몬의 요새

"한 사람이 두 주인을 섬기지 못할 것이니,
혹 이를 미워하고 저를 사랑하거나
혹 이를 중히 여기고 저를 경히 여김이라.
너희가 하나님과 재물을 겸하여 섬기지 못하느니라."
(마 6:24)

### 맘몬은 영이다

대부분의 사람들이 '맘몬'이라는 단어를 제대로 이해하지 못한다. 성경을 옮긴 다양한 번역자들도 맘몬에 대해 각기 다른 용어를 사용하고 있다. 예컨대 두 가지 잘 알려진 번역을 비교해 보자. NIV(신국제역)는 맘몬을 "돈"이라고 번역하고 있는 반면, NAS(신미국표준역)는 "부"라고 번역한다. NKJV(새흠정역)는 그 단어 그대로 "맘몬"을 사용하지만 대문자로 표기하고 있진 않다. 이는 헬라 단어 "마모나스"에서 유래한 것이다. 이 단어를 고유명사로 보고 대문자 표기하여 "맘몬(Mammon)"이라고 쓴 번역은 YLT(영 직역) 외엔 찾을 수 없었다.

이 번역이 맞는 것이다. 맘몬은 사탄이나 바알, 이세벨처럼 고유 명사다. 내가 보기에는 사탄 수하의 가장 사악한 정사(政事)중 하나다. 맘몬은 우리에게 하나님이 아닌 부에 믿음을 두도록 함으로써 독립독행(獨立獨行)하도록 만든다. 맘몬에 속은 사람들은 부에 집착을 한다. 성공을 했을 수도 있고 아닐 수도 있다. 많은 가난한 사람들 역시 이 영과 씨름하고 있다. 사탄은 하나님의 자리를 취하기 위한 저당물로 맘몬을 사용한다. 맘몬은 하나님께서만 주실 수 있는 것들을 주겠노라 약속한다. 의미라든지 안정감, 우리의 정체성, 능력, 권세, 자유 등 말이다. 맘몬은 모든 것을 약속해 놓고 아무것도 주지 않는다.

돈은 맘몬과 동일한 것이 아니다. 돈은 도덕적 관념이 부여되지 않은 도구로서, 선이나 악 모두를 위해 사용될 수 있는 중립적 대상이다. 하나님의 영이나 맘몬의 영이 모두 돈 위에 역사할 수 있다. 하나님께 바쳐지지 않는 돈은, 기본적으로 사탄과 맘몬의 영의 지배를 받는다. 하나님과 그분의 목적 앞에 드려진 돈은 축복을 받아 그분의 왕국을 확장하는 데에 쓰인다. 맘몬의 영을 가진 돈은 사람들을 조종하고 통제하는 데에 쓰인다.

성경에서 가장 흔한 오역 중 하나가 "돈이 일만 악의 뿌리"라는 이야기다. 그것은 성경의 말씀이 아니다. 하나님께서는 돈을 그렇게 다루지 않으신다. 디모데 전서 6장 10절 상반절을 보면 이렇게 기록되어 있다.

"돈을 사랑함이 일만 악의 뿌리가 되나니."

돈 자체가 아닌 돈을 사랑하는 것이 모든 악의 뿌리다. 구절의 후반을 보면 이 의미가 더욱 확실해진다.

"이것을 탐내는 자들은 미혹을 받아 믿음에서 떠나 많은 근심으로써 자기를 찔렀도다."

유명한 TV 설교자인 짐 베커(Jim Bakker)가 1988년에 사역 회계 부정으로 투옥된 것을 기억한다. 그는 7년 동안 복역했는데, 출소되었을 때 우리 추수 반석 교회가 가장 먼저 그를 초청하여 설교를 부탁했다. 이로 인해 우리는 엄청난 비난을 받았지만, 하나님께서는 용서와 회복의 하나님이심을 우리는 믿었다. 짐은 이미 회개하여 자신의 고백을 〈나는 잘못했다I was wrong〉라는 책에 기록했다.

내가 그에게 설교를 부탁한 것은, 앞서 그를 만나 그 깨어진 마음과 회개에 진심으로 감동을 받았기 때문이었다. 짐은 디모데전서 6장 10절과 직접 관련된 엄청난 이야기를 내게 들려주었다.

"감옥에 있는 7년 동안 나는 그곳에서 돈을 사랑하지 않은 사람을 한 명도 본 적이 없었어요. 어떤 범죄를 저질렀든 간에 그 근원이 되는 악은 돈을 사랑한 것이었지요. 은행털이범도 돈을 사랑해서 거기 들어왔고요. 매춘업자도 돈을 사랑해서 감옥에 온 거예요. 화이트 칼라의 탈세자도 돈을 사랑해서 투옥된 거고요."

그는 사람들이 저지른 다른 죄목들을 나열했고, 그것들이 어떻게 해서 돈을 사랑함에 뿌리를 두고 있는 것인지 설명했다. 평생 그날의 대화를 잊을 수 없을 것이다. 그 날 나는 맘몬의 권세가 얼마나 강력한지를 보았다.

나는 2008년 경기 침체 전반의 현상이 돈을 사랑함에 근거하고 있다고 믿는다. 서브프라임 론은 자격이 없는 사람들에게 대출되었고, 그것이 침체를 유발시킨 주된 요인이 되었다. 신문에서 집을 경매할 수밖에 없던 상황을 겪고 인터뷰를 가진 한 사람의 이야기를 읽은 적이 있었다.

"대출을 받지 않았다면 이런 일은 없었을 겁니다. 저는 직장도 없었고 빚도 있었는데, 그럼에도 은행은 그 집을 위해 대출을 해주었어요."

수수료에 대한 탐욕 때문에 그 브로커는 전혀 자격 없는 사람에게 대출을 내주었던 것이다. 수수료를 통한 단기간의 이익에 대한 그와 같은 집착이 수천 건의 서브프라임 론을 통해 몇 배로 늘어나, 뒤이은 은행들의 실패와 주식 시장 추락, 대공황 이래 최고의 실업률이라는 결과로 나타났다. 맘몬의 영의 통치를 받을 때, 맘몬은 와서 "훔치고, 죽이고 멸할 것이다."(요 10:10)

**맘몬의 행동양식**

맘몬이 어떤 모습으로 나타나든, 그 역사를 드러내주는 기본적 특징들이 있다.
- 감각적인 생활과 편안 추구에 대한 강조
- 얼마를 획득하든 결코 만족 없이 더 갖고 싶어하는 갈망
- 타인과의 지속적인 비교
- 물질을 얻고 사람들을 끄는 데에 돈의 힘을 사용
- "적합한 사람들"과의 인맥을 사고 "적합한 이미지"를 만듦으로 받아들여지고 존재감을 갖고 싶어하는 마음을 조종
- 아름다운 것들과 아름다운 사람들을 소유하고 싶은 욕망을 자극
- 자기에 몰두, 자신이 넘버 원
- 청렴성과의 타협, 자기 정당화
- 돈을 소유하고 통제하는 대신 돈이 자신을 소유하고 통제

물질주의는 맘몬의 영의 가장 흔한 표시다. 물질주의는 어떤 물건이나 사람을 희생해서라도, 물질적 부와 소유물의 축적에 몸을 바치겠다는 것이다. 이는 과도한 편안에 대한, 감각에 이끌린 사랑이다. 홍콩의 한 대형교회 지도자와 오찬을 함께했던 기억이 난다. 그는 말했다.

"체 목사님, 미국이라는 공화국에 산다는 생각을 하시겠지만 그렇지 않습니다. 목사님은 군주국에 사시는 겁니다. 미국의 왕은 물질주의며 왕비는 연예요 황태자는 스포츠지요."

나는 잠시 돌아본 뒤에 그 얘기가 틀림 없음을 인정했다.

우리의 문화는 물질주의에 휘둘리고 있다. TV, 인터넷, 스마트폰, 전광판 등에 나타나는 끝없는 광고들에 지속적인 폭격을 받고 있다.

그리고 그 광고들은 우리에게 뭔가가 부족하다고 말을 한다. 우리가 최신 유행의 옷을 입고 있지 않다면, 최신 머리를 하지 않았다면, 최고의 디자이너나 최고의 운동 선수가 인정한 신발을 신지 않는다면, 최신 전자 제품을 가지고 있지 않다면… 유혹은 끝이 없다. 포화 상태가 없다. 크리스천 리서치 및 정보 에이전시인 센티넬 그룹(The Sentinel Group)의 설립자이자 대표인 조지 오티스 주니어(George Otis Jr.)는 물질주의가 마지막 영적 거인들 중 하나라고 말한다. 그의 저서 〈최후의 거인Last of The Giants〉을 보면, 물질주의가 세상에서 가장 강력한 영적 요새들 중 하나라고 한다. 그 뿌리는 전 세계 모든 문화에 침투해 있다.

### 내 인생에 드러난 물질주의

나는 1994년 10월, 처음으로 물질주의에 대한 확신을 갖게 되었다. 토론토 공항 크리스천 협회(Toronto Airport Christian Fellowship)에 갔을 때였는데, 그들이 처음으로 "불을 받으라(Catch the Fire)"는 제목의 컨퍼런스를 열고 있었다. 컨퍼런스 둘째 날 오전 세션에, 국제 기도의 집(IHOP)을 설립한 마이크 비클(Mike Bickle)이 설교를 했다.

그는 예수가 아닌 다른 어떤 것으로부터라도 생명과 안정감을 얻고 있다면, 우리는 우상숭배에 빠져 있는 것이라고 말했다. 마지막으로 우리 마음 가운데 예수가 아닌 어떤 것이라도 주인 행세를 하는 것이 있는지 보여 주시도록 성령을 초청했다. 그는 성도들을 기도로 인도한 뒤 점심 시간을 위해 메시지를 끝맺었다.

다른 컨퍼런스 참석자들이 그 공간을 빠져나갈 때, 나는 의자에 앉아 예수가 아닌 누군가로부터 안정감을 얻고 있는 게 아닌지 성령께 여쭸다. 즉각 잠잠하고 조용한 목소리가 들려왔다.

"아들아, 네겐 물질주의의 요새가 있다."

나는 즉시 그 음성을 꾸짖으며 그 말에 반대했다. 그것이 결코 성령일 수 없다고 생각했다. 왜냐하면 우리는 추수 반석 교회를 개척한 지 얼마 안 된 상태였고, 나는 첫 5개월 동안 월급도 받지 않았기 때문이다. 아내(Sue)와 나는 거의 1년 반 동안 믿음으로 버텨온 것이었다. 그것은 물질주의적인 사람의 행동일 수 없었다!

그러자 성령께서 다시 말씀하셨다.

"이 물질주의가 네 삶 가운데 얼마나 강력한지 보여 주고 싶다. 은퇴 자금을 가지고 나의 왕국을 위해 심거라."

우리는 생활비로 적금을 다 써버린 상태였지만, 은퇴 자금 계좌에는 2만 달러 정도가 있었다. 하나님께서 이런 말씀을 하시자 나는 즉각 대답했다. "주님, 안 돼요!" (물론 이건 결단코 모순이 되는 소리다. 어떻게 예수를 "주님"이라고 부르는 사람이 "안 된다"는 말을 할 수 있겠는가?) 하지만 나는 그렇게 말해 버렸다. 그리고 그 말이 입에서 나왔을 때, 나는 하나님께서 얼마나 옳으신지를 깨달았고 내 삶 가운데 얼마나 강력한 물질주의의 요새가 있는지를 보게 되었다. 나는 이후 두 시간 동안 울었다. 한편으로는 내가 은퇴 자금을 드리지 못해서 울었지만, 대부분의 눈물은 내가 저지른 죄들에 대한 정직한 통곡이었다.

두 시간이 흐른 뒤, 결국 하나님께서 마음을 바꾸실 의사가 없음을 알고 나는 말했다.

"하나님, 좋습니다. 하지만 이건 그냥 저만의 은퇴자금이 아니에요. 아내에게도 속한 겁니다. 아내에게 전화해서 동의를 구해야겠어요."
(오늘날까지 아내와 나는 서로 먼저 기도하고 상의하지 않고는 어떤 이체, 구매도 또한 500 달러 이상의 헌금도 하지 않는다.) 사실 안심이 되었다. 아내가 컨퍼런스에 참석을

안 했으며 이것은 광고 전화와 같을 것이었기 때문이다. 아내는 충격을 받고 결코 허락하지 않을 것이었다. 그러면 곤경에서 벗어날 수 있는 것이다!

그래서 패서디나(Pasadena)에 있는 아내에게 전화를 했다. 주님께서 말씀하신 이야기를 전했더니, 아내는 몇 분 동안 기도를 하겠다고 했다. 그리고는 이렇게 말했다. "주님께서 주신 말씀이 맞네요. 그렇게 해요!" 나는 그 순간 아내가 어찌나 미웠는지 모른다. 나는 토론토에서 부흥을 체험하고 있었고, 아내는 5,000km나 떨어져 있었다. 내가 거기에 동의하기까지는 두 시간과 폭포수 같은 눈물이 소요되었는데, 아내는 2분도 안 되는 기도를 하고 동의한 것이다! 하지만 분명 이것은 아내의 문제가 아니라 나의 문제였다.

당시 알지 못했지만 하나님께서는 우리의 마음을 시험하고 계셨다. 왜냐하면 이후에 우리가 섬길 다양한 사역 가운데 수백만 달러를 다루게 하실 것이었기 때문이다. 이것은 하나님의 왕국을 통치하기 위한 또 다른 훈련의 기회였다.

● 정리해 보자

맘몬은 우리에게 하나님이 아닌 부를 신뢰함으로써 독립적으로 살도록 조장하는 악한 권세다. 돈은 하나님께 바쳐질 수도 있고 맘몬의 지배를 받을 수도 있는 단순한 도구다. 물질적 부와 소유의 축적을 향한 갈망으로 표출되는 물질주의는 전 세계적으로 맘몬이 나타나는 주된 방식이다.

● 스스로 물어보자

여러분은 어떤 방식으로 물질주의의 영향을 받았는가? 어떤 사람이 더 물질주의에 잘 속을 것 같은가? 부유한 사람인가, 가난 가운데 있는 사람인가? 왜 그런가?

맘몬의 요새가 전적으로 무력화된다면, 여러분이 살고 있는 도시의 생활은 어떻게 달라질까?

● 그렇게 살자!

맘몬의 행동양식의 특징들을 보라. 어떤 특징이 여러분의 행동과 태도에 반영되어 있는가? 이러한 영향들은 어떻게 여러분의 삶의 문턱을 넘게 되었는가? 시간을 떼어 기도하고, 여러분이 잊어버렸을지 모를 기억을 하나님께서 보여 주시는지 기다리라. 계시 받은 것들을 기록하라. 마음 가운데 있을지 모를 요새들의 뿌리가 무엇인지 밝혀 내는 데에 도움이 될 것이다.

## 맘몬의 다양한 면모

"그러나 네가 마음에 이르기를 내 능력과
내 손의 힘으로 내가 이 재물을 얻었다 말할 것이라."
(신 8:17)

우리는 맘몬의 영이 취하는 가장 흔한 형태인 물질주의에 대해 다뤘다. 하지만 맘몬은 우리를 속이기 위해 또 다른 모습들로 변장하고 나타난다. 몇 년 전 최고의 록 뮤지션을 다룬 프로그램을 보던 기억이 난다. 그는 라스베이거스의 한 진귀한 골동품 가게에서 자신의 집에 둘 물건들을 고르고 있었다. 뒤따르는 점장과 함께 전시층을 거닐며, 이것저것을 가리키고 이렇게 말했다.

"저거 살게요."

그는 수십만 달러는 나갈 정교한 미술 작품들과 가구들을, 마치 우리가 마트에서 장보듯이 카트에 담고 있었다. 재빠르게 몇 가지를 더 골랐는데, 어떤 것도 본인에게 그다지 흥미나 가치가 없어 보였다. 그는 단순히 수집을 하고 있었던 것이다. 이는 탐욕의 영을 보여주는 완벽한 장면이다.

**맘몬의 친구들**

탐욕의 영은 재정적 혹은 경제적 폭식과 같다. 실제 필요나 활용도와 상관 없이 더 많은 것을 소유하고 싶은 압도적인 욕망을 낳는 것이다. 탐욕적인 사람은 필요보다 더 많이 소비하고, 그럼에도 결코 만족을 얻지 못한다. 충분히 가질 수 없는 것이다. 이것이 "떨어뜨릴 때까지 쇼핑하기(shop till you drop)" 신드롬이다.

전도서 5장 10절은 말씀한다.

"돈을 사랑하는 자는 돈으로 만족하지 못하고 풍요를 사랑하는 자는 소득으로 만족하지 아니하나니, 이것도 헛되도다."

그 록스타는 포화점을 보지 못한 채 그저 더 갖고 싶어하는 것이었다. 그것이 탐욕의 영이다.

맘몬이 나타나는 또 다른 형태는 탐하는 영이다. 탐하는 마음은 항상 다른 사람에게 질투의 시선을 돌리게 한다. 다른 누군가에게 속한 물건을 갖고 싶은 강한 욕망인 것이다. 탐하는 사람은 늘 스스로를 다른 사람과 비교하여, 자신에게 무엇이 부족한지 혹은 다른 사람이 자신보다 "무엇하나"를 더 가졌는지 살핀다. 얼만큼의 소유가 있든지 상관 없이, 늘 다른 사람에게서 자신에게 없는 무언가를 발견하는 것이다.

오늘날에는 신용카드의 편의 덕분에, 사람들은 그렇게 탐내는 욕망을 따라 살 수 있다. 신용카드는 우리가 탐욕적이고 물질주의적이며, 탐하도록 허락해 주며 우리를 가난의 종으로 만들 수 있다. 현금으로는 결코 사지 않을 것들을 사게 되는데, 현금으로는 돈이 있는 만큼만 살 것이기 때문이다. 하지만 신용카드는 우리 재정의 범위를 훨씬 넘어서도록 만들어 준다.

맘몬의 더 교묘한 형태는 교만 혹은 자립의 영이다. 이것은 노력에 근거하여 스스로의 부를 창출해 내고 있다고 생각하도록 속인다. 하나님께서 공급해 주시는 것을 바라보기보다, 상사나 직장, 투자나 사업, 다른 식구들 혹은 정부에까지 우리의 필요를 채워 주기를 의지한다.

신명기 8장 17-18절은 이렇게 말씀한다.

"그러나 네가 마음에 이르기를 내 능력과 내 손의 힘으로 내가 이 재물을 얻었다 말할 것이라. 네 하나님 여호와를 기억하라. 그가 네게 재물 얻을 능력을 주셨음이라. 이같이 하심은 네 조상들에게 맹세하신 언약을 오늘과 같이 이루려 하심이니라."

성경은 하나님께서 우리의 공급원이시며 다른 누구도, 어떤 것도 없다고 명시한다.

하나님께서는 몇 년 전에 내게 이에 대한 교훈을 주셨다. 우리 교회에는 아낌 없이 베푸는 수백만 달러의 재산을 가진 성도 분이 있었다. 눈 깜짝하지 않고 10만 달러씩 헌금을 하곤 했다. 한 번은 그가 내 아내에게 50만 달러 수표를 주며 건축 기금에 써 달라고 했다. 그리고는 가족들과 함께 우리 교회를 떠났다. 처음에 진심으로 걱정이 됐다. 마음속엔 이런 생각이 들어왔다.

'이 사람이 없이 교회 재정을 어떻게 꾸려가지? 우리 교회엔 이 정도로 십일조를 하는 사람이 전혀 없는데.'

하지만 주님께선 내 마음에 이렇게 말씀하셨다.

"이 사람이 추수 반석 교회의 공급자가 아니다. 내가 공급자다. 나를 바라보고, 다시는 다른 사람을 바라보지 말아라."

나는 회개하고 잠시 동안 이 사람을 우리 교회에 보내주셨던 것에 하나님께 감사했다. 그는 2008년 경기 침체가 시작되기 직전에 떠났다. 하지만 침체 기간 중에도 우리는 교회 재직자를 한 명도 해고하지 않았다.

오히려 그들에게 연봉도 인상해 주고 보너스도 줄 수 있었다. 하나님께서 우리의 공급원이 되셨기에, 고용도 추가로 할 수 있었다. 나 자신이나 다른 누가 아닌 주님을 신뢰할 때, 주님께서는 그리스도 예수 안에서 그분의 부요하심을 따라 우리의 모든 필요를 채워 주신다! (빌 4:19)

### 맘몬의 아주 다른 얼굴

지금까지 우리가 본 맘몬의 다양한 모습들은 무언가를 획득하고 부를 축적함으로써, 사람들에게 영향을 끼치는 측면이었다. 절약의 영은 그와 아주 다르게 보인다. 이 영에 속고 있는 사람들은 돈을 벌고 모으는 일을 아주 잘하지만, 그 돈을 소비하거나 쓰는 일을 전혀 못 한다. 절약은 돈을 베풀거나 소비하지 못하는 것이며, 인색하고 사재기하는 모습 등으로 나타난다. 이런 사람들은 부를 소유하고 있을 수도 있지만, 내보내지를 못한다. 외관상으로는 실상 가난하게 보일 수도 있다. 흔히 이런 사람들은 수천 달러를 베개 밑에 깔아두고 죽는다고들 한다.

인색한 사람은 보통 비참하고 두려움이 많다. 야고보서 5장 3절은 이렇게 말씀한다.

"너희 금과 은은 녹이 슬었으니, 이 녹이 너희에게 증거가 되며 불 같이 너희 살을 먹으리라. 너희가 말세에 재물을 쌓았도다."

전도서 5장 13절에는 이런 말씀도 있다.

"내가 해 아래에서 큰 폐단 되는 일이 있는 것을 보았나니, 곧 소유주가 재물을 자기에게 해가 되도록 소유하는 것이라."

절약의 영의 가장 유명한 예는 찰스 디킨스의 고전 〈크리스마스 캐롤〉에 나오는 인물 에벤에젤 스크루지다. 스크루지는 매우 부자였지만, 10원짜리 한 장도 아낄 정도로 매우 비참한 사람이었다. 그는 검소한 삶을 살며 모든 지출에 대해 불평을 한다. 자신의 번영을 누리지 못하는 그의 무능은, 직원인 밥 크래치트가 가난에도 불구하고 모든 것을 즐기는 모습과 대조된다.

예수께서는 절약의 영과 아낌의 위험에 대해 다음의 비유로 경고하셨다. "한 부자가 그 밭에 소출이 풍성하매 심중에 생각하여 이르되, 내가 곡식 쌓아 둘 곳이 없으니 어찌할까 하고 또 이르되 내가 이렇게 하리라. 내 곳간을 헐고 더 크게 짓고 내 모든 곡식과 물건을 거기 쌓아 두리라. 또 내가 내 영혼에게 이르되, 영혼아 여러 해 쓸 물건을 많이 쌓아 두었으니 평안히 쉬고 먹고 마시고 즐거워하자 하리라 하되. 하나님은 이르시되, 어리석은 자여 오늘 밤에 네 영혼을 도로 찾으리니 그러면 네 준비한 것이 누구의 것이 되겠느냐 하셨으니. 자기를 위하여 재물을 쌓아 두고 하나님께 대하여 부요하지 못한 자가 이와 같으니라." (눅 12:16-21)

나는 광적으로 쿠폰에 집착하는 TV의 리얼리티 쇼를 보고 이 비유가 떠올랐다. 이러한 사람들에게 교환의 매개는 돈이 아니라, 쿠폰 여러 개를 합침으로 수백 달러를 아껴 얻은 식료품과 청소용품이었다. 심지어 이들은 쿠폰으로 얻은 모든 상품들을 보관할 창고나 방을 집 안에 마련해 두고 있었다. 대부분의 경우 앞으로 10년 이상 사용할 수 있을 정도의 물품들을 저장해 두었다. 그 모든 것들은 계속 쿠폰 교환을 하고, 저장을 위한 추가적 공간을 마련하기 위한 것들이었다.

### 번영의 복음

사탄은 우리에게 뻔뻔한 거짓말을 하여 속이는 경우가 거의 없다. 오히려 1파운드의 진리에 1온스의 오류를 숨겨 기만한다. 하나님께서는 우리를 번영시켜 주고자 하시며, 그분의 말씀에는 풍성한 복을 주시겠다는 약속이 가득하다. 하지만 이 진리의 변형 중 하나가 어떤 이들을 잘못된 길로 빠지게 한, 흔히들 "번영의 복음"이라고 하는 것이다.

하나님께서 우리를 번영시키고자 하는 뜻을 갖고 계시다는 진리를 주장하면서, 그들은 부의 참된 목적에 대한 개념을 상실했다. 이들은 하나님의 번영에 대한 약속을 이렇게 말한다. 사치스러운 생활방식이 자신들이 요구하면 하나님께서 호의를 베풀어 주는 증거라고 말이다. 이들은 하나님을 섬긴다고 자칭하지만, 실은 하나님께서 자신들을 섬겨 주시기를 원한다. 섬기는 것은 항상 돌아올 것이라는 기대 때문이다. 어려운 이들을 돕는 것은, 스스로 복을 계속 받기 위함이다. 번영의 약속들을 옳게 적용했다면, 하나님께서는 복을 가져다 주실 것이다. 이들은 하나님과의 관계를 하나의 공식으로 전락시켰다.

하나님께서는 우리의 필요를 채우기를 원하시고, 우리를 풍성하게 하사 우리가 다른 이들을 축복하게 되기를 바라신다. 하지만 주님께서 우리를 번영케 하시는 주된 목적은, 우리가 사치스러운 생활을 하는 것이 아니라 그분의 왕국을 확장하는 것이다.

그리스도께서는 이 땅에 모아둔 물질적 소유가 아니라 하늘에 쌓은 보물에 관심을 두라고 반복적으로 말씀하셨다. 죽을 때는 이 땅에서 아무것도 못 가져가기에, 하늘에 쌓은 보물이라는 것은 물질이 아닌 사람임에 분명하다. 이곳에서 번영을 누리는 주요 목적은 사람들을 하나님의 왕국으로 데려가는 것이지, 부유하고 유명한 삶을 추구하기 위함이 아니다.

### 돈의 궁극적 목적

하나님께서는 돈을 다루는 방법에 대해 엄청나게 강조하신다. 성경에서

2,000개가 넘는 구절들이 번영이나 부를 다루고 있고, 예수께서 주신 38개의 비유 가운데 16개가 돈에 초점이 맞춰져 있다.

예수께서는 돈에 대한 우리의 태도와 자세가 왜 그렇게 중요한지를 말씀하신다.

"네 보물 있는 그 곳에는 네 마음도 있느니라." (마 6:21, 눅 12:34)

여기서 반복되는 주제가 무엇인지 알 수 있겠는가? 모든 것은 마음에 달려 있는 것이다. 왜 그럴까?

하나님의 최우선 의도는 우리 안에 예수와 같은 성품을 창조하시는 것이다. 우리가 만들고 매일 꾸려가는 모든 것들이 여기에 연관이 되며, 주님께서는 우리 안에 이것을 이루시기까지 멈추지 않으실 것이다. 우리는 스스로의 노력으로 예수를 닮아갈 수 없다. 주님께서 은혜로 우리 안에 역사하실 것이다. 그러면 우리는 무엇을 해야 하는가? 생명을 선택해야 하며, 우리 안에 그분의 은혜로 역사하실 때 "네"라고 해야 한다. 우리 스스로를 주님의 계획과 목적에 맞춰야 한다.

에덴 동산 이래로 우리는 주님을 믿고 의지하든지, 자립하든지 둘 가운데 선택해 왔다. 재정을 가지고 무슨 일을 하는가는 우리의 선택을 명확히 보여 준다. 맘몬의 영은 우리에게 하나님을 믿지 말고 우리 자신과 부를 믿으라고 부추긴다. 문제는, 우리가 하나님을 공급자로 두는 관계 가운데 지어졌기 때문에, 자립을 해서는 아무것도 되지 않는다는 것이다. 애초에 하나님과 신뢰의 관계 가운데 살고 있었고, 그분께서 매일매일 우리의 필요를 채워 주셨다. 우리에겐 여유분을 저장할 필요가 없었다.

우리가 스스로 길을 찾아가고자 할 때 처음으로 한계를 마주했다. 불충분한 자원을 가지고 버둥거리면서 약점과 두려움을 느꼈다. 타락한 세상의 실재라는 것은 가졌느냐, 가지지 못 했느냐로 나뉘었다. 우리는 가난과 결핍의 저주에 맞서는 비축물로, 스스로를 돌보기 위해 부와 소유물을 쌓아 올리는 데에 초점을 두고 시간과 에너지를 거의 다 쏟고 있다. 우리를 향한 하나님의 뜻은 변하지 않았다. 예수 그리스도의 구속을 통하여, 주님께서는 우리가 잃어버린 모든 것-번영을 포함하여-을 회복시켜 주려 하셨다.

주님께서는 우리가 그분처럼 번영을 이해하고 사용하기를 원하신다. 다른 이들을 축복하는 도구로 말이다. 안정감을 느끼고 스스로의 정체성을 높이기 위해 부를 축적할 때, 우리는 부를 경배하는 것이다. 왜냐하면 오직 하나님께서만 주실 수 있는 것을 부가 채워 주기를 바라보게 되기 때문이다.

맘몬이 지속적으로 우리를 유혹하여 자립하게 만들려는 것을 아버지 하나님께서는 아신다. 주님께서는 부에 대해 어떻게 권세와 지배권을 취할 것인지에 대해 안내해 주시고 인도해 주신다. 주님의 권고를 따라 그분의 통치 훈련을 받아들일 것인가 아니면 맘몬에게 속을 것인가는 우리의 선택이며, 맘몬은 우리를 꾀고자 여러 방식으로 다가와 속박할 것이다. 예수께서는 우리가 두 가지 중 하나만 선택할 수 있다고 명백하게 말씀하셨다.

"한 사람이 두 주인을 섬기지 못할 것이니, 혹 이를 미워하고 저를 사랑하거나 혹 이를 중히 여기고 저를 경히 여김이라. 너희가 하나님과 재물을 겸하여 섬기지 못하느니라." (마6:24)

● **정리해 보자**

물질주의는 맘몬이 자신을 드러내는 주된 모양이다. 다른 형태로는 탐욕의 영이나, 탐하는 마음, 교만, 자립 등이 있겠다. 이 모든 것들은 부를 축적하고 소유를 모으게 한다. 절약의 영은 돈을 모아두고 내주지를 못하게 하는 반면, 번영의 복음은 우리를 축복하시려는 하나님의 약속을 잘못 적용하는 것이다. 돈에 대한 태도와 자세는 우리가 마음으로 진정 어떤 것을 귀히 여기는지를 보여 준다.

● **스스로 물어보자**

스스로 탐욕의 영이나 탐하는 마음, 자립, 교만 혹은 절약에 영향을 받는 경향이 있다고 생각하는가? 이러한 경향들이 여러분의 태도와 자세에 어떻게 나타나는가?

재정에 대해서 무엇을 할 때 안정감을 가장 느끼는가? 하나님보다 그것을 더욱 공급자로 느끼는가? 왜 그런가?

지난달 여러분의 청구서나 명세서를 살펴보라. 지출 내역이 여러분의 보물이 어디 있는지 말해 주는가?

● **그렇게 살자!**

여러분 인생 가운데 현재의 재정적 상황에 대해 생각해 보라. 이 상황을 하나님의 왕국에서의 통치 훈련 기회로 삼으라. 이러한 관점의 변화가 여러분이 상황 가운데 결정을 내리는 데에 어떤 영향을 미치겠는가?

## 번영을 앗아가는 자들을 무장해제시키라

"우리의 싸우는 무기는 육신에 속한 것이 아니요,
오직 어떤 견고한 진도 무너뜨리는 하나님의 능력이라
모든 이론을 무너뜨리며 하나님 아는 것을
대적하여 높아진 것을 다 무너뜨리고,
모든 생각을 사로잡아 그리스도에게 복종하게 하니."
(고후 10:4-5)

하나님께서 우리를 번영시키고자 하신다는 것을 알았지만, 대부분의 사람들은 하나님에 대한 왜곡된 이미지를 가지고 있어 그분의 축복을 믿고 받아들이는 데에 어려움을 느낀다. 가난과 맘몬은 둘 다 하나님께서 회복시켜 주신 권세와 지배권을 훔쳐가기 위해 우리 마음 가운데 요새를 세우는 악한 영들이다.

이 영들은 우리가 재물 얻을 능력 안에서 자립함으로써 주님을 대체하여, 하나님의 형상대로 지어진 우리의 정체성을 죽이고 아버지 하나님께 대한 우리의 믿음을 멸한다.

또한 우리의 고아적인 마음가짐과 마음의 상처들, 그리고 수년간 가족과 사회, 미디어의 영향들로 쌓인 문화적 잔재들 때문에 이미 마음에 존재하는 요새들도 강화시킨다.

이렇게 번영을 훔쳐가는 자들의 통제권을 해제시키려면, 이러한 요새들의 정신적, 감정적, 영적 뿌리들을 식별함으로 우리의 취약점을 이해해야 한다.

쓰레기가 있는 곳엔 항상 쥐새끼들이 있음을 안다. 마찬가지로 마음 가운데 정신적, 감정적 쓰레기가 있는 곳에는 속임수로 우리를 압박하려는 악한 영들이 있게 마련이다.

이러한 요새들을 부수기 위해, 우리는 쓰레기들을 배출하고 쥐들을 근절해야 한다. 둘 다 필요한 것이다. 쓰레기만 치운다면 쥐들이 남아 여전히 해를 가할 수 있기 때문이다. 또 쥐들만 박멸한다면, 남아 있는 쓰레기가 더 많은 쥐들을 꼬이게 할 것이기 때문이다. 즉 두 가지 내적 치유의 과정을 가져야 한다는 뜻이다. 마음속으로부터 정신적, 감정적 쓰레기들을 처리하고, 악한 영들의 세력을 깨뜨려 영적 해방을 맞아야 한다. 내적 치유와 영적 해방 모두 요새들을 효과적으로 쳐부수는 데에 필요한 것들이다.

너무나 많은 사람들이 내적 치유나 영적 해방 중 한 가지에만 초점을 맞추고, 요새가 무너지길 기대한다. 일순간 상황이 나아질 수는 있겠지만, 동일한 태도와 자세의 왜곡을 가지고 다시 씨름하게 될 것이며 이전보다 더 낙심하고 패배감을 갖게 될 것이다.

내가 지금껏 다른 이들을 도우며 맘몬의 요새와 가난의 저주를 깨뜨리는 데에 유용하다고 느꼈던 일반 원칙들을 한 세트로 정리해 봤다. 내적 치유와 영적 해방에 대해서는 자세히 다룬 탁월한 자료들이 많다. 또한 그 둘을 각기 다루는 사역체들도 있으니, 경륜이 있는 이들로부터 부수적인 도움을 받아 이 과정을 통과하는 것이 도움이 될 것이다. (독자들에게 도움이 될 만한 내적 치유, 영적 해방 관련 서적과 사역체들의 목록을 부록에 첨부했다.)

### 믿고, 버리고 받으라

해방은 악한 억압의 요새를 무너뜨리는 과정으로, 세 가지 주된 활동으로 구성된다. 여기엔 내적 치유와 공통되는 일면들도 있다. 그러나 해방의 문제는 우리 마음에 대한 영적 영향력을 다루는 반면, 내적 치유는 우리의 왜곡된 생각과 감정들을 다룬다. 우리는 스스로 무엇을 믿는지를 정직하게 들여다보고 우리의 생각들이 아버지 하나님의 말씀의 진리와 같은 줄에 서도록 해야 한다. 우리를 억압하는 악한 영들을 끊어버리고, 마음 가운데 쌓아온 정신적, 감정적 쓰레기들을 버려야 한다. 그리고 하나님의 영과 그분의 치유를 받아야 한다.

**믿으라**: 우리 자신을 정직하게 바라보는 것은 중요하다. 특별히 부에 대한 태도와 자세가 그렇다. 우리는 진정 무엇을 믿는가? 누구, 혹은 무엇을 신뢰하는가? 하나님의 공급에 의지하고 있는가, 아니면 저 가슴 밑바닥에선 은행 통장으로 안정감을 찾고 있는가? 재정적인 책임을 갖고 있는가, 아니면 돈이 "그저 우리의 손가락을 타고 흘러가는가?" 가진 것에 대해 자족하는가, 아니면 항상 무언가를 더 원하는가?

번영에 대한 태도와 자세를 식별해 내기 위해, 앞에서 했던 번영 지수 자기 진단의 결과를 돌아보는 것도 좋겠다. 청빈 PQ를 받았거나 낙심 PQ를 받은 사람은 가난의 영에 영향을 받을 가능성이 더 높다. 한편 감성적 소비자, 번영 의존적, 구두쇠 PQ를 받은 사람들은 맘몬의 요새에 흔들릴 가능성이 더 많다.

동기는 특별히 중요하다. 일반적으로 하나님의 약속들을 개인적 번영을 획득하기 위한 수단으로 보는가, 아니면 예수를 닮아 베푸는 자로 변화되기를 원하는가? 스스로의 이익을 앞당기는 데에 관심이 있는가,

아니면 진정 왕국 중심적인 사람인가? 우리는 우리 마음의 상태가 전부이며, 하나님께서는 우리 마음을 그 무엇보다 중히 여기신다는 것을 기억해야 한다. 이 자기 성찰의 과정에서 하나님께 도움을 요청할 수 있다. 시편 26편 2절은 말씀한다. "여호와여 나를 살피시고 시험하사 내 뜻과 내 양심을 단련하소서." 주님께서는 그분의 지혜를 우리에게 나눠주고자 뜻하신다. "너희 중에 누구든지 지혜가 부족하거든 모든 사람에게 후히 주시고 꾸짖지 아니하시는 하나님께 구하라. 그리하면 주시리라."(약1:5)

우리의 생각을 아버지 하나님의 말씀에 맞춰야 한다. 씨 뿌리는 자의 비유에서 배울 수 있는 중요한 교훈은 들을 귀를 갖는 것이다. 하나님의 말씀을 듣고자, 이해하고자 하는 것이다. 번영에 대한 하나님의 약속들을 묵상하고 성령께서 우리에게 계시해 주시는 바에 대해 동의하기로 결정해야 한다. 이러한 과정 가운데 시간을 보낼수록, 성령의 거룩한 씨앗이 우리 안에서 더욱 자랄 것이며 거짓과 속임은 떨어지고 하나님의 진리에 대한 신뢰는 커져갈 것이다.

버리라: 거룩하지 않음이 분명한, 번영에 대한 태도와 자세들을 버려야 한다. 우리가 어떻게 그런 것들을 익히게 되었는지는 중요하지 않다. 거기서 등을 돌려, 하나님께 우리 마음과 생각을 투명하게 해주시기를 구하고 주님의 말씀을 꼭 붙들기로 선택해야 한다. 이것은 스스로의 힘으로 하는 것이 아니라, 그것을 이루실 주님의 은혜를 받으려는 마음으로 하나님께 나아가야 한다.

이 과정에서 중요한 부분은, 우리가 갖고 있을지 모를 쓴 뿌리와 판단들을 내어주는 것이다. 그것은 우리가 성장해 온 재정적 상황들에 대해 부모를 용서함으로써 가능하다. 또한 우리에게 재정적 상처를 줬을지 모를 이들을 용서해야 한다. 예컨대 나를 승진시키지 않은 상사, 혹은 돈 문제로 나를 속인 사람 말이다. 용서하지 못함은 우리가 진정 버려야 할, 강력한 자기 오염의 형태다. 용서는 감정에 달린 것이 아니라 의지적 행위임을 기억해야 한다. 아버지 하나님의 사랑으로 말미암아, 그분을 닮고자 하는 갈망으로 용서를 선택하는 것이다. 어쩌면 그 당장에 당사자에 대한 감정의 변화가 나타나지 않을 수도 있지만, 계속해서 용서 가운데 행하면 감정은 변화될 것이다.

일단 왜곡된 태도, 자세, 용서하지 못하는 마음들을 식별해 끊어 버리고, 우리 마음을 하나님의 말씀에 맞춘 뒤에는 거기에 쌓여 있던 정신적, 감정적 쓰레기들을 치워버려야 한다. 더 이상 먹을거리가 없어지면, 물질주의, 욕심, 탐하는 마음, 절약, 교만과 가난의 영들이 행사하던 통제권은 부서지고 끊어질 것이다. 때로 이 영들은 세대를 거슬러 올라가는 뿌리를 두고 있는데, 그것들 또한 버려야 한다. 많은 이들은 이 과정에서 다른 이에게 도움 받는 것을 좋아하지만, 아래 기도를 혼자 해보는 것도 좋을 것이다.

하늘에 계신 아버지, 모든 은도 주님 것이고 금도 주님 것입니다. 제 마음도 주님의 것입니다. 주님께 제 마음과 제 가진 모든 것, 저의 모든 존재를 드립니다. 제 삶의 주인이신 예수님, 저는 주님의 은혜로 주님을 따르고 주님을 순종할 것입니다. 예수의 이름으로, 제 삶 가운데 모든 맘몬의 요새와 가난의 영을 회개하고 끊습니다. 예수님, 주님을 저의 구세주로 모십니다. 주님의 영광을 위하여 제 마음을 정결케 지켜 주십시오. 예수님 이름으로 기도합니다. 아멘.

받으라: 마음에서 정신적, 감정적 쓰레기들을 비우고 악한 요새들을 없앴다면, 그곳을 하나님의 성령의 임재로 채우는 것이 중요하다. 예수께서는 사탄의 영들이 우리에게 영향을 끼치기 위해 돌아오기를 애쓴다고 경고하셨다.

"더러운 귀신이 사람에게서 나갔을 때에 물 없는 곳으로 다니며 쉬기를 구하되 쉴 곳을 얻지 못하고 이에 이르되 내가 나온 내 집으로 돌아가리라 하고 와 보니 그 집이 비고 청소되고 수리되었거늘 이에 가서 저보다 더 악한 귀신 일곱을 데리고 들어가서 거하니 그 사람의 나중 형편이 전보다 더욱 심하게 되느니라."(마 12:32-45上)

성령의 충만함을 받아 마음을 지켜야 한다. 하나님의 성령으로 한 번 충만해지는 것은 충분치 못하다. 매일 새롭게 채워 주시기를 하나님께 구하라. 지금껏 성령의 충만을 받은 적이 없다면, 지금 구할 수 있다. 기도에 정답은 없으니, 그저 하나님께 성령으로 채워 주시기를 갈망한다고 말씀 드리면 채워 주실 것이다. 아니면 아래의 기도를 활용해도 좋겠다.

사랑의 아버지 하나님, 제가 반역을 하고 홀로 제 길을 떠났음을 주님 앞에 인정합니다. 그러나 저의 반역을 회개하고 예수 그리스도 안에서 주신 구원의 선물을 받았습니다. 이제 저의 길을 포기합니다. 평생 사는 동안 주님을 따르기를 원합니다. 아버지 하나님께 모든 것을 내려 놓습니다. 제게 성령을 선물로 주시기를 기뻐하심을 믿습니다. 지금 저를 주님의 성령으로 채워 주십시오. 주님의 일을 할 수 있도록 성령의 능력을 허락해 주십시오. 아버지 하나님, 주님의 사랑과 성령의 선물을 주심을 감사 드립니다. 아멘.

주님의 말씀 가운데 시간을 보냄으로써, 여러분의 마음 밭이 갈아질 때까지 이것을 매일 연습하라. 그렇게 할 때 주님의 진리와 약속들에 더욱 마음이 열리고 수용적이 되어가는 것을 볼 것이다. 비유에 나타난 씨 뿌리는 사람처럼, 좋은 땅에 씨를 뿌리게 될 것이요 여러분의 마음이 하나님의 약속에 대한 믿음과 신뢰라는 풍성한 추수를 거두게 될 것을 기대할 수 있다. 내적 치유와 영적 해방의 과정에 충분한 시간을 가지면서, 그것이 아버지 하나님께로부터 다른 모든 것을 받는 데에 기초가 됨을 기억하라.

19세기 남아프리카 공화국의 위대한 작가이자 목사였던 앤드루 머레이(Andrew Murray)는 마음 밭을 아름답게 일구는 과정을, 자신의 책 〈주님의 상The Lord's Table〉 서문에서 이렇게 묘사했다.

'영적이고 거룩한 진리는 단번에 우리의 소유가 되지 않는다. 읽는 것이 이해가 된다 할지라도, 마음으로 거기에 동의한다 할지라도, 그것을 받아들여도, 빠르게 바래지거나 잊혀질 수 있다. 시간을 들여 개인적으로 묵상하여, 그것이 내 안에 고정되고 뿌리를 내리게 하며 나와 연합을 이뤄 나 자신이 되도록 만들어야만 한다. 성경 본문 하나를 읽을 때, 주님 앞에 침묵하며 스스로를 내어드려라. 그분의 말씀으로 하여금 우리 영혼 속에 살아 능력을 발현하도록 만드시기까지 가만히 기다리라. 그러면 주 예수께서 "내가 너희에게 이른 말은 영이요 생명이라"고 하신 말씀을 이해할 수 있을 것이다.'

이제 이번 장 맺으려 한다. 이렇게 요새들을 파하는 과정을 지날 때, 마음 가운데 발견되는 것들을 인해 결코 스스로를 정죄하지 말라. 아버지 하나님께서는 여러분을 판단하시는 게 아니라, 창조하신 목적 그대로 되지 못하도록 방해하는 모든 것들로부터 자유롭게 해주시기를 갈망하시는 것이다. 요새들을 끊어버리고 거기서 자유로워지는 과정은 여러분이 겪어야 할 하나님 왕국에서의 통치 훈련의 일부다. 여러분은 주님의 사랑하는 자녀이고, 여러분에게 회복된 완전한 지배권과 권세를 가질 수 있도록 거듭났다. 모든 면에서 예수를 닮도록 운명 지어진 것이다.

● 정리해 보자
내적 치유와 영적 해방은 둘 다 요새들을 효과적으로 파하는 데에 필요하다. 둘 중 한 과정만 다룬다면, 일시적으로는 나아지는 모습이 나타날 수 있지만 곧 동일한 태도와 자세의 왜곡 문제로 씨름하게 된다. 해방에는 하나님을 믿고 영적 요새들의 거짓말과 속임을 끊어버리며, 하나님의 성령과 마음의 치유를 받아들이는 과정이 수반된다.

● 스스로 물어보자
현재 번영과 부에 관련된 어떠한 요새가 마음에 존재하는가?
　그 요새들을 무너뜨리면 여러분의 인생은 재정적인 측면에서 어떻게 달라지겠는가?
　재정적 요새들로부터 자유로워질 때, 하나님의 왕국을 확장하기 위한 무장이 어떤 면에서 추가로 될 것인가?

● 그렇게 살자!
본문에 인용된 앤드루 머레이의 말을 다시 읽어 보라. 그가 약술한 묵상 방법을 사용해 마태복음 6장 24-34절을 묵상하는 데에 시간을 들여보라. 이 말씀이 내면에 고정되어 뿌리 내리게 하라. 그러면서 하나님께서 계시해 주시는 생각들을 기록하라.

5장

# 번영의 보편적 법칙

**번영은** 주고 받음에 대한 기본적이고 보편적 법칙에 따라 작용하는데, 이것을 뿌림과 거둠이라고 한다. 뿌림과 거둠의 법칙은 성별, 인종, 국적 혹은 수입에 무관하게 사용하는 모든 이들에게 유효하다. 아무 농부나 잡고 물어보라. 이번 부분에서는 이러한 보편적 법칙들에 중점을 둘 것인데, 농업의 자연적 예와 성경의 언급들을 함께 볼 것이다.

섬김에 대한 많은 책들이 이 법칙들을 가지고 시작하지만, 아래와 같은 근본적 원리들을 이해하지 못한다면 번영의 보편 법칙은 삶에 최소한의 효력밖에 발휘하지 못한다.

- 아버지 하나님의 마음
- 우리의 고아적인 마음 상태
- 우리 생각과 마음의 연관성
- 가난의 영과 맘몬의 요새의 억압

우리 삶 가운데 마주하는 가장 큰 도전이 재정을 어떻게 다루는 것인지 하나님께서는 아신다. 왜냐하면 그를 통해 우리가 무엇-하나님 아니면 부-을 신뢰하는지가 드러나기 때문이다. 하나님께서는 우리가 필요로 하는 모든 것을 지속적으로 공급해 주기를 원하신다. 주님의 공급으로 나아가는 방법은 예수를 신뢰하고, 그분처럼 섬기는 자가 되어 풍성히 뿌리는 것이다. 이렇게 뿌리지 않으면 결코 거두지 못할 것이다.

하지만 하나님께서는 그분께서 우리를 번영시켜 주시기를 원하는 것보다 우리가 훨씬 깊이 나아가기를 갈망하신다. 주님의 사랑 앞에 굴복할 때, 우리에게 은혜를 주시는데 그것은 우리의 마음을 예수처럼 섬기는 자로 만들 수 있는 동기요 내적인 능력이 된다. 하나님께서는 우리가 예수처럼 섬기는 마음을 품도록, 주님의 섬김을 품도록 초청하신다. 다른 이들을 축복하고 주님의 왕국을 확장하는 우리가 되도록.

## 농부에게 물어보라

"땅이 있을 동안에는 심음과 거둠과 추위와 더위와
여름과 겨울과 낮과 밤이 쉬지 아니하리라."
(창 8:22)

혹시 팜빌(Farmville)에 대해 들어봤는가? 페이스북(Facebook) 사용자라면 들어봤을지 모르겠다. 팜빌은 페이스북 사용자들이 가상의 곡물과 수목, 가축들을 심고 기르고 거둠으로써 가상 농장을 운영할 수 있게 해주는 실시간 농장 시뮬레이션 게임이다. 페이스북 상에서 오늘날 가장 인기 있는 게임 중 하나로, 적극적인 유저(user)가 7,500만 명을 상회한다.

가상 농부든 실제 농부든 아니면 농장에 발도 붙여 본 적이 없든 간에, 우리 모두는 삶 가운데 뿌림과 거둠의 법칙의 지배를 받는다. 이 원칙들이 우리의 번영에 어떻게 적용되는지를 보기 전에, 농업의 관점에서 한 번 바라보자. 먼저 면책 조항을 하나 만들어야겠다. 나는 농사에 경험이 없는 사람이다. (내가 길러본 것이라고는 마리화나뿐이다. 물론 예수께 삶을 드리기 전에 말이다.) 식물 재배에 재능이 있는 사람이 아니기 때문에, 결코 내가 정원 가꾸는 모습을 볼 일은 없을 것이다. 하지만 내가 나누고자 하는 원칙들은 너무나 간단하고 기본적이라, 농업 학위가 없어도 하나님께서 말씀 가운데 가르치시는 바가 이해가 된다.

### 땅의 지형

예수께서는 제자들에게 말씀하실 때 농사와 관련된 표현을 빈번히 사용하셨다. 사실 예수의 비유 중에는 농업적인 것이 9가지나 있다. 주님께서는 농업 분야를 이해하셨는데, 주변이 그것으로 가득했기 때문이다. 갈릴리에서 농업은 주요 산업이었다. 어디를 가시든지 무화과, 포도, 올리브 등 다양한 작물들을 재배하는 논과 밭이 있었다. 그러니 예수께서 강의 가운데 농사와 관련된 예를 드신 것은 당연한 일이다.

농부라면 누구나 농업에 관련된 보편적 법칙들이 있다는 사실을 알 것이다. 가장 우선되는 것은 뿌림과 거둠이 불변하다는 것이다. 그것을 피할 길은 없다. 농사를 짓는다면 그게 유일한 방법이다. 지혜로운 농부는 자신의 책임이 뿌리는 데에 있음을 깨닫는다. 하나님께서는 씨앗이 자라 추수가 되게 하실 것이지만, 농부가 먼저 뿌려야 그게 가능하다. 어딜 봐도 증대는 자연의 기본 원리임을 알았기에, 이를 확신할 수 있다. 모든 식물과 동물들은 생육하고 번성한다.

농업에서는 타이밍이 전부다. 씨앗을 심을 때나, 싹이 터서 자라기를 기다리는 때나 추수할 때나 할 것 없이 농업의 모든 과정에는 적합한 때와 시기가 있다. 농업에 실제적 휴양 기간은 없다. 하루 24시간, 일주일에 7일, 1년 52주를 멈출 수 없는 일이다. 겨울에조차 농부들은 장비들을 보수해 봄의 파종을 준비한다.

농부는 항상 앞을 내다 본다. 매년이 새로운 해다. 지난해에 아무리 큰 풍년이나 흉년이 있었을지라도, 올해는 새로운 해이기 때문에 어떤 일이 생길까 고대한다. 농업은 힘든 일이지만, 농부는 포기하고 싶을 때에라도 계속 일을 해야 한다. 수고의 대가가 있을 것을 알기 때문이다. 어떤 도전에 직면하든지, 항상 그만두기에는 너무 이르다는 것을 안다.

한마디만 덧붙이자. 보편적 법칙은 모두에게 적용된다. 예컨대 중력의 법칙은 남자든 여자든, 나이가 많든 적든, 문화나 인종, 국적의 배경이 어떻든 상관 없이 유효하다. 중력은 모든 사람에게 똑같이 작용한다. 여자보다 남자에게 더 효력이 있는 것이 아니요 중국인보다 미국인에게 더 잘 나타나는 것이 아니다. 뿌림과 거둠의 법칙도 마찬가지다. 이 법칙을 사용하는 모든 농부들에게 동일한 효력을 갖는다.

### 뿌림과 거둠의 법칙

이 법칙이 농사와 어떻게 연관되는지 살펴보자.

땅을 일구는 데에 시간을 들이라! 세상에서 가장 좋은 씨앗을 가지고 있다 할지라도, 농부가 땅을 준비하는 데에 시간을 들이지 않으면 많이 거두지는 못할 것이다. 땅은 갈아 엎어 일궈져야 한다. 이것은 힘들고 땀이 소요되고 허리가 휠 만한 일이며, 즐겁게 받아들일 사람은 아무도 없겠지만 반드시 선행되어야 한다.

**보존의 법칙** 다르게 표현을 하자면 "씨앗을 먹지 말라!"고 하겠다. 농부라면 누구나 자신의 작물을 소비해선 안 됨을 안다. 다음해에 심을 씨앗을 비축해 둬야 하는 것이다. 거기에 미래가 달렸기 때문이다. 올해 거둔 작물 중 일부분을 떼어 다음해의 종자로 남겨두고 나서야 거둔 나머지를 소비할 수 있는 것이다. 이에 대해 분노해선 안 된다. 스스로 원해서 하는 것이고, 미래에 추수가 계속되게 만들려는 의미이기 때문이다.

상호 법칙  모든 농부들은 뿌린 대로 거둠을 안다. 옥수수를 심어놓고 밀을 거둘 것을 기대할 수는 없다. 콩 심은 데에 콩 난다는 것을 아는 것이다. 태초에 하나님께서 이렇게 이치를 세우신 것이다. 창세기 1장 11-12절에서 이렇게 말씀한다.

"하나님이 이르시되 땅은 풀과 씨 맺는 채소와 각기 종류대로 씨 가진 열매 맺는 나무를 내라 하시니, 그대로 되어 땅이 풀과 각기 종류대로 씨 맺는 채소와 각기 종류대로 씨 가진 열매 맺는 나무를 내니 하나님이 보시기에 좋았더라."

계절의 법칙  농부들은 뿌리고 거두는 데에 순서가 있음을 안다. 거두기 전에 씨앗을 먼저 심어야 한다. 그냥 밖에 나가서 밭을 쳐다보며 곡식이 열리기를 기다리는 사람을 어떻게 생각하겠는가? "무엇을 심으셨어요?"라고 물어본다면, "아무것도 안 심었어요"라고 할 것이다. 그러면 씨앗도 안 뿌려 놓고 어떻게 작물을 거둘 것이라고 생각하는지, 참으로 어리석다고 하지 않겠는가?

하나님께서는 뿌림과 거둠의 보편적 순서를 확립하셨다.

창세기 8장 22절은 이렇게 선포한다.

"땅이 있을 동안에는 심음과 거둠과 추위와 더위와 여름과 겨울과 낮과 밤이 쉬지 아니하리라."

전도서 3장 1-2절도 이와 같은 현실을 반향하고 있다.

"범사에 기한이 있고 천하 만사가 다 때가 있나니, 날 때가 있고 죽을 때가 있으며 심을 때가 있고 심은 것을 뽑을 때가 있으며."

기대의 법칙  농부는 추수를 기대한다. 자신이 심은 것이 열매를 맺을 것이라 믿는다. 왜냐하면 보편적인 뿌림과 거둠의 법칙을 믿기 때문이다. 한때의 날씨 사정 때문에 자신의 결정에 영향을 받진 않는다. 어려운 상황이나 곤경이 있다고 해도 심는 일을 안 하진 않는다. 심으면 거두게 될 것이라 기대하기 때문이다. 이것을 믿지 않는다면 일시적인 사건들에 휘둘릴 것이다. 전도서 11장 4절은 말씀한다.

"풍세를 살펴보는 자는 파종하지 못할 것이요, 구름만 바라보는 자는 거두지 못하리라." 날씨는 오락가락하고 상황들은 이리저리 변하지만, 뿌림과 거둠의 법칙은 보편적이고 부단한 것이다.

인내의 법칙   농부는 씨앗을 뿌린 후 기다리는 시간이 있음을 깨닫는다. 한동안 땅에는 아무런 변화가 나타나지 않을 것이다. 하지만 씨앗이 어떻게 지내고 있는지를 보기 위해 땅을 파볼 필요는 없다. 인내 있는 기다림의 원리를 그는 이해한다.

"땅이 열매를 맺되 처음에는 잎이요 다음에는 이삭이요 그 다음에는 이삭에 충실한 곡식이라."(막 4:28)

또한 작물이 완전히 익을 때까지 기다리는 것은, 불안해하며 조기에 거두려 한다면 최고의 수확을 거둘 수 없음을 아는 까닭이다.

비례의 법칙   농부라면 누구나 뿌린 것에 비례하여 거두게 될 것을 기대한다. 약 200만 평방미터의 농장을 가진 사람이 100만 평방미터에 옥수수를 심었다면, 200만 평방미터 땅 전부에서 옥수수를 거두기를 기대할 순 없다. 심겨진 씨앗에 대하여 제한을 한 만큼 수확 작물도 제한이 될 것이다. 성경은 이렇게 표현한다.

"이것이 곧 적게 심는 자는 적게 거두고 많이 심는 자는 많이 거둔다

하는 말이로다."(고후 9:6)

**증대의 법칙** 작물은 종자를 불린다. 옥수수 낟알 하나를 뿌리면 낟알 하나를 거두게 될 것이라고 기대하지 않는다. 옥수수 낟알 두 개를 뿌리면 옥수수 열매가 서너 개는 열리는 한 줄기가 자라길 기대한다. 열매 하나에는 대략 400개의 낟알이 달릴 테니, 한 줄기면 1,200~1,600개의 낟알을 거두는 것이다. 두 알을 심었는데 말이다. 뿌림과 거둠은 항상 이런 식이다. 우린 항상 뿌린 것보다 더 거둔다.

시편 126편 6절은 이렇게 말씀한다.

"울며 씨를 뿌리러 나가는 자는 반드시 기쁨으로 그 곡식 단을 가지고 돌아오리로다."

농부는 스스로 뿌린 것보다 많이 거둘 것을 안다. 다음해에 쓸 종자들을 떼어둔 뒤에는 수확의 나머지를 마음껏 누린다. 부지런히 일했으니 즐길 자격이 있는 것이다.

"누가 포도를 심고 그 열매를 먹지 않겠느냐 누가 양 떼를 기르고 그 양 떼의 젖을 먹지 않겠느냐."(고전 9:7下)

**최종 조건** 이 논의를 마치려면 성공적인 농사에 가장 중요한 두 가지 조건을 언급해야 할 것이다. 농부는 계속적으로 땅을 점검하여 씨앗에 필요한 모든 것이 공급되고 있는지를 봐야 한다. 적정량의 물, 좋은 비료를 확실히 줄 것이고 성장기 동안 계속해서 땅을 살필 것이다.

농부라면 누구나 추수기엔 콤바인을 자신의 밭에 둔다. 이웃의 밭에서 추수를 해선 안 되고, 자신의 밭에서만 거둬야 한다. 농부는 자신의 밭에서 일을 했고, 그래서 수확에 만족한다. 이웃의 풍성한 수확에 대해 기뻐할 수 있는 것이, 자신의 차례도 올 것을 알기 때문이다.

    이러한 원리들을 농사에 적용하면 단순하고 직접적으로 효력을 발휘한다. 이해하기도 용이하고, 그 논리를 따라가기가 어렵지 않다. 다음장에서는 이것이 우리의 번영에 어떻게 적용되는지 살펴볼 것이다.

● **정리해 보자**
뿌림과 거둠의 보편 법칙들은 인종과 국적, 수입의 정도를 막론하고 누구에게나 동일하게 작용한다. 이러한 농사의 법칙들을 이해하는 것은 번영에 대한 통찰력을 준다.

● **스스로 물어보자**
뿌림과 거둠의 법칙들 중 어떤 것이 번영에 적용하기가 가장 쉬운가? 어떤 법칙이 번영에 적용하기가 가장 어려운가?
    우리의 일상 가운데 뿌림과 거둠의 법칙이 어떻게 적용될 수 있는지 최소한 5가지의 예를 찾아보자. (힌트: 친구를 사귀려면 친구가 되어야 한다 등)
    이 말은 무슨 뜻일까? "내가 거두는 열매가 마음에 들지 않는다면 내가 뿌린 씨앗을 살펴보라." 이 말을 삶에 적용해 보라.

● **그렇게 살자!**
여러분의 재정을 생각해 보라. 무엇을 뿌리고 있고 무엇을 거두고 있는가? 현 상황 가운데 바꾸고 싶은 무엇이 있는가? 무엇이고 어떻게 바꿀 것인가?

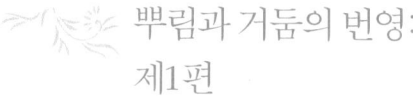
## 뿌림과 거둠의 번영:
## 제1편

"스스로 속이지 말라 하나님은 업신여김을 받지 아니하시나니,
사람이 무엇으로 심든지 그대로 거두리라."
(갈6:7)

앞부분에서 우리는 뿌림과 거둠의 보편 법칙들이 농업에 어떻게 적용되는지를 보았다. 이 법칙들은 이해하기 쉽고 굉장히 간단한 듯하다. 하지만 뿌림과 거둠은 농업에서만 보편적인 법칙이 아니다. 우리 삶의 모든 면을 지배하는 법칙인 것이다.

예를 들어, 친구를 사귀고 싶다면 내가 먼저 상대방에게 친구가 되어야 한다. 다른 이들이 나를 존중해 주길 원한다면 내가 그들을 존중해야 한다. 이 말들이 인생의 원리를 나타내는 것을 알고 있었을지라도, 어쩌면 여러분은 이것이 뿌림과 거둠에 대한 것이라고는 생각지 못했을 것이다. 그러나 사실은 그렇다.

다음 이야기는 뿌림과 거둠이 어떻게 작용하는지에 대한, 놀라운 실화다.

플레밍(Fleming)은 스코틀랜드의 가난한 농부였다. 어느 날 그는 주변

늪지대에서 도움을 요청하는 외침을 듣게 됐다. 늪지대로 달려가 보니, 겁에 질린 한 소년이 늪에서 살아나오려고 발버둥을 치며 소리치고 있었다. 농부인 플레밍은 그 소년을 살려 주었다. 다음날, 화려한 마차 한 대가 그의 허름한 오두막 앞에 서 있는 것이었다. 마차에서 내린 귀족은 그 소년의 아버지였는데, 플레밍이 그의 아들에게 베풀어준 은혜를 갚으려 온 것이었다. 그는 플레밍의 아들이 문 앞에 서있는 것을 보고 말했다.

"제가 아드님을 데려가서 좋은 교육을 시켜 드리지요."

농부 플레밍의 아들은 결국 런던의 성 마리아 의대(St. Mary's Hospital Medical School)를 졸업했고, 이후 페니실린의 발견자 알렉산더 플레밍(Alexander Fleming)으로 전 세계에 알려지게 되었다. 수년 후 그 귀족의 아들은 폐렴으로 고생을 하고 있었다. 무엇이 그를 구했을까? 페니실린이었다. 그 귀족의 이름은 랜돌프 처칠(Randolph Churchill) 각하였고, 그 아들의 이름은 윈스턴 처칠(Winston Churchill) 경이다.

뿌림과 거둠의 법칙들은 삶의 다른 모든 영역에서와 마찬가지로 우리의 번영에도 적용된다. 그리고 이 법칙들이 농업에 있어 모든 사람들에게 적용되듯, 번영에 있어서도 예외 없이 적용된다. 부유하든 가난하든, 남자든 여자든, 경제적으로 고도로 발달된 나라에 살든 제3세계 국가에 살든, 번영의 뿌림과 거둠의 법칙은 적용만 하면 효과를 낸다.

사실상 우리가 뿌림과 거둠의 법칙에서 벗어나기란 불가능하다. 뿌리지 않기로 하는 것은 거두지 않기로 하는 것이다. 뿌림과 거둠은 긍정적인 결과든 부정적인 결과든 동일하게 유효하다. 갈라디아서 6장 7-8절은 이렇게 말씀한다.

"스스로 속이지 말라 하나님은 업신여김을 받지 아니하시나니, 사람이 무엇으로 심든지 그대로 거두리라 자기의 육체를 위하여 심는 자는 육체로부터 썩어질 것을 거두고, 성령을 위하여 심는 자는 성령으로부터 영생을 거두리라."

다시 말해, 내가 무얼 거두는가는 무얼 뿌리는가에 달렸다. 예를 들어, 술을 마시고 운전하면 자동차 사고가 날 확률이 훨씬 높다. 신용카드를 한도까지 사용하면, 아주 높은 이자를 내는 상황을 맞을 확률이 높다. 자녀들이 어릴 때 함께 이야기하고 노는 데에 시간을 많이 보내면, 아이들이 10대가 되어도 유익한 소통을 하게 될 가능성이 높다. 매달 수입의 일부를 적금 계좌로 이체하기로 하면, 미래를 위한 비상금이 쌓이게 될 것이다. 여기서 포인트는 뿌림과 거둠이 긍정적인 상황과 부정적인 상황 모두에서 동일하게 작용한다는 것이다.

### 번영의 뿌림과 거둠

뿌림과 거둠의 법칙들이 번영과 어떻게 연관되는지 살펴보기로 하자.

**마음의 문제** 농부가 시간을 들여 땅을 일궈 준비하는 것과 똑같이, 우리도 마음의 상태를 돌보아야 한다. 우리는 마음의 상태와 아버지 하나님의 좋은 선물들을 받아들일 우리의 능력을 방해할 수 있는 요새들을 키워 왔을 가능성을 들여다 보는 데에 이미 충분한 시간을 보냈다. 호세아 10장 12절은 다음과 같이 말씀한다.

"너희가 자기를 위하여 공의를 심고 인애를 거두라. 너희 묵은 땅을 기경하라. 지금이 곧 여호와를 찾을 때니, 마침내 여호와께서 오사 공의를 비처럼 너희에게 내리시리라."

씨 뿌리는 자와 씨의 비유(마 13:3-9)는 마음의 상태(땅)가 가장 중요한 부분임을 보여 준다. 왜냐하면 동일한 씨앗, 즉 하나님의 말씀이 각기 다른 땅에 뿌려졌을 때, 좋은 땅에서만 수확이 있었기 때문이다. 이래서 먼저 우리 마음의 상태에 초점을 맞추는 것이다. 그것이 다른 모든 것을 좌우하기 때문이다. 마음에 감정적 상처와 영적 요새들로 가득하다면, 번영의 뿌림과 거둠의 법칙을 효과적으로 사용할 수 없을 것이다. 우리를 예수와 같이 베푸는 자로 바꾸시려는 하나님의 은혜에 대해 마음을 열어야만 한다.

씨를 뿌리라 당연한 말 같은데, 사람들이 번영에 대해서는 이 논리를 깨닫지 못하는 경우가 많다. 농부는 자신이 작물 전체를 소비할 수 없음을 알기에, 현재의 수확 가운데서 일부를 떼어 내년 농사의 종자로 사용한다. 마찬가지로 우리는 하나님께서 지시하시는 대로 수입의 일부를 떼어 그분의 왕국에 뿌려야 한다. 고린도후서 9장 6, 10절을 보면 하나님께서 약속해 주신다.

"이것이 곧 적게 심는 자는 적게 거두고, 많이 심는 자는 많이 거둔다 하는 말이로다… 심는 자에게 씨와 먹을 양식을 주시는 이가 너희 심을 것을 주사 풍성하게 하시고 너희 의의 열매를 더하게 하시리니."

하나님께서는 우리의 씨앗을 축복하사 불려 주시겠다고 약속하신다. 하지만 주님께서 일을 시작하실 수 있는 무언가를 드려야 한다! 나갈 돈이 너무 많아서 도무지 드릴 것이 없다고 이야기하는 사람들을 늘 보게 된다. 그들이 깨닫지 못하는 바는, 재정적인 씨앗을 심지 않음으로써 결핍의 사이클에 스스로를 가둔다는 것이다. 그들에게 정기적으로 드리기를 시작하도록 권면할 수 있다면, 하나님께서 그들의 필요를 얼마나 놀랍도록 채우시는지를 볼 수 있을 것이다. 그래서 여러분에게도 권하고 싶다. 필요가 있다면 씨앗을 심으라!

*뿌린 대로 거둔다* 옥수수를 심는 농부는 옥수수 열매를 기대하고, 또 원한다. 재정적으로 아낌 없는 사람은 재정적으로 번영할 것이라고 하나님께서 분명히 말씀하신다. 잠언 11장 24-25절을 보자.

"흩어 구제하여도 더욱 부하게 되는 일이 있나니, 과도히 아껴도 가난하게 될 뿐이니라. 구제를 좋아하는 자는 풍족하여질 것이요 남을 윤택하게 하는 자는 자기도 윤택하여지리라."

어떤 이들은 하나님께 정기적으로 예물을 드리지 않으면서, "저는 제 시간을 드려요" 혹은 "주일학교에서 가르쳐요"라고 쉽게 말한다. 분명 이것들은 중요한 섬김이고 거기에 상급이 있겠지만, 재정적인 것은 아니다. 재정적으로 거두려면 재정적으로 뿌려야 한다. 다른 방법은 없다.

다시 말하지만, "심하게 영적으로" 접근하지 말자. 이렇게 생각해 보자. 분노를 뿌리고 평안을 거둘 순 없다. 거친 말들을 뿌리고 부드러운 대답을 받을 순 없다. 증오를 뿌리고 사랑을 거둘 순 없다. 게으름을 뿌리고 승진을 거둘 순 없다. 그런데 도대체 왜 재정이 아닌 다른 것을 뿌리고 재정을 거둘 것이라 생각하는가? 동일한 뿌림과 거둠의 법칙이 적용되는 것이다. 돈을 뿌리면 돈을 거둔다.

*먼저 뿌리고 나서 거두라* 이 말도 간단해 보이겠지만, 재정에 있어 얼마나 많은 사람들이 이렇게 하지 않는지 모른다. 앞에서 언급했던, 뿌리지는 않고 열매가 열리기를 기다렸던 농부가 생각나는가? 그것이 얼마나 바보 같은 일인지 쉽게들 이야기하겠지만, 교회에서는 그런 모습을 항상 볼 수 있다. "충분한 돈을 갖게 되면 그 때 베풀어야지"라는 식의 사고다. 먼저 뿌리지 않으면 거둘 수 없다. 무언가를 먼저 심어야 한다. 사람들은 말했다. "돈을 벌려면 돈이 있어야 한다." 그건 정말이다.

하나님께서는 먼저 하나님의 왕국에 심으라고 하셨다. (마 6:33) 힘든 일이 아니다. 왜냐하면 하나님께서는 그것을 불려 주겠다고 약속하시기 때문이다. 무엇을 뿌리든지 여러분은 거두게 될 것이다.

하나님을 신뢰하고 돌아올 것을 기대하라  농부는 날씨와 상황이 자신이 뿌리고 거두는 것을 변화시키지 못하게 한다. 심으면 추수가 있을 것으로 기대한다. 우리도 마찬가지로 하나님께서 번영에 대해 주신 약속에 초점을 맞춰야 한다. 주변의 상황이나 사건들이 아니라 말이다. 하나님께서는 그분께 투자할 때 돌려 주실 것이라고 약속하신다. 경제 상황이나 직장의 여건, 수입 정도, 혹은 내야 할 청구서 금액에 상관 없이 말이다. 하나님의 말씀은 진실되고 변하지 않는다. 외부 정황의 영향을 받지 않는 것이다.

경제가 어려울 때는 안 좋은 소식들에 사로잡혀 한계를 바라보게 되기 쉽다. 하지만 기억하라. 하나님께서는 기근 때에도 이삭을 풍성히 축복하셨다. 당시 문화 가운데, 기근은 경기 침체 혹은 공황과 같은 것이었다. 창세기 26장 12-13절을 보자.

"이삭이 그 땅에서 농사하여 그 해에 백 배나 얻었고, 여호와께서 복을 주시므로 그 사람이 창대하고 왕성하여 마침내 거부가 되어."

하나님께서는 경기 하락 중에도 이삭을 부하게 하셨다!

욥을 기억하는가? 그는 연속적으로 끔찍한 역경들을 맞아 모든 걸 잃어버렸다. 요즘식으로 이야기하자면, 욥은 파산하여 지금 불능 상태인 것이다. 하지만 하나님께서는 그를 저버리지 않으셨다. 실상 주님께서는 모든 걸 그에게 회복시키시며 거기에 더해 주셨다.

"여호와께서 욥의 말년에 욥에게 처음보다 더 복을 주시니, 그가 양 만 사천과 낙타 육천과 소 천 겨리와 암나귀 천을 두었고." (욥 42:12)

오늘날과 같은 경제 상황에도 진짜 부가 있을 수 있다. 욥은 당시 동방 전체에서 가장 부유한 사람이 되었다. 우리가 아무리 낮아지고 비워진다고 해도, 하나님께서는 다시금 우리를 번영시켜 주실 것이다.

하나님의 말씀은 약속한다.

"네 재물과 네 소산물의 처음 익은 열매로 여호와를 공경하라. 그리하면 네 창고가 가득히 차고 네 포도즙 틀에 새 포도즙이 넘치리라." (잠 3:9-10)

농사와 관련된 표현이지만, 하나님께서는 우리 돈을 주님의 왕국에 투자하면 풍성한 번영을 주시겠다는 말씀을 하시는 것이다. 그러니 다시 한번 우리에게 선택권이 있다. 사랑하시고 관대하시며 변치 않으시는 아버지 하나님을 신뢰할 것인가? 아니면 우리의 이성과 급변하는 상황들을 신뢰할 것인가? 어느 쪽을 택하든, 우리는 뿌린 대로 거두게 될 것이다.

여기서 잠시 멈추어 지금까지 한 이야기를 돌아보기로 하자. 다음 장에서는 번영의 뿌림과 거둠의 법칙을 마무리할 것이다.

● 정리해 보자

농업에 적용되는 뿌림과 거둠의 법칙이 번영에도 동일하게 적용된다. 재정적인 씨앗을 뿌려야 재정적인 열매를 거둘 수 있다. 일단 뿌려야 하고, 뿌린 것에 대한 수확을 기대해야 한다. 그 무엇보다도 하나님을 신뢰하고 우리에게 주신 그분의 약속들을 믿어야 한다.

● 스스로 물어보자

하나님의 왕국에 정기적으로 재정적인 씨앗을 뿌리고 있는가? 왜 (안) 그런가? 다른 방식으로 하나님께 드리면서 (시간, 은사 등) 재정적인 축복을 기대하고 있는가? 왜 역사가 없는지 알겠는가?

　임금이 인상되거나 여유 돈이 좀 생기면 드리기 시작하겠다고 기다리고 있는가? 왜 역사가 없는지 알겠는가?

● 그렇게 살자!

정기적으로 재정의 씨앗을 뿌리지 않았다면, 지금 시작하는 게 어떨까? 주님을 공급자로 신뢰할 수 있도록 도와주시기를 구하라. 그리고 얼마를 드려야 할지 인도하심을 구하라. 신실하게 하고 다음의 영역에서 어떤 변화가 일어나는지 주목하라. 하나님에 대한 신뢰, 재정, 주님께서 공급하시는 방법.

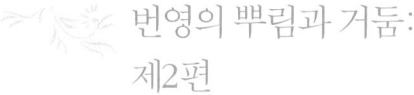
# 번영의 뿌림과 거둠: 제2편

"주라, 그리하면 너희에게 줄 것이니."
(눅 6:38上)

앞에서 우리는 뿌림과 거둠의 여러 가지 법칙들을 보았고, 그것들이 번영에 어떻게 적용되는지 확인했다. 이제 몇 가지를 더 살펴보자.

**기다리는 자에게 좋은 일들이 찾아온다** 씨앗을 심은 후 농부는 작물이 자라고 열매가 열리길 기다린다. 즉각적인 변화가 없다고 해서 추수기가 올 것을 의심하진 않는다. "지난주에 옥수수를 심었는데 안 되더라고요"라고 말하는 농부는 세상에 없을 것이다. 신실하게 드려 왔는데 아직도 재정적인 돌파가 없었다고 불평하는 사람들을 종종 보았다. 왜 아직까지 돌파가 나타나질 않았는지에 대해서는 근원적인 마음의 문제가 있을 수도 있고, 주님께서 재정적인 돌파에 대해 인내하고 씨름하는 법을 배우기 원하시는 것일 수도 있다.

때로는 물질을 드리지만, 그 다음에 다른 생각을 하는 경우도 있다.

하나님께서 돌려주실 것을 기다리지 못하고 이제 수중을 떠난 돈에 대해 비통해하기 시작한다. 집회 중에 헌금을 하자고 하면, 어떤 이들은 일단 드리고 나서 그 다음주에 사무실로 전화해서 돈을 돌려 달라고 한다. 그런 사람들은 씨앗을 파헤치는 것이지만, 우리는 돈을 그대로 돌려준다. 왜냐하면 사람들이 마지못해서 드리는 것을 원치 않기 때문이다.

우리 부부가 캘리포니아로 이사한 1984년, 나는 하나님의 때를 인내하고 기다리는 것에 대한 값비싼 교훈을 배웠다. 1982년에 로스앤젤레스로 오라고 하시는 예언적 꿈을 주님께 받았기에, 우리는 부흥을 볼 수 있을 줄 알았다. 주님께서는 위대한 추수와 부흥이 있을 것이라고 하셨던 것이다. 당연히 나는 비행기에서 내리자마자 부흥이 터질 것으로 생각했지만, 10년 동안 기도와 눈물, 재정을 심어야 했다. 10년이 지난 1994년 1월, 부흥이 터졌다.

나는 10년이라는 인내의 시간에 대해 전혀 후회가 없다. 준비가 되지 않았었고, 그 부흥을 통해 하나님께서 하고자 하시는 일을 감당할 성품이 내겐 없었다. 나는 인내의 중요성과 하나님의 시간표 가운데 기다리는 지혜를 배웠다.

주님께서는 기다리는 자들에게 좋은 것을 약속하신다 "우리가 선을 행하되 낙심하지 말지니, 포기하지 아니하면 때가 이르매 거두리라."(갈 6:9)

이 구절의 약속이 포기하지 않으면, "때가 이르매" 거두게 되리라는 것임에 주목하라. 끈기 있게 인내하기란 어려운 일이다. 특별히 역경 가운데선 오죽하겠는가? 우리는 하나님의 말씀이 진리이며 주님께서 약속하신 바는 성취하심을 기억해야 한다. 주님의 타이밍은 완벽하며, 지연되는 듯한 일이 보일지라도 그것이 우리의 유익을 위한 것이지 손해를 위한 것이 아님을 신뢰해야 한다.

**뿌리는 방식 그대로 거둔다** 100만 평방미터에만 씨앗을 심어 놓고 200만 평방미터의 수확을 기대하는 농부는 없다. 번영에 관해서도 마찬가지다. 하나님께서는 전적으로 정의로우시다. 우리가 뿌린 만큼 그대로 거두게 된다. 아낌 없이 드린다면 아낌 없이 주실 것이다.

"너는 반드시 그에게 줄 것이요, 줄 때에는 아끼는 마음을 품지 말 것이니라 이로 말미암아 네 하나님 여호와께서 네가 하는 모든 일과 네 손이 닿는 모든 일에 네게 복을 주시리라."(신 15:10)

하나님께서는 우리가 드리는 액수에 주목하시지 않고 우리가 드리는 바가 진실로 우리에게 얼마를 의미하는지를 보신다는 것에 유의하여야 한다. 예수께서는 제자들과 성전세를 내시면서 이를 분명히 말씀하셨다. 부자는 팡파르를 울리면서 큰 액수를 넣었지만, 예수께서는 여기에 감동받지 않으셨다. 가난한 과부가 조용히 동전 두 닢을 넣는 것을 보셨다. 오늘날로 치면 20원 정도 될 것이다.

예수께서는 제자들에게 돌아서 과부가 다른 모든 이들보다 많이 넣었다고 말씀하셨다. 왜냐하면 다른 이들은 풍족한 가운데 헌금을 드렸지만 가난한 가운데 과부는 모든 것을 넣었기 때문이다.(막 12:41-44, 눅 21:1-4) 예수께서 보시기에는, 자그마한 과부가 하나님께 가장 많이 받게 될 것이었다. 왜냐하면 가장 큰 투자를 했기 때문이다.

**뿌린 것보다 많이 거둔다** 농작물이 씨앗보다 증대되지 않는다면, 농부는 결코 성공할 수 없을 것이다. 하지만 씨앗은 각 작황마다 몇 배씩 늘어난다. 사과 씨 하나를 심으면 사과 하나를 수확하는 게 아니다. 수십 년간 매년 수십 리터씩의 사과가 열리는 사과 나무가 자라는 것이다. 씨앗이라는 작은 투자에 비해 꽤 큰 수확 아닌가!

이와 같은 수확이 번영의 씨앗에도 똑같이 적용된다.

"심는 자에게 씨와 먹을 양식을 주시는 이가 너희 심을 것을 주사 풍성하게 하시고 너희 의의 열매를 더하게 하시리니, 너희가 모든 일에 넉넉하여 너그럽게 연보를 함은…"(고후 9:10-11上)

예수께서는 하나님의 왕국을 묘사하실 때 종종 증가 혹은 증대라는 표현을 쓰셨다. 예컨대 마태복음 13장 31-33절을 보면 이런 말씀을 하신다.

"천국은 마치 사람이 자기 밭에 갖다 심은 겨자씨 한 알 같으니, 이는 모든 씨보다 작은 것이로되 자란 후에는 풀보다 커서 나무가 되매 공중의 새들이 와서 그 가지에 깃들이느니라. 또 비유로 말씀하시되 천국은 마치 여자가 가루 서 말 속에 갖다 넣어 전부 부풀게 한 누룩과 같으니라."

예수께서는 여기서 하나님의 왕국에서는 당연히 증가하여 돌아오게 된다는 의미로 말씀하시는 것이다.

이 표현이 너무 상징적으로 들릴까 봐, 하나님의 왕국에서는 어떤 것을 기대해야 할지 베드로가 예수께 직접적으로 여쭈었다.

"베드로가 여짜와 이르되, 보소서 우리가 모든 것을 버리고 주를 따랐나이다. 예수께서 이르시되 내가 진실로 너희에게 이르노니, 나와 복음을 위하여 집이나 형제나 자매나 어머니나 아버지나 자식이나 전토를 버린 자는 현세에 있어 집과 형제와 자매와 어머니와 자식과 전토를 백 배나 받되 박해를 겸하여 받고 내세에 영생을 받지 못할 자가 없느니라."

(막 10:28-30)

**추수에 집중하라** 농부가 추수기에 콤바인을 자신의 밭에 둠과 같이, 우리도 하나님께서 보내주시는 추수에 초점을 맞춰야 한다. 이웃의 추수가 아무리 풍성해도 자신의 추수에 영향을 주지 않는다는 것을 농부는 안다. 자신의 수확은 어떤 씨앗을 심었느냐, 어떤 방식으로 심었느냐, 그리고 땅의 상태가 어떠한가에 영향을 받는다.

종종 금융계에 대해 우리는 한계적인 사고의 경향을 갖는다. 그러니까 돈을 공급이 제한된 불충분한 상품으로 바라보는 것이다. 그러니까 내 이웃이 번영하면 내게 적게 돌아올까 봐 두려워한다. 이것이 인간적인 부의 체제에서는 맞을 수 있지만, 하나님의 왕국은 이런 식으로 움직이지 않는다. 한계가 없는 것이다. 주님께서는 그분의 자녀들 모두를 풍성히 축복하시고도 결코 자원의 고갈을 맞지 않으신다. 에베소서 3장 20절은 우리에게 말씀한다.

"우리 가운데서 역사하시는 능력대로 우리가 구하거나 생각하는 모든 것에 더 넘치도록 능히 하실 이에게."

하나님께서는 그분과 우리를 번영시키고자 하는 그분의 능력과 갈망을 우리가 신뢰하기를 원하신다. 주님께서는 우리가 그분의 왕국에 재정의 씨앗을 뿌림으로 우리의 신뢰를 보이라고 하신다. 다른 사람을 존중하면 그도 나를 존중할 것이라는 말을 납득하지 못할 사람은 거의 없을 것이다. 왜 그런가? 왜냐하면 다른 사람들의 삶 가운데 심은 존중이 나에게 돌아올 것이라고 전적으로 신뢰하고 기대하기 때문이다.

하나님께서 우리에게 요구하시는 바는 재정에 대해서도 다르지 않다. 하나님과 그분께서 이 땅에 세우신 약속들, 그리고 뿌림과 거둠의 법칙을 신뢰하라는 것이다. 주님의 왕국에 재정을 뿌릴 때 우리는 번영을 거두게 될 것이다.

이 원리가 왕과 거지의 이야기에 나타난다. 인도의 우화 말이다.

어느 날 극도로 가난한 거지가 약간의 밥이 남아 있는 작은 그릇을 들고 길가에 앉아 있었다. 그런데 왕이 지나가게 되었다. 왕에게 무릎을 꿇으며 거지는 자신의 그릇을 들어올렸다. 동전 몇 닢이라도 주리라는 기대에서였다. 하지만 놀랍게도 왕은 거지가 공여를 바칠 것을 기대하고 그에게 손을 내밀었다.

거지는 대단히 화가 났다. 속으로 이렇게 생각했다.

"나는 아무것도 가진 게 없는데 어떻게 내게 공여를 기대하는가?"

그는 억지로 자신의 밥그릇에서 밥 세 알을 왕의 손에 덜어주었다. 왕은 밥알을 들어 자신의 겉옷에 올려놓은 뒤, 잠시 후 그것을 다시 거지의 그릇에 두고 계속 걸어갔다.

거지가 밥그릇을 쳐다보니, 놀랍게도 거기엔 황금쌀 세 알이 들어 있었다. 거지는 곧바로 부끄러움을 느꼈다.

"왜 가진 모든 것을 드리지 않았을까? 저 관대한 왕은 항상 내가 드린 것보다 더 많이 돌려주는 분인 것을 알았어야 했는데."

아버지 하나님께서도 동일하시다. 주님께는 아무리 많이 드려도 부족하다. 주님께서는 일단 뿌리라고 하시는 것이다. 그리고 풍성히 돌려받을 것을 기대하라고.

이 비유가 눈으로 보기에는 아주 명료해 보이지만, 마음으로 받아들이기엔 어려운 경우가 있다. 우리가 재정을 다루는 방식과 번영에 대한 우리의 태도는 하나님께 있어 극도로 중요한 것이다.

다음 장에서는, 주님께서 우리 삶 가운데 번영을 어떻게 사용하시는지 볼 것이다. 그것은 하나님의 왕국에서의 통치 훈련의 일부로, 우리 안에 예수를 닮은 성품을 계발해 주시려는 주된 방법이다.

● 정리해 보자

끈기 있게 기다릴 때 우리는 번영을 거둘 것이다. 아낌 없이 뿌리면 큰 수확이 있을 것이다. 하나님께서 증가를 허락하시기 때문에, 우리는 뿌린 것보다 많이 거둔다. 다른 사람들의 번영을 볼 때 우리는 부족하지 않을까 우려할 필요가 없다. 하나님께서는 우리의 필요를 풍성히 채워 주실 것이다.

● 스스로 물어보자

번영에 대해 하나님을 신뢰하지 않는다면, 다른 영역에서 하나님을 신뢰하는 것이 가능하다고 생각하는가? 왜 (안) 그런가?

번영의 뿌림과 거둠의 법칙에 따르면, 여러분은 왜 현재 원하는 만큼 번영하고 있지 못한가? 어떤 이유가 있을까?

뿌림과 거둠의 법칙을 보고 나서 번영에 대한 생각이 조금이라도 달라졌는가? 그렇다면 어떻게 달라졌는가?

● 그렇게 살자!

하나님을 진정한 공급자로 신뢰한다면, 지금 베푸는 방식이 어떻게 변화될까? 그 변화들을 적어보라. 그것들을 지금 실행할 의사가 있는가? 그렇다면, 실제로 행하라. 아니라면, 어떤 것이 걸림돌이 되는가?

## 비료 이야기

> "우리는 그가 만드신 바라.
> 그리스도 예수 안에서 선한 일을 위하여 지으심을 받은 자니,
> 이 일은 하나님이 전에 예비하사 우리로 그 가운데서
> 행하게 하려 하심이니라."
> (엡 2:10)

### 텃밭 가꾸기의 가장 힘든 일

내가 농사에 전혀 소질이 없는 사람이라는 것은 앞에서도 밝혔지만 정말 사실이다. 그렇다고 텃밭 가꾸기의 모든 부분을 피하고 싶어한다는 뜻은 아니다. 청소년기에 나는 물건 사오는 심부름을 하곤 했는데, 제일 싫어했던 일이 아버지가 주문한 비료를 가져오라는 것이었다.

개인적으로 나는 비료에 대해 좋은 감정이 없다. 냄새가 좋지 않다. 똥냄새가 난다. 불쾌하다. 만지기도 싫다. 하지만 비료가 있어야 씨앗들이 보호되고 수분이 유지되어, 식물의 성장에 필요한 영양분이 공급됨을 안다. 비료의 긍정적인 측면을 다 안다고 해도 내 생각은 바뀌지 않는다. 피할 수만 있다면 여전히 피하고 싶은 게 비료다.

우리 삶 가운데 마주하는 도전들도 비료와 같다. 불가피한 것이지만, 불쾌한 것으로 보고 가능한 한 부딪히는 일이 없도록 만들려고 한다. 사실

도전들은 다른 무엇보다도 우리를 강하게 만들어 준다. 우리의 성품을 드러내고 단련시켜 준다. 모든 운동선수들은 이 원리를 이해하고, 애써 스스로에게 도전한다. 운동을 할 때마다 매번 조금 더 많이, 조금 더 멀리 나아가려는 것이다. 하지만 우리는 일상 가운데서 할 수 있는 한 많은 도전들을 피하고 빠져나가려 한다.

첫 아이 개브리얼(Gabriel)이 처음 걷기 시작하던 때가 생각난다. 토실토실하면서도 조그만 다리로 휘청거리며 걸으려 하는 모습을 지켜보는 것이 얼마나 짜릿했던지. 위태롭게 건들댈 때, 쓸데 없이 아이를 도와주려는 나 자신을 자제해야 했다. 물론 정말 다칠 위험이 있을 때는 넘어지지 못하게 막았다. 하지만 스스로 여러 번 넘어지도록 놔뒀다. 왜냐하면 걷는 법을 배우는 데에는 그 방법밖에 없었기 때문이다. 계속 일으켜 주고 안고 다니면 편하게 해줄 순 있었겠지만, 결코 걷는 법은 못 배웠을 것이다.

그와 다르지 않게, 아버지 하나님께서도 우리에게 도전을 주시려고 상황들을 허락하신다. 그것은 실망시키거나 낙심시키시려는 의도가 아니라, 강하게 하고 우리의 성품을 정련하심으로 우리에게 지배권을 주시려는 것이다. 주님께서는 우리가 예수처럼 베푸는 자가 되어 처음 지어졌던 때의 정체성을 다시 찾길 원하신다. 그리스도 안에 있는 우리의 정체성 가운데 행하지 못하도록 방해하는 왜곡된 생각과 감정의 요새들을 빠져 나오도록 돕고자 하신다. 빌립보서 2장 12-13절의 말씀으로 우리에게 훈계하시는 것을 보라.

"두렵고 떨림으로 너희 구원을 이루라. 너희 안에서 행하시는 이는 하나님이시니, 자기의 기쁘신 뜻을 위하여 너희에게 소원을 두고 행하게 하시나니."

그리스도 안에서 우리가 지음 받은 정체성의 충만한 분량으로 자라가려면, 시간을 두고 여러 가지 도전을 겪어야 함을 주님께서는 아신다. 그러나 우리가 그렇게 행할 수 있는 은혜도 주시겠노라 약속하신다.

### 부를 지배하라는 과제

모두가 인생 가운데 마주하는 가장 큰 과제 중 하나는 부를 어떻게 다루느냐다. 부가 우리를 지배할 것인가, 우리가 부를 지배할 것인가? 아버지 하나님께서는 돈이 능력의 한 형태이며 다른 어떤 것보다 우리 마음의 갈망과 동기를 노출시키는 것임을 이해하신다. 사실 번영은 너무나 큰 도전의 영역이기 때문에 하나님께서 그렇게 자주 다루신 것이다. 성경에는 돈과 관련된 구절들이 2,000개 이상 나온다. 기도와 믿음에 관해서는 500개 정도가 있으며 사랑에 대해서는 700개가량이 있음과 대조된다. 예수께서 말씀하신 비유 가운데 절반 정도가 돈에 대한 우리의 태도 및 취급과 관련되어 있다.

왜 돈은 우리 삶에 그토록 강한 능력을 발휘하는가? 이전에도 나눴지만, 돈에 대한 우리의 태도와 자세가 무엇 혹은 누구를 우리의 공급원으로 보는지를 나타내기 때문이다. 우리가 스스로를 공급원으로 본다면, 우리는 한계를 알기에 결핍을 두려워한다. 하나님께서만 주실 수 있는 안정과 공급을 받기 위해 돈에 집중한다. 부와 물질 획득에 가치를 두고, 내면의 공허를 채우고자 한다. 부는 우리의 보물이 되고 우리 마음을 지배하게 된다. (마 6:21) 결핍을 두려워하지 않고 가능한 모든 부를 손에 쥐기로 한다면, 우리에겐 풍성한 공급이 항상 있을 것이다. (빌 4:19)

아버지 하나님께서는 사랑하는 분이시고, 아낌 없이 섬기는 분이시다. 사실, 삼위일체의 핵심 동력은 급진적일 정도로 자기 희생적인 사랑이다.

우리는 아버지 하나님과의 친밀한 관계와 동역을 위해, 주님의 사랑의 역학에 포함되기 위해 지음 받았다. 아버지 하나님께는 한계가 없다. 모든 것이 주님의 것이고, 주님께서는 우리의 공급자가 되기를 기뻐하신다. 우리는 주님께서 우리에게, 우리를 통해 흘려 보내주고자 하시는 것을 결코 스스로의 힘으로 축적할 수 없다. 우리가 스스로 노력하여 부를 획득하는 것이 아니라 그분을 신뢰하여, 그분께서 공급하시는 바에 초점을 맞추기를 주님께서 원하신다.

공급에 대한 하나님의 생각은 우리가 필요로 하는 모든 것에 대한 끊임없는 지급이다. 예컨대 에덴 동산에서 아담과 하와는 먹을 것을 모아서 저장할 필요도 없었다. 언제든 그저 따서 먹기만 하면 되었다. 비가 올 날을 대비해 아껴둘 필요가 없었다. 40년 동안 이스라엘을 광야에서 인도하실 때, 주님께서는 그들에게 매일 먹을 만나를 허락하셨다. 여분의 만나를 모아 쌓아둘 필요가 없었다. 오히려 그들이 저장해 두려는 시도를 하자, 만나는 썩어서 구더기로 가득하게 되었다. (출 16:20) 하나님께서는 그분의 자녀들이 그분께서 매일 주시는 공급에 대해 신뢰하게 되기를 결단코 원하셨다.

매일의 공급에 대한 이러한 강조는 우리 주 예수께서 제자들에게 가르쳐 주신 기도문에도 반영되어 있다. 주님께서는 "오늘 우리에게 일용할 양식을 주시옵고"(마 6:11)라고 말씀하셨다. 다시 말하지만, 요점은 우리가 매일 하나님께 공급을 받는 데에 있다. 주님께서는 의지적으로 우리를 섬기신다. 예수께서는 산상수훈에서 하나님의 공급에 대해 상세히 말씀하셨다.

"그러므로 내가 너희에게 이르노니, 목숨을 위하여 무엇을 먹을까 무엇을 마실까 몸을 위하여 무엇을 입을까 염려하지 말라. 목숨이 음식보다 중하지 아니하며, 몸이 의복보다 중하지 아니하냐. 공중의 새를 보라 심지도 않고 거두지도 않고 창고에 모아 들이지도 아니하되 너희 하늘 아버지께서 기르시나니, 너희는 이것들보다 귀하지 아니하냐… 그러므로 염려하여 이르기를 무엇을 먹을까 무엇을 마실까 무엇을 입을까 하지 말라 이는 다 이방인들이 구하는 것이라. 너희 하늘 아버지께서 이 모든 것이 너희에게 있어야 할 줄을 아시느니라. 그런즉 너희는 먼저 그의 나라와 그의 의를 구하라. 그리하면 이 모든 것을 너희에게 더하시리라." (마 6:25-26, 31-33)

하나님께서는 물질과 부로 안전과 안정을 찾으려는, 필요에 지배되는 인생이 아니라 공급자 되시는 하나님 안에서 담대하고 유쾌하며, 확신을 가지고 아낌 없이 예수처럼 베푸는 인생이 되도록 우리를 초청하신다. 주님께서는 다른 이들에게 베풀고 축복을 하는 기쁨을 우리와 나누기를 갈구하신다. 우리가 축적하는 동기가 그분의 왕국과 어려운 자들에게 나누는 것이 되기를 원하신다. 하나님께서 우리에게 지속적으로 공급해 주고자 하심을 진정 믿고 그분을 신뢰한다면, 우리는 주님께서 공급하시는 것을 우리 주변으로부터 세상에 전달할 수 있는 통로가 될 것이다. 부를 지배할 때에 우리는 하나님의 왕국의 풍요에 대한 권세와 능력의 자리로 나아가며, 그 참된 부요를 활용할 수 있게 된다.

### 비료 냄새가 그렇게 좋았던 적은 없었다!

그리스도 안에서 하나님의 형상으로 재창조되었지만, 여전히 우리에겐 우리 멋대로 살든지 아니면 우리 인생을 향한 하나님의 목적과 방향, 소명을 구하든지를 선택할 수 있다. 주님께서는 어떻게 진행해야 할지에 대한 분명한 계명을 주시지만, 결코 강압하시진 않는다. 대신 우리 마음의 상태와 동기를 중시하신다. 우리가 그분으로 하여금 우리를 아낌 없이 섬기는 자로 만들어 주시도록 허락하기를 기다리신다. 우리는 돈에 대한 자세와 태도를 통해 우리의 선택을 드러낸다.

이것은 항상 우리 앞에 놓여 있는 도전이다. 누구를 더 신뢰하는가? 우리 자신인가, 하늘 아버지인가? 스스로의 번영을 채워 넣을 책임을 떠맡을 때, 우리는 진정한 자유를 상실하고 속박의 세계로 들어간다. 돈을 원천으로 보는 올무에 걸려 돈이 우리에게 공급해 주기를 기대하게 되지만, 결코 그런 일은 없다. 우리는 부의 진정한 목적에 대한 이해를 상실하고, 그 비전이 없을 때 우리는 참된 번영을 공급하고 보호해 줄 억제력을 잃게 된다. 스스로를 아버지 하나님의 지혜로부터 분리시켰기 때문에, 우리는 성벽 없는 도시처럼 맘몬과 가난의 영이 주는 거짓과 현혹에 취약해지게 된다. (잠 25:28, 29:18)

그러면 어떻게 나아가야 할까? 목전의 도전을 받아들이면 비료 냄새가 그렇게 좋았던 적이 없음을 깨닫게 된다! 무슨 말이냐고? 한 가지 이야기로 비유를 해보자. 시골에 사는 어린 소녀가 조랑말을 하나 갖고 싶었다. 수년 동안 매년 크리스마스 때나 생일에 사람들이 무엇이 갖고 싶냐고 물어 오면, 아이는 간절한 마음으로 대답했다. "조랑말 한 마리요. 그거면 돼요." 아버지는 조랑말을 줄 사람은 없을 거라고 매번 침착하게 설명했지만, 소녀는 고집이 있었다.

어느 날 소녀는 집으로 달려들어와 아버지를 끌어 안고 소리쳤다. "아빠, 고마워요. 고마워요!" 아버지는 어리둥절해하고 있는데 소녀가 이어 말했다. "조랑말을 사주셔서 정말 고마워요!" 소녀는 아버지를 문 앞으로 끌고 나가, 차도에 쌓여 있는 엄청난 비료 더미를 보여 줬다. 동네에 사는 이웃이 비료를 한 트럭 주문했나 본데 잘못 배달된 것 같았다. 하지만 어린 딸은 기쁨에 도취되어 있었다. 이렇게 많은 똥들을 보고, 어딘가 조랑말이 있을 것이라 생각한 것이다!

비료를 보고 흥분한다는 이야기가 낯설게 들리는가? 야고보서 1장 2-4절은 우리에게 이렇게 교훈한다.

"내 형제들아, 너희가 여러 가지 시험을 당하거든 온전히 기쁘게 여기라. 이는 너희 믿음의 시련이 인내를 만들어 내는 줄 너희가 앎이라. 인내를 온전히 이루라. 이는 너희로 온전하고 구비하여 조금도 부족함이 없게 하려 함이라."

나는 4절의 AMP역이 좋다.

"하지만 인내와 확고함, 참을성이 충분히 발휘되어 철저히 역사하게 하라. 그러면 아무런 결함도 없고 부족도 없이 완벽하고 완전하게 성장할 것이다."

야고보가 하는 말은 무엇인가? 우리의 도전이 예측불가한 것이 아니라는 뜻이다. 그것들은 우리에게 하나님의 왕국을 위한 통치 훈련을 시켜주는 것이다. 우리 안에 예수를 닮은 성숙한 성품을 완성함으로써 말이다. 데살로니가 전서 2장 4절은 말씀한다. "우리 마음을 시험하시는 하나님께서는, 그 마음이 인정 받기를 기대하신다."(AMP) 보라. 아버지 하나님께서는 부를 지배하는 과제가 어려운 것인 줄 아시지만, 그래도 지배하게 될 것을 기대하신다. 우리가 위기에 대처하여, 우리 마음에 예수를 닮은 성품이 완성되고 인정될 것이라는 전적인 확신이 주님께 있다. (히 6:12) 그 모든 똥들 너머 정말 조랑말이 있을 것이다!

### 세상을 바꾸는 사람이 돼라!

하나님께서는 상상을 초월할 정도로 가장 짜릿하고, 만족스럽고

보람이 있는 우리에게 제시하고 계신다. 우리가 하나님의 길을 선택하면, 의지적이고 관대하며, 예수를 닮아 섬기는 자가 되며 하나님의 인도에 마음을 열게 된다. 주님께서 우리 안에 그분의 소명과 목적을 이뤄가시게 하며, 진짜 생명, 풍성한 생명의 수확을 거두게 될 것이다. 주님께서는 에베소서 2장 10절에 이렇게 약속하신다.

"우리는 하나님께서 친히 그리스도 예수 안에서 손으로 만드신 새 작품이다. 우리가 거듭난 것은 하나님께서 우리보다 앞서 예정하시고 계획하신 선한 일들을 하려 함이요, 우리보다 먼저 예비하신 길들을 따라가도록 하시려 함이다. 우리는 그 가운데 주님께서 예비하신 선한 삶을 살게 된다."(AMP)

몇 년 전, 95세 이상의 어른들 수백 명이 이러한 질문을 받았다. "인생을 새로 살 수 있다면 어떻게 달라지겠습니까?" 가장 흔한 대답 세 가지는 이랬다. "더 많이 반성하고, 더 많은 위험을 무릅쓰겠다," "죽은 뒤에도 기억될 일들을 더 많이 하겠다"와 "다른 사람들에 대해 의미와 영향을 주는 삶을 살지 못했다"는 크나큰 후회였다.

우리 모두는 목적이 있는 삶을 원하고 다른 이들에게 뭔가 가치 있는 것을 남겨주고 싶어한다. 이런 갈망을 가지는 것이 우연이 아닌 것은, 아버지 하나님께서 이 세상에서 의미를 가지고, 권세와 지배권을 행사하도록 지으셨기 때문이다. 얼마 전 나는 애플 사의 CEO였던 故 스티브 잡스의 이야기를 듣게 되었다. 그의 탁월한 세일즈 능력은 인생 초반부터 확실히 눈에 띄었던 탓에, 청년 시기에 그는 잘 알려진 탄산 음료 제조사에서 엄청난 초봉을 제안 받았다. 그는 즉각 거절했는데, 그 이유는 이랬다. "그 정도론 안 됩니다." 얼마나 더 많은 급여를 원하는지 묻자, 잡스는 대답했다. "여생을 가미된 설탕 물이나 팔면서 보내고 싶진 않습니다. 저는 세상을 바꾸고 싶습니다."

하나님께서는 우리에게 그분의 세계에 들어오라고 초대장을 보내셨다. 주님을 우리의 공급자로 믿으며 아낌 없이 베푸시는 그분의 발자취를 따르는, 번영과 부의 경영의 세계 말이다. 선택권은 우리에게 있다. 우리는 "물건(가미된 설탕 물)"을 축적하며 살 것인가, 아니면 세상을 바꿀 것인가?

● 정리해 보자

우리 모두는 부를 지배해야 하는 도전을 마주하고 있다. 우리는 무엇, 혹은 누구를 공급원으로 삼을 것인가와 무엇이 번영의 목적인가를 결정해야 한다. 하나님께서는 이 도전을 통하여 우리의 성품을 드러내고 성숙하게 하실 것이다. 우리가 예수 안에서 참된 정체성을 발견하여 그대로 행할 수 있도록 말이다.

● 스스로 물어보자

현재 직면하고 있는 재정적 과제는 무엇인가? 어떤 면에서 볼 때, 그것이 부에 대한 지배권을 더 확립할 수 있는 기회가 되는가?

책을 읽으면서 빌립보서 2장 12절 말씀이 좀더 명확하게 다가왔는가? "항상 복종하여 두렵고 떨림으로 너희 구원을 이루라." 그렇다면, 어떤 면에서 그런가?

아버지 하나님을 매일의 공급자로 의지하지 못하도록 방해하는 것은 무엇인가?

● 그렇게 살자!

세상을 바꾸는 사람이 되기로 결단하라. 어떻게 하면 예수처럼 섬기는 자가 될 수 있는지에 대한 구체적 인도를 구하고, 공급자 되신 주님을 신뢰하는 법을 배우라. 주님께서 안내해 주시기를 기대하라. 주님의 지시를 받아 적으라. 도전 과제를 받아들이고 그대로 행하라!

## 옳은 것

"오직 너희는 원수를 사랑하고 선대하며,
아무 것도 바라지 말고 꾸어 주라
그리하면 너희 상이 클 것이요."
(눅6:35上)

### 우주 비행사 선발

지난 1950년대 말 그러니까 미국이 러시아와 우주 진출 경쟁을 벌이겠다던 때, 그때까지 인간이 우주에 가본 적은 없었다. NASA는 이 최초의 비행을 할 사람들을 선별해야 했다.

아이젠하워(Eisenhower) 대통령은 시험 비행을 마친 기록이 있는 군대 장교여야 한다고 했다. 거기에 더해 모든 후보자들은 40세 이하로 공학 대학교 학위를 가지고 있어야 했다. 우주 캡슐의 규제 사항은 키가 178cm 이하, 몸무게 81kg 이하여야 한다고 했다.

우주에서 있는 것이 육체적으로나 정신적으로 어떤 영향이 있을지에 대해 거의 알려진 바가 없었기에, 잠재적 후보자들은 극단의 정신, 신체, 환경 테스트를 여럿 거쳤을 뿐만 아니라, 강도 높은 신체 검사도 여러 차례 통과해야 했다. 또한 다양한 스트레스 조건에 노출되고, 두 명의 심리학자와 두 명의 정신과 의사들이 심리 상태를 진단하기도 했다.

그 결과, 머큐리 세븐(Mercury 7)으로 알려진 최초의 비행사들은 국가적 영웅이 되었다. 그들의 선발 과정과 우주에서의 임무는 1979년 탐 월프(Tom Wolfe)가 쓴 〈옳은 것The Right Stuff〉의 출간으로 영원히 기억되게 되었다. 그들은 모두 "옳은 것"을 갖고 있었고, 그들에게 요구된 가장 엄격한 잣대에 부응했다.

### 전적인 헌신의 마음

하나님께서는 그분의 자녀들이 "옳은 것"을 갖게 되기를 기다리신다. "여호와의 눈은 온 땅을 두루 감찰하사 전심으로 자기에게 향하는 자들을 위하여 능력을 베푸시나니." (대하 16:9 下) 어떤 마음이 "전심으로 헌신된" 것인가? 자신을 향한 하나님의 목적과 소명, 방향성을 구하는 사람이요, 통치 훈련에 헌신된 사람이다. 지속적으로 마음 밭을 갈아 엎고 말씀의 씨앗을 심어, 하나님께 풍성한 추수를 거둬드리고자 하는 사람이다.

아버지 하나님께서는 이들이 "자발적이고 순종적"이라고 표현하신다. 그들이 땅의 선한 것을 유업으로 받을 것이요 번영할 것이라고 선포하신다. (사 1:19) 어떻게 자발적이고 순종적이게 되는가? "

이 율법책을 네 입에서 떠나지 말게 하며, 주야로 그것을 묵상하여 그 안에 기록된 대로 다 지켜 행하라 그리하면 네 길이 평탄하게 될 것이며 네가 형통하리라." (수 1:8)

이 여호수아 말씀은 너무나 자주 번영의 측면에서만 해석이 된다. 하나님의 말씀을 묵상하면 번영하게 되리라는 뜻이다. 하지만 사실 하나님께서 하시는 말씀의 초점은 거기에 있지 않다. 주님의 말씀을 지속적으로 묵상하면, 그분께서 하시는 말씀에 자발적이고 순종적이게 되리라는 뜻으로 말씀하시는 것이다. 하나님께서는 이렇게 자발적이고 순종적인 마음을 아주 귀히 여기시기 때문에, 번영으로 갚아 주신다.

같은 말을 되풀이하는 것처럼 들릴지라도, 모든 게 마음의 상태에 달린 것임을 다시 강조해야겠다. 우리 마음의 동기가 하나님께는 전부다. 주님께서는 그저 섬기는 사람들을 찾으시는 것이 아니다. 자발적이고 순종적으로 섬기는 자들을 찾고 계신다. 섬기는 사람도 있고 아낌 없이 섬기는 사람들도 있지만, 그 동기는 받는 데에 있다. 여전히 자신들의 공급원이요 공급물인 부에 초점을 두고 있는 것이다. 하나님께서는 섬기는 자가 되는 그분의 비전을 우리가 붙잡기를 원하신다.

하나님께서는 우리가 드리거나 섬기는 물질-그것이 얼마나 큰 것이든 상관 없이-이 아니라 마음의 동기에 대해 포상하신다. 아버지를 사랑해서 아버지 하나님과 같은 마음을 품고 그렇게 섬기고자 하는 자녀들을 찾으신다. 주님의 손에서 떨어지는 선물이 아니라, 주님의 얼굴을 구하는 사람들 말이다.

주님께서는 어떤 형태든 율법주의는 싫어하신다. 왜냐하면 율법주의는 다름 아닌 속임수이기 때문이다. 여호와께서는 옛 이스라엘에서 그분의 말씀을 알기를 원치 않는다는 이유로 백성들을 꾸짖으셨다. 그들은 주님의 축복을 원했지 그분의 도를 알고자 하는 데에는 관심이 없었다. 예배의 행위는 했으나 그저 자신들이 원하는 축복을 위한 목적일 뿐이었다. 주님께선 말씀하셨다.

"이 백성이 입으로는 나를 가까이 하며 입술로는 나를 공경하나 그들의 마음은 내게서 멀리 떠났나니, 그들이 나를 경외함은 사람의 계명으로 가르침을 받았을 뿐이라." (사 29:13)

예수처럼 섬기는 것은 하나님께서 우리를 번영으로 축복해 주시도록 만드는 공식이 아니다. 예수처럼 섬기는 것은 아버지 하나님의 형상을 닮도록 성장하고, 그분과 똑같이 자발적이고 기쁜 마음으로 베풀게 될 수 있는 기회다.

### 섬김에 대한 가장 잘못된 인용의 예

이 구절을 인용하는 메시지는 많이 들었다. 섬김에 대한 보편적 원칙을 선포하는 말씀이다.

"주라. 그리하면 너희에게 줄 것이니 곧 후히 되어 누르고 흔들어 넘치도록 하여 너희에게 안겨 주리라. 너희가 헤아리는 그 헤아림으로 너희도 헤아림을 도로 받을 것이니라." (눅 6:38)

흔히 하는 실수처럼 이 구절을 문맥에서 떼어내면, 번영에 대한 공식처럼 보인다. 섬기기만 하면 번영할 것이고, 더 많이 섬길수록 더 크게 번영한다는 뜻인 것 같다.

하지만 문맥 가운데의 흐름을 보면, 다른 의미가 발견된다.

네게 구하는 자에게 주며 네 것을 가져가는 자에게 다시 달라 하지 말며, 남에게 대접을 받고자 하는 대로 너희도 남을 대접하라. 너희가 만일 너희를 사랑하는 자만을 사랑하면 칭찬 받을 것이 무엇이냐. 죄인들도 사랑하는 자는 사랑하느니라. 너희가 만일 선대하는 자만을 선대하면 칭찬 받을 것이 무엇이냐. 죄인들도 이렇게 하느니라. 너희가 받기를 바라고 사람들에게 꾸어 주면 칭찬 받을 것이 무엇이냐. 죄인들도 그만큼 받고자 하여 죄인에게 꾸어 주느니라 오직 너희는 원수를 사랑하고 선대하며 아무 것도 바라지 말고 꾸어 주라. 그리하면 너희 상이 클 것이요. 또 지극히 높으신 이의 아들이 되리니, 그는 은혜를 모르는 자와 악한 자에게도 인자하시니라. 너희 아버지의 자비로우심 같이 너희도 자비로운 자가 되라 비판하지 말라. 그리하면 너희가 비판을 받지 않을 것이요. 정죄하지 말라 그리하면 너희가 정죄를 받지 않을 것이요. 용서하라. 그리하면 너희가 용서를 받을 것이요. 주라. 그리하면 너희에게 줄 것이니 곧 후히 되어 누르고 흔들어 넘치도록 하여 너희에게 안겨 주리라 너희가 헤아리는 그 헤아림으로 너희도 헤아림을 도로 받을 것이니라.
(눅 6:30-38)

여기서 핵심이 되는 메시지는 섬기는 자가 되어야 한다는 것이다. 하나님께서는 우리를 그분의 왕국으로 초청하시는데, 그곳은 우리가 아는 이 세상과 전혀 다른 방식으로 돌아가는 곳이다. 여러 면에서 주님의 왕국은 우리가 살고 있는 세상과 정반대다. 우리에게 갚을 수 없는 이들을 섬겨야 하고 자격이 없는 사람들을 사랑해야 하고, 우리에게 상처 주는 이들에게 자비를 베풀어야 한다. 우리가 대접 받고 싶은 대로 다른 이들을 대해야 하며, 그들이 무엇을 갚든 아니 갚든 상관 없이, 그들이 행동을 취하기 전에 그렇게 해야 한다.

이것은 세상의 모든 지혜에 대치되는 무모한 섬김이다. 세상은 우리에게 "눈에는 눈" 식으로 갚으라고 말한다. 세상은 모든 것을 취하여 쌓아두면 번영할 것이라고 말한다. 왜냐하면 줘버리면 잃어버린 바 되기 때문이다. "벌 수 있는 대로 다 벌어서, 그대로 다 묶어두고 그 위에 안주하라"는 철학이다. 하지만 하나님께서는 관대하게 베풀라고 하시며, 그렇게 할 때 우리가 그분을 따라 하는 것이라고 말씀하신다.

〈축복된 삶〉에서 로버트 모리스는 이렇게 요약한다.

"다시 말해, 하나님께서는 '그저 섬기기 위해 섬길 때, 내가 훨씬 더 큰 분량으로 네게 갚아줄 것이다'라고 말씀하신다. 보상을 주시는 것은,

하나님으로 하여금 우리 마음 가운데 섬김의 영역-받는 영역이 아닌-에 역사하시도록 해드렸기 때문이다. 주님께서는 우리 마음에 관심을 갖고 계신다. 그리고 올바른 초점을 가진 마음은 받는 몫보다 섬기는 몫을 인해 더 짜릿해한다."

예수께서는 또한 이런 식으로 섬길 때, 우리에게도 돌아올 것이라고 분명히 말씀하신다. 즉 돌아올 것을 기대하지 않고 섬기면, 우리의 상급이 클 것이라는 뜻이다. 왜냐하면 아버지 하나님처럼 행하는 것이기 때문이다.

### 섬김의 은혜

자발적 순종에는 변화시키는 능력이 있다. 아버지 하나님처럼 섬기기로 마음의 결정을 내리면, 주님의 은혜가 내주하시는 성령의 능력을 통해 우리 안에 풀어진다. 하나님께서는 우리가 스스로의 노력으로 섬기는 자가 되기를 기대하지 않으신다. 오직 사랑으로 주님께 복종하고 선택하길 원하시는 것이다. 빌립보서 2장 13절은 확실히 말씀하고 있다.

"너희 안에서 행하시는 이는 하나님이시니, 자기의 기쁘신 뜻을 위하여 너희에게 소원을 두고 행하게 하시나니."

하나님께서는 결코 우리에게 은혜 주시는 이상으로 무언가를 행하기를 요구하지 않으신다. 주님께 복종하여 자신을 드릴 때, 주님께서는 그분의 임재, 부요와 축복으로 더욱 더 우리를 채우신다. 주님의 사랑은 우리 안에서 계속 자라고, 우리는 그 사랑의 통로가 된다. 우리는 예수를 닮은 성품 안에서 성숙하여 더 섬기게 되고 점점 더 아버지 하나님을 닮아가며, 섬김을 통해 세상 가운데 하나님의 왕국을 나타내게 된다. (요일 4:15-17) 하나님의 은혜에는 막대한 능력이 있어, 우리만 아니라 우리 주변의 세상을 변화시킬 수 있다. 우리는 우리를 통해 하나님의 은혜를 풀어 놓으실 수 있도록 동의하기만 하면 된다.

섬김의 은혜가 우리 안에 풀어지면 우리는 다음과 같은 유익을 거두게 될 것이다.

- 하나님을 공급자로 안다. 주님의 공급을 확신하고 모든 것이 주께로 말미암음을 인식한다. 주님 손에서 나온 것을 돌려드리는 게 우리가 하는 일의 전부다. (대상 29:14上)

- 재정적 두려움과 걱정을 극복한다. 하나님의 왕국을 먼저 구하며, 매일 필요를 채우시는 것을 체험한다. (마 6:31-33)

- 섬김을 통해 재정 경영에 질서가 잡힌다. 우선 순위가 달라진다. 더 이상 소유를 축적하는 데에 사로잡히지 않는다. 자유롭게 세상을 변화시키는 사람이 될 수 있다! (잠 3:9-10)

- 맘몬의 요새를 무너뜨리고 가난의 영에 맞설 수 있다.
  (눅 12:15, 딤전 6:7-10)

- 섬김 때 주변의 세상으로 하나님의 변화시키는 은혜가 풀어진다. 섬김이 펌프질을 하게 한다. 우리 안에 섬김의 은혜를 풀어 놓을 뿐만 아니라, 다른 이들 가운데에도 섬김의 은혜가 살아나게 한다.

우리는 하나님의 은혜의 변화 능력에 대한 이해가 매우 부족하다. 캘리포니아주 레딩(Redding)에 위치한 베델 교회(Bethel Church)의 원로 목사이자 나와 언약을 맺은 친구 빌 존슨(Bill Johnson)은 섬김의 은혜에 대한 놀라운 간증을 들려주었다.

교회 성도 한 명이 스타벅스 커피숍에서 드라이브 스루(drive-through)를 하고 있었다. 그는 자신의 차 뒤에 같은 교회 성도들이 있는 것을 보았다. 그래서 후진을 하여 뒷사람들이 주문한 게 얼마냐고 물었다. 스타벅스 직원은 금액을 이야기해 주었고, 그는 뒷사람들의 주문까지 결제했다.

그리고 다음 차의 차례가 되었을 때, 성도는 앞의 친구가 자신의 커피 주문을 결제한 것을 알고 자신의 뒤에 있는 사람을 위해서 자신도 같은 행동을 하기로 결정한다. 그래서 이런 식으로 네 시간 동안 결제가 이어졌다! 네 시간 동안 중단 없이 서로 섬김이 줄을 이었는데, 줄을 선 사람들의 대부분이 교회 성도들이 아니었다. 하나님의 섬김의 은혜가 한 사람에게 역사하니, 네 시간 동안 한 무리의 사람들의 태도를 변화시킨 것이다.

그분의 길을 따르기로 선택할 때 하나님께서는 방향을 알려주시고 안내해 주신다. 다음 장에서는 섬김의 은혜 안에서 자라갈 수 있도록 도와줄, 하나님의 구체적 지시 사항들을 살펴보기로 하자.

● 정리해 보자

하나님께서는 온 맘으로 자발적이고 순종적으로 섬김에 헌신한 사람들을 찾고 계신다. 이런 사람들은 축복을 받기 위해 섬기는 것이 아니다. 아버지 하나님의 형상을 닮기 위해 섬기는 것이다. 왜냐하면 주님과 같이 아낌 없이 기쁨으로 드리는 사람이 되고자 갈망하기 때문이다. 그들은 주님의 공급 안에서 안정감을 느끼며, 주님의 사랑에 복종하여 그분의 은혜로 하여금 자신들의 마음과 삶을 변화시키도록 만든다.

● 스스로 물어보자

누가복음 6장 38절을 다시 읽어보자. 이제 좀 다르게 읽히는가? 그렇다면 어떻게 이해가 달라졌는지 설명해 보라.

섬김의 은혜를 통해 풀어지는 유익들의 목록을 살펴보라. 현재 삶 가운데 가장 거두고 싶은 유익은 무엇인가? 왜 그런가?

하나님의 사랑에 굴복하여 아낌 없이 베푸는 자가 된다고 상상해 보라. 어떤 느낌이 드는가? 기쁨? 두려움? 분노? 압도? 그 외 다른 감정? 그렇게 느끼는 이유는 무얼까?

● 그렇게 살자!

돈에 대한 태도는 여러분의 마음이 어떠함을 보여 주는가? 자발적으로 하나님께 순종하여 아낌 없이 드리고 싶은가? 섬김에 대한 마음의 동기를 스스로 정직하게 평가해 보라.

6장

# 예수와 같이 섬기는 자가 돼라

**하나님께서는** 모든 면에서 예수 닮기를 원하신다. 주님께서는 우리에게 은혜를 주시지만, 그분을 신뢰하고 마음을 열어야 그 은혜가 우리 안에서 변화시키는 능력을 발할 수 있다. 하나님께서는 우리의 마음을 감찰하신다. 왜냐하면 인생의 진정한 문제들은 마음으로부터 말미암음을 아시기 때문이다.

주님께서는 그분의 왕국의 자원들을 우리에게 위임하신다. 이는 책임감 있게 관리할 수도 있고 낭비해 버릴 수도 있는 우리 소유다. 왕국의 자원을 관리한다는 것은, 우리에게 주어진 또 다른 통치 훈련의 기회다. 하나님께서는 우리가 예수처럼 배푸는 자들이 되기를 원하신다. 주님께서는 섬김의 은혜를 통해 점차적으로 그분의 왕국 가운데 우리가 무엇을 소유했는지 그 소유의 목적이 무엇인지, 그것들을 어떻게 사용해야 하는지 배우기를 원하신다.

하나님의 은혜는 값없이 주어진 선물이다. 우리가 벌지 아니한 호의이며, 우리의 선행이 흘러나오는 수원(水源)이다. 하나님의 은혜에 복종할 때, 그 은혜는 예수와 같은 삶을 살 수 있는 능력이요 동기가 된다. 은혜는 내면에서부터 시작되는 변화의 과정인 반면, 율법은 태도와 관련된 외부적 명령의 모음이다.

그러므로 은혜는 율법보다 훨씬 더 높은 삶과 행동의 기준으로 우리를 부른다. 예수처럼 섬기는 자들로서 우리는 위임받은 십일조에 매이거나 제한 받아선 안 된다. 하나님께서 인도하시는 때에, 인도하시는 대상에게, 인도하시는 대로 자유로이 드려야 한다. 상황에 무관하게 어느 때고 섬길 준비가 되어 있어야 하며, 우리의 나눔은 뿌림과 거둠의 법칙에 부합해 흘러간다. 예수처럼 섬긴다는 것은 관대하며 다른 이들을 축복하고, 하나님의 왕국을 확장하는 것이다.

6부에서는 내가 목사로서 섬김에 대해 흔히 받는 질문들에 대한 답변을 나누고자 한다. 종반에는 하나님의 마음에 중심이 되는 섬김의 일면, 즉 가난한 자를 돌보고 필요를 채우는 일에의 참여에 대해 살펴볼 것이다.

# 대체 누가 주인인가?

"그리고 맡은 자들에게 구할 것은 충성이니라."
(고전 4:2)

**소유권 확립**

몇 년 전 전도자이자 목회자인 그렉 로리(Greg Laurie)가 이런 이야기를 하는 것을 들었다.

위협을 느낄 때를 위해 대비하기로 결단한 노년의 한 여성이 있었다. 그녀는 권총 사용 훈련 코스에 등록해서 수료를 했다. 어느 날 쇼핑을 하고 돌아 온 그녀는 차 안에 네 명이 타고 있는 것을 발견한다. 즉시 그녀는 장바구니들을 내려놓고, 총을 쥔 뒤 소리쳤다.

"나한테 총이 있어요. 총 쏠 줄 안다고요! 빨리 차에서 나가요!"

네 남자는 재빨리 차에서 나가 도망쳤다.

조금 떨리는 심정으로 그녀는 장바구니들을 뒤트렁크에 싣고 차에 탔다. 하지만 차에 시동을 걸 수 없는 것이었다. 조금씩 그녀의 눈앞에 보이기 시작한 것은, 몇 칸 옆에 주차되어 있는 같은 종류의 자기 차였다.

그래서 마땅히 해야 할 일을 하기로 했다. 장바구니들을 자신의 차에 싣고서 경찰서로 가서 자수했다.

책상에 앉은 경사는 웃다가 의자에서 거의 떨어질 뻔했다. 그는 카운터의 반대편을 가리켰는데, 그쪽에는 네 남자가 두꺼운 안경을 쓴 백발 곱슬 머리의 할머니가 권총을 들고서 자신들의 차를 강탈했다고 조서를 꾸미고 있었다. 어떤 혐의도 제기되진 않았다.

이 이야기 속의 할머니처럼, 우리에겐 내 것이라고 생각하는 것을 지키고 싶어하는 경향이 있다. 돈 문제를 두고 일어나는 사소한 언쟁이 결혼을 깨뜨리고 가족 관계를 무너뜨리며, 법정 소송으로 이어지는 것들을 보았다. 전부 사람들이 마땅히 "내 것"이라고 생각하는 것을 지키려고 한 탓이었다.

그 할머니가 자신의 차가 아니었음을 처음부터 알았다면, 네 남자로부터 그것을 되찾기 위해 그렇게까지 극단적인 방법을 쓰지는 않았을 것이다. 감정적인 불편을 겪을 일도 없었을 것이요 그냥 그 차를 지나쳐 자신의 차에 타고, 집으로 갈 수 있었을 것이다. 우리가 소유한다고 생각하는 모든 것들이 실제로는 본래의 합법적인 소유주 아버지 하나님께만 속한 것임을 깨닫는다면 우리도 나아질 것이라고 믿는다.

그러면 이렇게 생각할지도 모르겠다.

"잠깐만. 나는 열심히 일해서 급여를 받아. 10원짜리 하나까지 내가 번 거라고! 그런데 뭐가 하나님의 소유라는 거야?"

물론 충분히 그렇게 생각할 수도 있다. 그러니 이제부터 왜 하나님께서 소유하셔야 마땅한지 설명해 보이겠다.

무엇보다 먼저, 하나님께서는 창조주시다.

"태초에 하나님이 천지를 창조하시니라." (창1:1)

모든 것은 원래 하나님께서 지으신 것이다. 하나님께서 최초에 만들지 않으신 것이 우리에게 전해진 것은 없다. 시편 24편 1-2절은 명확하게 이 사실을 짚어주고 있다.

"땅과 거기에 충만한 것과 세계와 그 가운데에 사는 자들은 다 여호와의 것이로다 여호와께서 그 터를 바다 위에 세우심이여 강들 위에 건설하셨도다."

역대상 29장도 시편 기자의 말을 받고 있다. 땅과 하늘의 모든 것이 주님의 것이며 부와 명예가 그분께로부터 나오니, 여호와께서 만유의 통치자시라고 선포하는 것을 보라. 신약의 골로새서 1장에도 이런 말씀이 있다.

"만물이 그에게서 창조되…그를 위하여 창조되었고"(16절)

둘째로, 우리는 소유했다고 생각하는 바에 대해서도 제한된 통제권을 갖고 있다. 텍사스에 사는 백만장자의 죽음에 대해 논하는 두 사람 이야기를 들어본 적이 있는가? 한 사람이 먼저 물었다. "그 죽은 텍사스 사람은 대체 얼마를 남긴 거야?" 다른 사람이 대답했다. "전부 남겼지." 그 죽은 사람은 결코 아무것도 "소유"하지 못했다. 아무것도 가져가지 못했기 때문이다. 그럴 수 있는 사람은 아무도 없을 것이다.

솔로몬도 지혜를 가지고 말했다.

"그가 모태에서 벌거벗고 나왔은즉 그가 나온 대로 돌아가고, 수고하여 얻은 것을 아무것도 자기 손에 가지고 가지 못하리니."(전 5:15)

바울 사도도 젊은 제자 디모데에게 동일한 내용으로 권고하면서, 돈을 적절하게 쓰고 다룰 것을 이야기했다.

"우리가 세상에 아무 것도 가지고 온 것이 없으매, 또한 아무 것도 가지고 가지 못하리니"(딤전 6:7)

### 하나님의 부 관리하기

지금쯤 궁금증을 갖고 있는 사람도 있을 것이다.

"아무것도 소유하지 못한다면, 이제 나한텐 뭐가 남는 거죠?"

사실 남는 것은 아주 좋은 것들이다. 몇 가지 물질을 소유하는 대신, 하나님의 자녀로서 우리는 아버지 하나님의 부를 관리하게 된다.

재산 관리의 탁월한 예를 구약에서 찾아볼 수 있으니, 바로 요셉의 이야기다. 그는 이집트 사람인 주인 보디발의 종이었지만, 주인의 모든 소유가 요셉의 수하에 위탁되었다.

"주인이 그의 소유를 다 요셉의 손에 위탁하고, 자기가 먹는 음식 외에는 간섭하지 아니하였더라."(창 39:6)

보디발의 재산을 관리하면서 요셉은 최고의 음식을 먹고 가장 좋은 옷을 입을 수 있었다. 요셉은 자산 전체의 부와 자원을 처리하고 통제하였지만, 궁극적으로 그 소유권은 주인인 보디발에게 있었다.

요셉은 재산 관리의 첫 번째 예가 아니다. 처음부터 하나님께서는 우리에게 모든 창조 세계의 관리 책임을 주시고자 하셨다. 여호와께서는 에덴 동산에서 아담과 하와에게 다른 모든 피조물에 대한 권세와 지배권을 주셨다. 그들은 소유주가 아니라 관리자였다. 하나님께서는 선과 악을 알게 하는 나무를 출입금지 구역으로 두시면서 그 점을 명확히 하셨다. 아담과 하와가 제약을 침해하여 나무의 열매를 먹은 것은 마치 소유주와 같은 행동이었다. 그 순간 그들은 동산에서 퇴거되었다. 하나님께서 합법적인 소유주이셨기 때문이다. 여호와께서 그들의 주님이셨다.

관리자로서 우리의 책임과 우리에게 위임된 것이 무엇인지를 이해할 때, 우리는 하나님께서 그분의 왕국의 놀라운 재물들을 관리할 수 있게 준비시켜 주심을 깨닫게 된다. 이것은 우리가 평생 스스로 노력하여 축적할 수 있는 부를 훨씬 초월한다. 아버지 하나님께서는 우리에게 관리할 수 있는 재산을 주시겠다고 확실히 말씀하신다.

"그러나 네가 마음에 이르기를, 내 능력과 내 손의 힘으로 내가 이 재물을 얻었다 말할 것이라. 네 하나님 여호와를 기억하라. 그가 네게 재물 얻을 능력을 주셨음이라. 이같이 하심은 네 조상들에게 맹세하신 언약을 오늘과 같이 이루려 하심이니라." (신 8:17-18)

이렇게 생각해 보자. 새 언약으로 우리는 하나님의 자녀가 되었다. 우리는 하나님의 아들 예수 그리스도와 함께 유업을 받을 자요, 하나님의 왕국이 우리의 기업이다. 우리는 이 땅에서 '가족 사업(하나님의 왕국)'의 재산을 관리할 책임을 받았다. 아버지 하나님께서는 우리가 그분을 대리해 모든 관리 활동을 할 수 있도록 위임장을 써 주셨다. 우리는 맡겨진 자원들을 책임 있게 관리할 수도 있고 헤프게 쓸 수도 있다.

### 통치 훈련으로서의 재산 관리

관리의 책임이라는 것은 우리 삶과 시간, 관심, 능력, 은사와 재정 등 모든 영역에 영향을 미친다. 책임을 가지고 관리해야 함을 깨달은 사람들은 이미 하나님과 합의를 이룬 사람들로, 삶 가운데 주님의 목적과 운명을 따르기로 한 것이다. 여기엔 우리의 영적 성숙도가 드러난다. 여호와께서 어떤 분이신지를 알아야 하는 것이다. 재정 관리에 관해서라면, 하나님께서는 우리를 주의 깊게 살펴보신다. 우리의 행동이 마음의 동기를 드러냄을 알고 계시기 때문이다.

예수께서는 동기에 대해 이렇게 말씀하셨다.

"그러므로 구제할 때에 외식하는 자가 사람에게서 영광을 받으려고 회당과 거리에서 하는 것 같이 너희 앞에 나팔을 불지 말라. 진실로 너희에게 이르노니 그들은 자기 상을 이미 받았느니라. 너는 구제할 때에 오른손이 하는 것을 왼손이 모르게 하여 네 구제함을 은밀하게 하라. 은밀한 중에 보시는 너의 아버지께서 갚으시리라." (마6:2-4)

예수께서는 이 말씀을 통해 아버지 하나님께서 찾으시는 사람들이 그분과 같이 아낌 없는 마음을 가진 사람들임을 분명히 하신다. 마음이 점점 예수를 닮아갈수록, 우리는 아버지 하나님의 말씀을 듣는 즉시 순종하여 아낌 없이 드리게 될 것이다. 두려움 없이 기쁨으로 드리는 사람들이 될 것이다. 아버지 하나님의 자녀이기에 더 많이 받게 될 것을 아는 것이다. '가족 사업'인 아버지의 왕국에 우리가 관리하는 자원들을 풀어 넣는 것이다. 상실감을 느낄까? 전혀 그렇지 않다. 가족 사업에 대한 투자는 가족 내 구성원 모두의 위치를 공고히 해주기 때문이다. 가볍고도 감사한 마음으로 우리가 가진 자원을 드릴 수 있다. 이것이 하나님께서 우리가 재정에 대해 갖길 원하시는 마음의 동기요 태도다.

왕국 자원의 관리자라는 직책을 이해하면 우리 안의 이기심이 없어진다. 아버지 하나님과 마음을 합하여, 그분의 방식대로 베푸는 법을 이해하게 된다. 모든 재정적 결정이 영적인 결정임을 깨닫게 된다. 그리고 하나님의 공급에 대한 확신이 있기 때문에, 스스로 결핍되리라는 두려움이나 공급에 대한 부담으로부터 자유롭게 된다. 우리의 소망은 돈이 아닌 아버지 하나님께 있다.

바울은 이러한 이해를 제자 디모데에게 보낸 첫 번째 편지에 요약했다.

"네가 이 세대에서 부한 자들을 명하여 마음을 높이지 말고 정함이 없는 재물에 소망을 두지 말고, 오직 우리에게 모든 것을 후히 주사 누리게 하시는 하나님께 두며 선을 행하고 선한 사업을 많이 하고 나누어 주기를 좋아하며 너그러운 자가 되게 하라. 이것이 장래에 자기를 위하여 좋은

터를 쌓아 참된 생명을 취하는 것이니라." (딤전 6:17-19)

하나님 왕국의 부를 책임 있게 관리하는 법을 배울 때, 우리는 하나님께서 의도하시는 수준으로 인생 경영을 계발할 수 있게 된다. 우리는 책임 있는 관리를 통해 관계 가운데 거룩한 질서를 세우게 된다. 첫째는 우리와 하나님의 관계요 또한 다른 이들과의 관계다. 이 정렬의 과정을 통해 우리 안에는 권세가 생기고, 아버지 하나님의 사랑 받는 자녀로서 그분과의 올바른 관계를 깨닫게 된다. 섬김의 은혜를 통해, 우리가 하나님의 왕국 안에서 무얼 소유하고 있는지 그것을 소유하는 목적이 무언지, 그리고 어떻게 사용해야 하는지를 점차적으로 배운다.

스티븐 드 실바(Stephen De Silva)는 저서 〈돈과 영혼의 번영 Money and the Prosperous Soul〉에서 이 과정을 이렇게 묘사한다.

"풍요의 근원이신 하나님을 마주하면 이전에 좋은 것들을 놓치며 느꼈던 두려움, 불안정, 무력감이 쫓겨 나간다. 새로운 관점으로 이제는 좋은 것들을 기대하게 된다. 올바른 때에 모든 필요가 채워질 것을 기대하게 된다. 불가능이 없을 것이라는 기대를 갖는다. 아버지 하나님의 왕국에 있는 모든 것이 내 것임을 안다."

마틴 루터도 지혜의 말을 남겼다.

"나는 손에 많은 걸 쥐어봤지만 모두 잃어버렸습니다. 하지만 하나님 손에 내어 드린 것은 모두, 여전히 내 소유입니다."

아버지 하나님께서는 우리를 통해 번영을 이루실 수 있다고 생각하실 때에 번영을 보내주실 것이다. 그리고 우리가 잘 돌봄을 받고 있는지 확인하실 것이다. 왜냐하면 아버지께서는 관대하시고 은혜가 풍성하시며, 인자와 자비가 한이 없으시기 때문이다. 주님께서는 우리가 스스로 분투하는 것보다 훨씬 우리를 잘 돌봐주실 수 있다.

아버지 하나님께서는 우리가 섬김의 은혜 안에서 자라나갈 수 있도록 몇 가지 지침과 지시를 세워 주셨다. 다음 장에서는 그것들을 살펴보기로 하자.

● **정리해 보자**

우리는 아버지 하나님께서 여호와시며 만유의 소유주이심을 깨달아야 한다. 우리는 그분의 자녀요 그 왕국의 상속자다. 하나님께서는 우리에게 그분의 재산을 관리할 큰 책임을 주사, 다른 이들을 축복하고 그분의 왕국을 확장하기를 원하신다. 책임 있게 왕국의 자원을 관리하는 것은 또 다른 통치 훈련의 기회다.

● **스스로 물어보자**

하나님께서 만유의 합법적 소유주이시고 여러분이 그분의 자녀라면, 여러분의 소유는 무엇인가?

하나님의 왕국의 자원들을 관리하도록 위임받았다는 사실을 알고 나니 재정적으로 더 안정감이 드는가, 덜 드는가? 이유는 무엇인가?

책임 있는 재산 관리를 통해 인생에서 어떠한 통치의 자질을 얻게 되는가? 여러분의 삶 가운데 지금 가장 필요한 자질은 무엇인가?

● **그렇게 살자!**

왕국 자원 관리자라는 것을 알고 나니 돈에 대한 생각, 여러분의 재정 관리에 대한 생각이 달라지는가?

## 예수처럼 섬기는 은혜

"하나님이 능히 모든 은혜를 너희에게 넘치게 하시나니,
이는 너희로 모든 일에 항상 모든 것이 넉넉하여
모든 착한 일을 넘치게 하게 하려 하심이라."
(고후 9:8)

### 정말 값없는 선물

우리가 사실상 매일 마주하게 되는 것이 있다. 다양한 형태로 나타나는 그것. "하나 구매 시 하나 무료," "무료 체험 기회," "지금 가입하시고 무료 사은품 받아 가세요." 항상 너무 좋고 너무 혹하여서 의심을 할 수밖에 없다. 왜냐하면 어려서부터 "세상에 공짜는 없다"는 말과 "믿을 수 없을 정도로 좋은 건 믿으면 안 돼"라는 말을 들어왔기 때문이다. 그러니까 우리는 스스로 생각한다. "무슨 상술일까?" 작은 문자로 인쇄된 내용이 없는지를 찾고, 거의 예외 없이 보이는 것과는 다른 모습이거나 무료 상품이 따지고 보면 그다지 "무료"가 아닌 경우를 발견한다.

그러니 하나님께서 우리에게 "값없는 선물"을 주시면 받기 어려워하는 것이 그다지 놀라운 일이 아닌 것이다. 하지만 주님의 값없는 선물만이 온 세상을 통틀어 진정으로 "무료"다. 모든 사람에게 공통적으로 전달되며 즉시 받을 수 있는 것이다. 이것은 주님의 은혜의 선물인데, 모두 공짜로 받는 줄 알지만 많은 사람들이 무엇이 선물인지를 모른다. 우리는 성경의 에베소서 2장 8-9절을 통해 알게 된다.

"너희는 그 은혜에 의하여 믿음으로 말미암아 구원을 받았으니, 이것은 너희에게서 난 것이 아니요 하나님의 선물이라. 행위에서 난 것이 아니니 이는 누구든지 자랑하지 못하게 함이라."

하지만 이 "은혜의 선물"이 대체 무엇인가?

어쩌면 대부분의 사람들이 은혜를 "공 없이 얻은 호의" 혹은 "공 없이 얻은 축복"으로 번역한 것을 보았을 것이다. 은혜를 뜻하는 헬라 단어는 "카리스"다. 기본적 의미는 "자격이 없거나 벌지 않은, 선물로 수여되었고 결코 행한 일에 대한 보상으로가 아닌 값없이 주어진 호의"다. 은혜를 뜻하는 것들 중 가장 흔히 쓰는 히브리 단어는 "헤쎄드"로, 인자나 변치 않는 사랑을 뜻한다. 사실 이 단어에는 힘, 확고함과 사랑이 결합된 복합적 개념이 있다. 은혜는 하나님의 핵심 성품을 묘사하며, 이스라엘을 향한 그 분의 언약으로 가장 잘 표현된다. 하나님께서는 사랑의 언약을 행하시고 보이시며, 영원히 지키심으로 은혜를 확증하신다. (신 5:10, 7:9, 출 20:6, 시 136)

하나님의 은혜는 우리 삶의 모든 영역에 영향을 미친다. 우리를 위한 하나님의 역사가 우리가 그분께 받는 모든 것을 둘러싼다. 하나님의 은혜에는 우리가 공로를 위해 행한 일, 하늘의 축복을 얻고자 행한 일, 우리에게 주신 것에 대한 대가로 행한 일에 대한 개념은 배제된다.

로마서 4장 3-5절을 보면 분명히 나타난다.

"성경이 무엇을 말하느냐. 아브라함이 하나님을 믿으매, 그것이 그에게 의로 여겨진 바 되었느니라. 일하는 자에게는 그 삯이 은혜로 여겨지지 아니하고 보수로 여겨지거니와, 일을 아니할지라도 경건하지 아니한 자를 의롭다 하시는 이를 믿는 자에게는 그의 믿음을 의로 여기시나니."

하나님의 은혜는 단순히 값없는 구원의 선물이 아니다. 주님의 은혜는, 우리가 믿음으로 그것을 사용할 때 삶 가운데 선한 일들이 이뤄지는 근원이 된다. 하나님께서는 예수를 닮은 삶을 살도록 능력과 동기 모두를 주신다.

"너희 안에서 행하시는 이는 하나님이시니, 자기의 기쁘신 뜻을 위하여 너희에게 소원을 두고 행하게 하시나니." (빌 2:13)

하나님의 은혜 가운데 행한다는 것은 신약적 생활 방식이다. 우리는 하나님께서 세우신 명령들을 따라 살지만, 공로를 얻으려는 게 아니라 이미 은혜를 받았고 거기서 그렇게 행할 수 있는 능력도 받았기 때문이다.

"이는 그리스도 예수 안에 있는 생명의 성령의 법이 죄와 사망의 법에서 너를 해방하였음이라 율법이 육신으로 말미암아 연약하여 할 수 없는 그것을 하나님은 하시나니, 곧 죄로 말미암아 자기 아들을 죄 있는 육신의 모양으로 보내어 육신에 죄를 정하사 육신을 따르지 않고 그 영을 따라 행하는 우리에게 율법의 요구가 이루어지게 하려 하심이니라." (롬 8:2-4)

### 은혜: 더 높은 부르심

메시아께서 죽으시고 죽음에서 부활하시기 전, 인류에겐 성령의 내주하는 능력이 없었다. 구약 시대에 성령은 일부 왕과 선지자들에게 "내려 왔지만," 그들 안에 거하진 않았다. 하나님께서는 모세의 율법을 주시며 요구되는 외부적 태도들에 주안점을 두셨지만, 늘 주님의 갈망은 그분의 율법이 우리 마음에 쓰여지는 것이었다. (렘 31:31-35, 히 8:10, 10:16)

그래서 예수께서 그분을 따르는 자들에게 율법을 재해석해 주신 것이었다. 주님께서는 이렇게 말씀하셨다.

"옛 사람에게 말한 바 살인하지 말라. 누구든지 살인하면 심판을 받게 되리라 하였다는 것을 너희가 들었으나, 나는 너희에게 이르노니 형제에게 노하는 자마다 심판을 받게 되고 형제를 대하여 나가라 하는 자는 공회에 잡혀가게 되고 미련한 놈이라 하는 자는 지옥 불에 들어가게 되리라…또 간음하지 말라 하였다는 것을 너희가 들었으나, 나는 너희에게 이르노니 음욕을 품고 여자를 보는 자마다 마음에 이미 간음하였느니라… 내가 너희에게 이르노니 너희 의가 서기관과 바리새인보다 더 낫지 못하면 결코 천국에 들어가지 못하리라."(마 5:21-22, 27-28, 20)

예수께서는 제자들에게 공의는 그저 외적인 태도의 문제가 아니라, 무엇보다 우선되게 마음의 자세의 문제라고 말씀하고 계신다. 잠언 23장 7절도 이 진리를 반영하고 있다. "대저 그 마음의 생각이 어떠하면 그 위인도 그러한즉." 바리새인들은 율법의 외부적 요구 사항들을 엄격하게 준수하는 사람들이었지만, 그들의 마음은 하나님의 공의의 참된 의도에 한참 못미쳤다. 예수께서는 공의가 정말 얼마만큼 깊이 있는 것인지 보여 주신다. 우리 마음의 중심까지 뚫고 들어오지 않는다면, 그것은 하나님께서 원하시는 공의가 아닌 것이다.

그러니까 우리가 받은 은혜의 새 언약은 사실상 모세의 율법보다 더 높은 기준의 공의로 우리를 부르는 것이다. 분명 이 높은 기준에 스스로 맞춰 나아갈 수 있는 사람은 없다. 하지만 그렇게 하기를 기대하시는 것도 아니다. 성경은 메시아 예수께서 우리의 공의가 되셨다고 아주 분명히 말씀한다. (고전 1:30) 또한 우리에겐 우리 안에 거하시며 옛 돌 같은 마음을 제하고 예수를 닮은, 살과 같은 마음을 주시는 성령의 은혜도 있다. (겔 11:19, 36:26, 갈 3:13-14) 은혜 아래서 더 높은 삶의 표준으로 부르심을 받은 것이다. 공의를 획득하기 위해서가 아니라, 예수 안에서 이미 공의로워졌기 때문이다.

모세의 율법 하에서 사람들은 매년 늘어난 모든 것의 10분의 1을 뜻하는 십일조를 여호와께 드리도록 명 받았다. 다른 형태의 드림으로는, 절기 십일조, 자선의 십일조, 감사의 제사와 흔드는 제사(요제)가 율법에 명시되어 있다. 이러한 외적인 준수들은 명시적으로 기록된 것이며, 하나님께서는 이에 따르는 사람들을 축복하겠노라 약속하셨다. 오늘날도 많은 진실된 그리스도인들이 이 성경의 위임을 믿음으로 십일조를 드리고 있다. 이 위임이 여전히 유효하다고 믿는 것이다. 나도 그런 사람들 중 하나였기 때문에 아는 바다.

청소년기에 처음 그리스도인이 되었을 때부터 나는 십일조를 해야 한다고 배웠다. 그리고 그에 대해 의문을 가져본 적이 없었다. 우리 부부는 결혼 이후 매년 십일조 이상을 드려 왔다. 하지만 최근에 나는 입장이 변화하고 있는 것을 느꼈다. 내가 믿는 것은 하나님의 은혜에 대한 더 깊은 이해요 그 은혜가 우리 삶에 역사하는 방식이기 때문이다.

예수께서는 모세 율법이 여전히 유효한 시대에 태어나셨지만 새로운 삶의 길로 향하는 전환을 만들기 위해 오셨다고 분명히 말씀하셨다. 바리새인들에게 이렇게 말씀하신 적이 있다.

"세례 요한의 때부터 지금까지 천국은 침노를 당하나니, 침노하는 자는 빼앗느니라. 모든 선지자와 율법이 예언한 것은 요한까지니 만일 너희가 즐겨 받을진대 오리라 한 엘리야가 곧 이 사람이니라. 귀 있는 자는 들을지어다."(마 11:12-15)

말라기 선지자는 예수 탄생보다 400년 이상 앞서 살았는데, 메시아께서 오시되 망토를 입은 자가 그분보다 앞서 올 것이라고 기록했다. 선지자 엘리야의 기름 부으심을 말한 것이다. 나는 예수께서 하신 말씀이

혁명적이었다고 믿는다. 먼저, 세례 요한이 엘리야와 같은 기름 부으심을 소유했다고 주장하신 것은 예수님 자신이 메시아이심을 말씀하신 것이다. 또한 율법과 선지서는 요한의 때까지 유효하다고 하셨는데, 요한의 사역이 새로운 시대, 곧 하늘 왕국의 시대를 여는 선두주자 역할을 했다는 것이다.

예수께서는 천국에 대해 자주 말씀하셨다. 그리고 많은 비유들로 묘사하셨다. 주님께서는 그분을 따르는 제자들에게 중대한 패러다임의 전환을 요구하고 계심을 아셨다. 그들의 이해를 돕기 위해 이러한 비유도 하셨다.

"새 포도주를 낡은 가죽 부대에 넣는 자가 없나니, 만일 그렇게 하면 새 포도주가 부대를 터뜨려 포도주와 부대를 버리게 되리라. 오직 새 포도주는 새 부대에 넣느니라 하시니라." (막 2:22, 마 9:17, 눅 5:35-39)

그분께서 주시는 새 생명에는 새로운 생각의 패러다임이 요구된다고 말씀하신 것이다. 더 이상 율법의 외적 준수에 묶여 있을 것이 아니었다. 왜냐하면 아버지 하나님께서는 마음에 그분의 율법을 쓰실 것이기 때문이다. 하나님께서는 또한 그분의 영을 주사, 율법으로 얻어질 수 있는 것을 훨씬 초월하는 높은 수준의 삶을 가르치고 실제로 살 수 있는 능력을 주시고자 했다.

**예수처럼 섬기는 새 부대**

하나님의 은혜가 모세의 율법보다 더 높은 기준으로 인도한다면, 하나님께서는 우리에게 어떠한 섬김을 원하신다고 생각하는가? 십일조와 같이 수입의 고정된 비율을 드리기로 고수하는 대신, 우리가 예수처럼 섬기는 삶을 살아 아버지 하나님과 같은 아낌 없는 마음을 우리 안에 만들어가시고자 한다고 믿는다. 십일조는 외부적 기준에 대한 순종을 요구했다. 예수처럼 드린다는 것은 성령께서 내면에서 인도하시는 것을 따라 아버지 하나님의 관대하심에 합력하는 것이다. 이는 하늘 아버지와의 친밀한 관계에서 흘러나오는 것이다. 나는 십일조를 의심하는 그리스도인들을 많이 만났는데, 그들은 예수처럼 섬기는 훈련도 피하고 있었다. 그런 이들은 아낌 없이 섬기는 일이 거의 없다. 하나님의 이끄심을 따라 정기적으로 베풀면서, 아낌 없이 섬기는 기쁨을 체험하지 못한 사람은 본 적이 없다.

우리가 아버지 하나님께 드리는 방식이 왜 그렇게 중요할까? 우리는 그분과의 친밀한 관계 안에서 충족감을 찾도록 지음 받았다. 하나님께서는 우리가 삶 가운데 그분을 일순위로 두고 우리에게 주신 그분의 약속들을 신뢰하며, 그분을 우리의 공급자로 바라보길 원하신다. 우리는 주님께서 왕이시며, 우리는 그분의 자녀요 그분의 자원들을 관리하는 자임을 깨달아야 한다. 이렇게 생각이 정렬되면, 우리는 권세와 지배권을 되찾고 이 땅에서 하나님의 왕국을 확장할 수 있게 된다. 이것은 우리의 것이 아닌 여호와의 일이므로, 우리는 그분께 복종하여 우리의 소명에 대한 그분의 뜻과 계획을 선택해야 한다. 그럴 때에만 주님께서 주시는 은혜로운 변화의 능력이 우리 안에 나타날 수 있다. 내주하는 주님의 성령의 능력을 통해서 말이다.

예수처럼 섬긴다는 것은 순종적으로 우리의 시간, 능력, 물질적 소유를 드린다는 것인데, 먼저 아버지 하나님께서 그분의 왕국의 유익을 위하여 그분을 섬기도록 우리에게 맡겨 주신 바임을 확신해야 한다. 아버지 하나님을 사장님이요 모든 것의 소유주로 인정하는 사고방식과 생활방식인 것이다. 우리는 주님의 자녀요 수임자요, 이 땅에 임한 주님의 왕국이라는 '가족 사업'의 관리자다.

하나님의 은혜는 새 언약에 상응하는 성화의 삶으로 우리를 부른다. 우리가 인생에 가진 모든 것은 아버지 하나님께서 맡겨 주신 것이다. 우리는 하나님께서 주신 자원들을 사용하여 하나님께서 주신 임무들을 수행한다. 우리의 통장은 우리가 섬김에 있어 실제로 어떻게 행하고 있는지를 드러낸다. 왜냐하면 거기엔 우리의 목표, 우선 순위, 확신, 관계와 시간 사용이 나타나기 때문이다. 우리의 행동은 우리 마음의 깊이와 그리스도를 닮은 성품의 은혜가 어느 만큼 우리 안에 형성되고 있는지를 보여 준다.

그리스도와 같은 섬김은 돈에 대한 것이 아니라, 우리의 마음과 아버지 하나님과의 관계에 대한 것이다. 주님께서는 그분께서 인도하심에 따라 우리가 언제, 어떻게든 자발적으로 섬기기를 원하신다. 우리 마음이 점점 더 관대해지고 주님처럼 은혜로 충만해지기 때문이다. 옛적부터 하나님의 갈망은 그분의 백성 가운데 은혜가 펼쳐지는 것이었다. 희생 제사와 같이 외부적인 준수만이 아니라 말이다. (호 6:6, 미 6:8) 작은 것(우리에게 위탁된 물질적 소유)을 관리하는 데에 믿을 만하다는 것을 증명해 보일 때, 주님께서는 그분의 왕국의 참된 부요로 우리에게 맡기실 수 있게 된다. (마 6:19-21, 눅 16:9-13) 예수처럼 섬긴다는 것은 영적 성숙도와 하나님 왕국의 권세와 지배권 속으로 풀려 들어갈 준비가 되었는지 여부를 보여 주는 증거가 된다.

우리는 역사상 가장 위대한 이 일, 곧 주님의 왕국을 이 땅 위에 세우는 데에 주님과 동역하도록 부르심을 받았다. 예수처럼 섬긴다는 것은 아버지 하나님께서 우리에게 허락하시는 통치 훈련 중 하나다. 우리가 예수처럼 섬긴다는 것의 목적을 진짜로 이해한다면, 전심으로 기쁨으로 그것을 포용하게 될 것이라 생각한다.

**십일조에 대한 종언**

여러분이 하나님의 왕국을 위해 드리는 데에 관대했든지 아니 했든지, 이제는 십일조를 시작해 지켜나가야 된다고 믿는다. 하지만 은혜 안에서, 예수처럼 섬기도록 부르신 것이 십일조 준수를 대체했다고 믿는다. 은혜는 율법을 초월한다. 새 언약 하에서 우리는 십일조 이상을 아낌 없이 섬길 수 있다.

오늘날은 안타깝게도 부를 획득하는 데에 초점을 둔 번영의 복음이 교회에 정착되었다. 우리의 마음을 변화시키는 대신 말이다. 성경이 마치 공식이나 의식인 듯 접근하여, '십일조' 행위를 하면 마치 하늘의 자동판매기처럼 하나님께서 물질적 축복을 주셔야 한다고 생각한다.

안타깝게도 말라기 3장을 본문으로 십일조 강의를 할 때, 우리는 흔히 사람들을 협박하고 죄책감을 유발시킨다. 십일조를 안 하면 하나님 것을 훔치는 것이므로 저주 아래 있다고 말하면서 말이다. 훔쳐서 결과적으로 임할 저주를 강조하지만, 실제로 우리는 더 이상 저주 아래 있지 않다. "그리스도께서 우리를 위하여 저주를 받은 바 되사 율법의 저주에서 우리를 속량하셨으니." (갈 3:13) 더 좋은 언약을 주셨기 때문에 하나님께서 "십일조"를 하지 않는다는 이유로 그분의 자녀를 저주하시리라 믿지 않는다. 그리고 사람들에게 십일조를 받아내기 위해 이 설교를 한다면 그건 조작이라고 믿는다. 물론 십일조를 한다면 (몰몬교인이든 불신자든 상관없이, 뿌린 것에 대해) 결단코 거둘 것이다. (갈 6:7-8) 다시 말하지만, 십일조를 하는 사람들은 앞에서 다룬 상호의 법칙을 가동시키는 것이다.

말라기를 보면, 하나님께서는 이스라엘에게 그들이 하나님께 등을 돌리고 그분의 진리와 인도에서 벗어난 여러 가지를 말씀해 주신다. 이렇게 설명하신다.

"너희 조상들의 날로부터 너희가 나의 규례를 떠나 지키지 아니하였도다. 그런즉 내게로 돌아오라. 그리하면 나도 너희에게로 돌아가리라."(말 3:7)

하나님께서는 백성과의 관계를 회복하고 싶어하신다. 왜 주님께서는 그들이 훔쳤다고 말씀하실까? 그것은 물질의 십일조에 대한 말씀이 아니다. 하나님께서는 그들의 "물질"을 필요로 하시지 않기 때문이다. 십일조가 상징하는 바가 중요한 것이다. 주님을 첫째로 두고 모든 필요에 대해 주님을 신뢰한다는 증거니까 말이다. 하나님께서는 그들과 이러한 관계를 회복하기를 그리워하시는 것이다.

왜 그들은 아직도 저주 아래 있는가? 그것은 하나님께서 십일조를 안 했다고 저주하시기 때문이 아니다. 십일조를 안 하면 하나님께 성별되어 봉헌된 것이 아무것도 없다. 그러니 아무것도 축복 받지 못하는 것이다. 하나님의 복된 덮어 주심 바깥에 살고 있으므로, 저주의 효력에 무방비한 상태가 되는 것이다. 하나님께서는 이 사실을 지적하시는 것뿐이다.

하나님께서는 그분의 백성들이 그분과의 합당한 관계로 돌아오기를 너무도 갈망하셔서, 그분을 시험해 보라고까지 도전하신다. 이렇게 말씀하시는 것과 같다. "나를 첫째로 둬라. 나를 신뢰하고 다시 순종해 보아라. 네 십일조 전부를 내게 봉헌하고, 내가 넘치도록 축복하지 않는가 보라." 하나님께서는 창조 때에 뿌림과 거둠의 법칙을 확립하셨다. 주님께서는 이스라엘이 그분께서 지시하신 대로 순종해 십일조를 드리면, 그들이 풍성하게 거둘 것을 아셨다. 이는 필연적인 것이다. 주님의 말씀은 불변의 진리요 항상 그 목적을 성취한다.

재정적 번영은 분명 풍성한 축복의 일부지만, 하늘의 수문은 결코 물질적 부에 제한되지 않는다. 하나님께서는 그분께로 돌아올 때 온갖 종류의 축복을 넘치도록 부어주겠노라 약속하고 계신다. 들어본 적 있는 이야기 아닌가? 이것은 바로 사랑이 넘치는 탕부(蕩父)의 마음이다. 변덕스러운 아들이 집에 돌아오도록 설득하는 아버지의 마음인 것이다.

● **정리해 보자**
은혜의 새 언약은 율법의 옛 언약보다 우리를 더 높은 삶의 기준으로 부르고 있다. 이제 우리는 마음에 하나님의 율법을 쓰고 우리 안에 예수를 닮은 성품을 짓는 성령의 내주 능력을 갖고 있다. 더 이상 우리는 십일조라는 제약이나 위임을 받은 것이 아니라, 항상 무엇이든 언제든 아버지께서 인도하시는 대로 섬길 준비가 되어 있는, 예수와 같이 섬기는 자가 되도록 부르심을 받았다. 우리에게 위임된 자원들을 신실하게 관리할 때, 아버지 하나님께서는 그분의 왕국의 참된 부요로 우리에게 맡기실 수 있음을 아신다.

● **스스로 물어보자**
예수처럼 섬기는 자로서 여러분은 십일조 이상의 액수를 드리도록 부르심 받았다고 믿는가? 왜 (안) 그런가?
"너무 많다"는 액수로 인해 패배감을 느껴본 적이 있는가? 빌립보서 2장 13절을 진정 믿었다면, 이러한 상황에서 어떠한 변화가 있었을까?
예수처럼 섬기는 사람이 될 때 아버지 하나님과의 친밀함에 있어서는 어떤 변화가 있는가?

● **그렇게 살자!**
예수처럼 섬기는 사람이 될 때 어떠한 유익이 있을 수 있다고 생각하는가? 그렇게 할 때의 도전은 무엇이라고 생각하는가? 그러한 도전들을 어떻게 극복할 수 있을까?

## 섬기는 마음

> "내가 증언하노니 그들이 힘대로 할 뿐 아니라
> 힘에 지나도록 자원하여…
> 우리가 바라던 것뿐 아니라 그들이 먼저 자신을 주께 드리고
> 또 하나님의 뜻을 따라 우리에게 주었도다."
> (고후 8:3, 5)

**예수처럼 섬기는 모습**

예수께서는 우리가 새 언약 아래서 베푸는 것을 하나님께서 어떻게 바라보시는지를 설명하시고자 비유를 말씀하셨다.

어떤 소유주가 먼 길을 떠나게 되어, 자신의 자산 관리권을 세 명의 종들에게 할당해 주었다. 한 명에게는 다섯 달란트의 돈을 주고, 다른 종에게는 두 달란트, 나머지 한 명에게는 한 달란트를 주었다. 각각의 관리 능력에 따라 말이다. 그리고는 여행길에 올랐다. 다섯 달란트를 받은 종은 그 돈을 가지고 일을 하여 다섯 달란트를 더 벌었다. 두 달란트 가진 종은 두 달란트를 더 벌었는데, 한 달란트만 받은 종은 땅에 구멍을 파고 한 달란트를 묻어버렸다.

소유주가 돌아오자 세 종을 불러 자신의 재산을 어떻게 관리했는지 보고하도록 하였다. 그는 돈을 가지고 일을 해서 더 벌어온 두 종에

대해서는 매우 기뻐했다. 한 달란트를 받은 종은 와서 이렇게 말했다.

"주인님, 저는 주인님이 심지 않은 것을 거두고 씨앗을 뿌리지 않은 데서 수확하는 굳은 분인 줄로 생각했습니다. 그래서 두려워서 주인님의 달란트를 땅에 묻어 두었습니다. 자, 여기 주인님의 재산이 있습니다."

소유주는 기분이 좋지 않았다. 화가 나서 이렇게 말했다. 소유주인 자신이 정말 굳은 자린고비인 줄 알았다면 최소한 은행에 예치해 이자가 쌓이도록 했어야 한다는 것이다. 그래서 소유주는 종에게 달란트를 빼앗아 열 달란트를 가지고 있는 자에게 줘버렸다. 예수께서는 이 비유를 마치시며 이렇게 말씀하신다.

"무릇 있는 자는 받아 풍족하게 되고 없는 자는 그 있는 것까지 빼앗기리라."
(마 25:14-29)

예수께서는 이 이야기를 통해 제자들에게 무엇을 가르쳐 주고 싶으셨을까? 이것은 예수께서 제자들에게 하늘 왕국에 대해 말씀하신 여러 이야기 중 하나다. 예수께서는 그분의 왕국에 대한 중요한 원칙들을 전달해 주려고 하신 것 같다. 예수께서는 우리가 왕국의 자원들을 관리하도록 위임 받았다고 분명히 말씀하신다.

두 명의 종들은 자원들을 잘 관리했다. 투자를 하여 왕국에 증가분을 창출하였다. 소유주는 그들이 행한 바에 대해 매우 만족스러웠다. 하지만 세 번째 종은 그의 자원을 그냥 묵혀 뒀다. 관리를 잘하지 못했다. 그냥 붙들고 있었던 것이다. 이 사람은 스스로의 안전과 안정에 더 관심이 있는 사람들을 상징한다. 다른 이들을 축복하고 하나님 왕국을 확장하기 위해 자원들을 사용하기보다는 그냥 스스로를 위해 쌓아두는 것이다.

세 번째 종이 한 말은 그와 소유주의 관계를 드러내 준다. 그는 소유주에 대해 두려웠고 겁먹은 상태였다. 그래서 어떠한 손실에 대한 위험 부담을 떠안기보다는, 돈을 숨겼다가 다시 주인에게 돌려주었다. 자신에게 맡겨진 자원을 가지고 아무것도 안 한 것이다. 이는 아버지 하나님과 친밀한 관계를 가진 사람의 모습이 아니다. 너무나 사랑이 많으시고 관대하신 아버지 하나님을 모르는 것이다. 아버지 하나님을 공급자로서 신뢰하지 않기에, 그 자원을 밖으로 내놓지 못하고 고이 간직했다가 돌려준 것이다. 이런 이들은 물질적 번영을 자신의 안정으로 바라보는 것이다.

소유주는 세 번째 종의 믿음 없음과 자원의 그릇된 관리로 불쾌했다. 그는 종이 가진 얼마 안 되는 것을 빼앗아 자원 관리를 잘한 첫 번째 종에게 주었다. 예수께서는 받은 것을 잘 활용하는 이들에게 더욱 많은 양을 관리하게 될 것이며, 충분한 소유를 받게 되리라고 설명하신다. 받은 것을 관리하는 데에 실패할 때, 우리는 아무리 적은 양을 받았을지라도 빼앗기게 될 것이다.

예수처럼 섬김으로써 우리는 하나님의 왕국에서 그분과 동역자가 된다. 아버지 하나님께서는 우리 각자에게 무언가를 투자하신다. 우리는 받은 것을 낭비하지 않도록 유의해야 하며, 하나님의 인도에 따라 그분의 왕국을 위한 일에 쓰이도록 관리해야 한다. 믿기 어려울 정도의 책임이지만, 아버지 하나님께서 우리를 믿으시며 성령을 통해 우리에게 그분의 마음을 따라 섬기는 자들이 될 수 있는 은혜를 주심을 우리가 이해하기를 예수께서는 원하신다.

여기에 덧붙여야 할 말은, 우리가 자원을 지혜롭게 사용할 때 여호와께서 넉넉히 축복하신다는 것이다. 잠언 10장 22절은 이렇게 말씀한다.

"여호와께서 주시는 복은 사람을 부하게 하고 근심을 겸하여 주지 아니하시느니라."

하나님께서는 그분께서 모든 필요를 아낌 없이 채워 주실 것을 우리가 믿기를 원하신다. 디모데전서 6장 17절을 보면, 우리는 불확실한 세상의 물질에 소망을 두지 말라고 경고를 받는다.

"오직 우리에게 모든 것을 후히 주사 누리게 하시는 하나님께 두며."

예수처럼 섬긴다는 것은 그저 하나님 왕국의 자원을 관리하는 일만이 아니라, 아버지 하나님께서 우리에게 공급하시는 모든 것을 누리는 것이기도 하다.

### 예수처럼 섬긴다는 것은 어떤 형태인가?

예수처럼 베푸는 데에 공식은 없다. 아버지 하나님의 인도하심과 성령의 촉구에 대한, 우리의 사랑 가득하고 자발적인 반응인 것이다. 성경에서 몇 가지 예를 찾아보자.

**세상 최대의 소풍** 가장 먼저 볼 구절은 요한복음 6장 5-13절에 나타나는 익숙한 이야기다.

"예수께서 눈을 들어 큰 무리가 자기에게로 오는 것을 보시고 빌립에게 이르시되, 우리가 어디서 떡을 사서 이 사람들을 먹이겠느냐 하시니 이렇게 말씀하심은 친히 어떻게 하실지를 아시고 빌립을 시험하고자 하심이라 빌립이 대답하되 각 사람으로 조금씩 받게 할지라도 이백 데나리온의 떡이 부족하리이다. 제자 중 하나 곧 시몬 베드로의 형제 안드레가 예수께 여짜오되, 여기 한 아이가 있어 보리떡 다섯 개와 물고기 두 마리를 가지고 있나이다. 그러나 그것이 이 많은 사람에게 얼마나 되겠사옵나이까. 예수께서 이르시되 이 사람들로 앉게 하라 하시니 그곳에 잔디가 많은지라 사람들이 앉으니 수가 오천 명쯤 되더라. 예수께서 떡을 가져 축사하신 후에 앉아 있는 자들에게 나눠 주시고 물고기도 그렇게 그들의 원대로 주시니라. 그들이 배부른 후에 예수께서 제자들에게 이르시되 남은 조각을 거두고 버리는 것이 없게 하라 하시므로, 이에 거두니 보리떡 다섯 개로 먹고 남은 조각이 열두 바구니에 찼더라."

점심 도시락을 가진 이 어린 소년이 어떻게 발견되었는지는 자세히 알 수 없다. 제자 중 한 명이 봤을 수도 있고, 아이가 대화를 우연히 듣고 헌물을 했을 수도 있다. 한 가지 분명한 사실은, 예수께서나 제자들이나 아이에게 도시락을 달라고 압박하지 않았다는 점이다. 소년은 자발적으로 나누기로 했고, 그 결과 그의 점심은 불어났다. 우리가 자발적인 마음으로 뿌릴 때, 풍성하게 거둘 수 있다. 이는 하나님의 보편적인 법칙이자 약속이다. (눅 6:38) 우리는 남은 열두 광주리로 무엇을 했는지는 알지 못한다. 전부가 아니라면 일부나마 그 아이가 집으로 가져갈 수 있게 주지 않았을까 생각한다.

**섬김으로 탄생한 교회** 두 번째 예는 초대 예루살렘 교회에서 볼 수 있다. 오순절 다음날, 교회는 급속 성장을 했고 초대 성도들은 서로에 대해 깊이 헌신했다. 이 이야기를 사도행전 2장 43-47절에서 볼 수 있다.

"사람마다 두려워하는데 사도들로 말미암아 기사와 표적이 많이 나타나니, 믿는 사람이 다 함께 있어 모든 물건을 서로 통용하고 또 재산과 소유를 팔아 각 사람의 필요를 따라 나눠 주며, 날마다 마음을 같이하여 성전에 모이기를 힘쓰고 집에서 떡을 떼며 기쁨과 순전한 마음으로 음식을 먹고 하나님을 찬미하며 또 온 백성에게 칭송을 받으니 주께서 구원 받는 사람을 날마다 더하게 하시니라."

헌금을 거뒀다든지 사람들이 돈을 내어 놓아야 했다는 암시가 전혀 없다. 성령 안에서 너무나 깊은 교제가 있었기 때문에 이 사람들은 전혀 아낌 없이, 새로 갖게 된 신앙을 위해 섬겼다. 모두 아주 기쁨에 넘쳤던 듯하다. 매일 기쁜 마음으로 하나님을 찬양하며 서로 교제했던 걸로 나타난다. 곤궁하고 아까워하는 사람들의 모습 같지 않다. 하나님의 은혜에 굴복하고 성령의 촉구에 순종했을 때에만, 이런 식으로 마음에서 우러나오는 베풂이 가능하다.

열심으로 섬기는 사람들의 교회  세 번째 이야기는 바울 사도가 고린도 교회에 전달한 두 번째 편지에서 볼 수 있다. 바울은 에베소에서 2년간의 일정을 마치고 막 돌아온 상태이며, 이 편지를 마게도니아에서 쓰고 있었다. 어려운 상황이었지만, 바울은 마게도니아 사람들에게 예루살렘 교회가 기근으로 어려워할 때 베푼 것에 대해 칭찬을 하고 있다.

"형제들아, 하나님께서 마게도냐 교회들에게 주신 은혜를 우리가 너희에게 알리노니 환난의 많은 시련 가운데서 그들의 넘치는 기쁨과 극심한 가난이 그들의 풍성한 연보를 넘치도록 하게 하였느니라. 내가 증언하노니 그들이 힘대로 할 뿐 아니라 힘에 지나도록 자원하여 이 은혜와 성도 섬기는 일에 참여함에 대하여 우리에게 간절히 구하니, 우리가 바라던 것뿐 아니라 그들이 먼저 자신을 주께 드리고 또 하나님의 뜻을 따라 우리에게 주었도다." (고후 8:1-5)

이 이야기에 주목할 만한 부분이 여러 가지 있다. 마게도니아 교회는 어쩌면 예루살렘 교회보다 당시 사정이 좋지 않았을 수도 있다. 극도로 가난했지만 그들은 전혀 아낌 없이 연보를 베풀어 바울 사도를 놀라게 했다. 그는 그들의 관대함이 하나님께서 주신 은혜의 열매라고 표현했다. 또한 그들에게 연보에 대한 압박은 전혀 없었음을 분명히 했다. "이 은혜와 성도 섬기는 일에 참여함에 대하여 우리에게 간절히 구했다"고 말하고 있음을 보면 알 수 있다.

사람들이 섬기는 특권에 참여하고 싶다고 간곡히 촉구하는 예배를 본 적이 있는가? 이 가난한 사람들의 무리는 어떻게 이처럼 희생적으로, 그러면서도 그러한 열정을 가지고 섬길 수 있었을까? 나는 바울이 그 답을 해주고 있는 것 같다.

"그들이 먼저 자신을 주께 드리고 또 하나님의 뜻을 따라 우리에게 주었도다."

이 마게도니아 사람들은 하나님의 뜻과 인도를 무엇보다도 먼저 구했고, 그에 따라 자신의 상황을 고려함 없이 순종하였다. 그들은 스스로의 안전을 따지지 않았다. 가진 모든 것을 기쁨으로 주님께 내어 놓았고, 주님께서 지시하신 바에 자발적으로 순종했다.

이 세 가지 예는 예수를 닮은 사람이 어떻게 섬기는지를 보여 주는 좋은 모습들이다. 이들은 성령의 안내를 받아 자발적으로, 순종적으로, 그리고 신속하게 드렸다. 때로 이들은 헌신적으로 섬겼다. 자신들의 경제적 상황도 무시한 채, 아버지 하나님의 관대한 마음에 동일하게 반응하고자 하는 열망으로 말이다. 그들 안에서, 그들을 통해서 하나님의 은혜가 역사하여 이처럼 아낌 없이 섬길 수 있게 만든 것이다. 섬길 때에 그들은 기쁨을 얻었다. 왜냐하면 하나님의 왕국을 세우기 위해 나누는 것임을 알았기 때문이다. 어떤 경제적 상황에 있든지 염려하지 않고 섬길 수 있는 것은, 공급자이신 아버지 하나님을 신뢰하기 때문이다.

### 하나님께서는 예수처럼 섬기는 자에게 상 주신다

세 종의 비유를 통해 우리는 하나님께서 자원들을 잘 관리하는 사람을 풍성히 복 주심을 보았다. 하나님께서는 그분의 왕국을 세우는 데에 마음을 쓰고 계신다. 아낌 없이 섬기는 사람들, 곧 그분께서 인도하실 때, 인도하시는 사람에게 그 방법대로 섬기는 사람을 번영케 하신다. 하나님께서는 책임감 없는 사람, 그리고 돈을 어디다 쓰는지 모르는 사람 혹은 주님의 인도하심을 거절하는 사람을 번영시키지 않으신다.

우리가 앞에서 다룬 뿌림과 거둠의 법칙은 예수처럼 섬기는 자들에게 전부 적용된다. 그들은 풍성히 섬기고 풍성히 거두는 사람들이다. 예수처럼 섬기는 자들은 항상 씨앗을 간직해야 한다. 모든 자원을 써버리는 것이 아니기 때문에 항상 섬길 수 있는 무언가가 있다. 자발적으로 섬기고, 하나님께서 반드시 돌려주실 것을 잠잠히 기다린다. 하나님께서 하라고 하신 대로 섬길 때, 이들은 하나님의 왕국을 세워나가는 데에 그분과 동역하는 것임을 안다. 주님께서는 이들에게 점점 더 큰 번영을 주실 것이다. 이들은 주님의 인도를 따라 뿌리며, 추수가 주님 손 안에 있음을 확신한다.

가장 중요한 것은, 하나님의 은혜의 변화시키는 능력이 우리 마음 가운데 역사할 때 사랑하고 존경하는 아버지 하나님을 따라 하는 것을 앎으로 깊은 만족 가운데 살게 된다. 하나님께서는 예수처럼 섬기는 자들에게 고린도후서 9장 8절에서 그분의 뜻을 분명히 알리신다.

"하나님이 능히 모든 은혜를 너희에게 넘치게 하시나니, 이는 너희로 모든 일에 항상 모든 것이 넉넉하여 모든 착한 일을 넘치게 하게 하려 하심이라."

이들은 다른 사람들에게 축복이 된다는 것으로 계속적인 복을 받는다.

● 정리해 보자

새로운 은혜의 언약 하에 아버지 하나님께서는 예수처럼 섬기는 사람들을 찾고 계신다. 자신이 가진 자원들을 투자하여 주님의 왕국에 증가를 이뤄낼 사람들 말이다.

예수처럼 섬기는 사람들의 예로는, 1)예수께서 5,000명을 먹이신 일, 2)사도행전에 나타난 초대 교회의 희생적인 나눔, 3)바울이 고린도 서신에 인용한 섬길 수 있는 기회를 달라는 마게도니아 교회의 간절한 청원이 있겠다.

● 스스로 물어보자

예수처럼 섬기는 사람들은 뿌림과 거둠의 법칙으로 어떤 유익을 누릴 수 있는가? 예수 그리스도처럼 섬긴다는 개념은 어떻게 마게도니아 교회에 있어 기근을 만난 예루살렘 교회에 섬길 수 있는 특권을 달라고 요청하게까지 만들 수 있었을까?

성경 내지는 역사적 인물, 혹은 현재 여러분이 알고 지내는 사람들 중에 예수처럼 섬기는 사람을 생각해 보자. 그 사람은 어떤 특성을 가지고 있어서 예수를 닮았다고 보이는가?

● 그렇게 살자!

섬김에 있어서 스스로를 어떻게 표현할 수 있겠는가? 3장에서 살펴본 번영지수를 다시 돌아보자. 번영에 대한 자세가 여러분이 예수처럼 섬기게 되는 데에 어떤 방해가 될까?

## 예수처럼 섬기는 사람들의 MO

> "각각 그 마음에 정한 대로 할 것이요
> 인색함으로나 억지로 하지 말지니,
> 하나님은 즐겨 내는 자를 사랑하시느니라."
> (고후 9:7)

### 어린 뿌리가 깊게 자란다

내게 섬김이란 것은 항상 쉽게 다가왔다. 자라면서 나는 한 번도 필요를 공급 받을 것에 대해 의문을 갖거나 걱정을 해보지 않았다. 우리 부모님은 좋은 공급자였고, 가정 환경을 재정적으로 안정적이고 안전하게 만들고자 열심히 일했다. 아버지가 사역자이긴 했지만, 치과 기공사로서 직업을 따로 두고 있어서 수입에 보탬이 되었다. 어머니는 요리와 사업에 재능이 남달라서 워싱턴 DC 지역에 굉장히 성공적인 식당을 운영했다.

우리는 원하는 모든 것을 갖진 못했지만, 때때로 사치를 누릴 수 있을 정도는 되었다. 예컨대 한때 컨버스(Converse) 운동화가 "필수 아이템"이었던 적이 있다. 그런데 컨버스는 어머니가 그 때까지 늘 사주던 케즈(Keds)와는 비할 수 없이 비쌌다. 하지만 어머니에게 컨버스 한 켤레가 필요하다고 이야기를 했더니 사주셨다. 또 나의 대학 수업료를 내는 책임도 감당하였다.

부모님은 교회에나 지역 사회에나 아낌 없이 섬기는 분들이셨다. 부모님과의 어린 시절 기억 덕에 내가 순종적으로 섬기고 나의 필요에 대해 하나님을 신뢰하는 데에 도움이 되었다고 믿는다.

결혼을 한 이후 우리 부부는 신실하게 십일조를 드렸다. 그 이유는 교회에서 그렇게 가르쳤기 때문인데, 우리는 항상 십일조 이상을 헌금했다. 우리는 뿌림과 거둠의 원리를 믿고 하나님께서 우리의 공급자 되심을 신뢰했다. 주님과 함께한 39년 동안, 나는 개인적인 재정의 문제로 염려했던 적이 딱 두 번 있는데 두 번 모두 하나님께서 역사하사 그분의 신실하심을 보이셨다.

한 번은 1980년대 초에 우리 가족이 LA로 이사했던 때였다. 우리는 이 지역에 교회를 개척하기 위해 종자돈을 받아서 왔는데, 아홉 달 만에 재정이 바닥나게 되었다. 상황이 매우 암담하여 우리는 다음달 주택 대출금과 식료품비를 어떻게 구할까 헤매고 있었다.

아내와 나는 주님께 우리의 필요를 내려놓고, 섬겨 주신 것에 대해 감사했다. 우리는 신실하게 뿌려 왔기에, 주님께서 공급하실 것에 대해 확신이 있었다. 즉각적인 변화가 나타나진 않았지만, 주님께 우리의 요청을 계속 올려 드렸고 매일 감사를 드렸다. 절대적으로 구제책이 필요한 시점이 되었을 때, 우리는 5,000달러짜리 수표를 받게 되었다. 아직도 그 편지봉투를 열며 느꼈던 기쁨이 생생하다. 우리는 온 집안을 춤추며 뛰어다녔다. 아버지 하나님께서 다시금 우리를 도와주신 것이었다!

### 예수처럼 섬긴다는 것은 우리 안에서 일어나는 은혜의 역사

하나님께서 말씀 안에 주신 약속들은 놀랍다. 그리고 하나님께서 공급해 주시는 것을 직접 받아보는 체험만큼 달콤한 것도 없다. 다른 무엇보다 우리 안의 믿음을 세워 준다.

아버지 하나님께서는 우리 각자가 우리를 향하신 그분의 사랑 어린 공급을 직접 체험하기를 원하신다. 하지만 그것은 우리가 그분께 드릴 때에만 가능하다. 믿음 안에서 한 걸음 나아가 주님께서 역사하실 수 있는 무언가를 드려야 한다.

그래서 섬기는 부모님을 뒀던 나의 어린 시절 이야기를 하는 것이다. 섬김의 영역에 있어, 내가 어린 시절에 갖게 된 뿌리가 깊게 자라서 내가 이 영역에서 하나님의 은혜를 받는 일이 쉬워졌음을 깨달았다. 하지만 여러분은 그런 면에서 유감스러울 수도 있다. 부모님이 재정을 어떻게 잘 관리할지 몰랐거나, 가난한 형편 가운데 태어났을 수도 있다. 3장의 머리와 마음의 연결에 대한 이야기에서 다뤘듯, 마음의 상처들은 우리의 태도와 자세에 영향을 끼치며 하나님을 신뢰하고 그분의 약속들을 받아들이는 일을 어렵게 만들 수도 있다. 그에 더해, 우리 모두는 가난과 맘몬 같은 영적 요새들과 싸우고 있는데, 이런 것들은 우리를 번영케 하시려는 하나님의 뜻에 대한 우리의 이해를 왜곡시킬 수 있다.

그래서 마음에 지고 사는 상처들을 이야기하고 우리를 가로막는 영적 요새들을 무너뜨리는 것이 그토록 중요한 것이다. 반복하는 것처럼 들릴지 모르겠지만, 이것은 아무리 강조해도 지나치지 않는다고 믿는다. 예수처럼 베푸는 것에 대해 계속하여 나타나는 두려움으로 인해 씨름하고 있다면, 다시 돌아가서 여러분의 마음을 재차 살펴보고, 필요에 따라 내적 치유와 영적 해방을 받아야 한다. 그렇게 하기까지는 예수를 닮은 섬김의 사람이 결코 될 수 없다.

아버지 하나님께서는 여러분에게 너무나도 많이 주고 싶어하시는데,

마음에 중요한 치유가 일어나기까지는 여러분의 받을 수 있는 능력이 제한되어 있을 것이다.

그래서 그리도 많은 그리스도인들이 낙심하여 하나님의 말씀이 "그대로 되지 않는다"는 결론을 내리는 것이다. 그들은 하나님을 신뢰하지 않고, 그러므로 하나님의 약속을 믿거나 그 축복들을 받아들이지 못한다. 주님의 은혜 앞에 굴복하지 않고, 주님의 약속들과 우리에게 요구하시는 바를 보고선 스스로의 인간적 노력들을 통해 주님의 기준에 이르는 성과를 내고자 애를 쓴다. 물론 이렇게 될 수는 없다. 처음부터 아버지 하나님께서는 항상 우리가 그분의 성품을 가지고 그분과 동역하며 살기를 의도하셨다. 성령의 생명과 은혜를 통해서 말이다. 대부분의 그리스도인들은 믿음을 통해 하나님의 은혜의 역사로서 구원을 받아들이지만, 스스로의 노력으로 그리스도를 닮은 삶을 살고자 애쓰기 시작한다.

초대 갈라디아 교회는 이렇게 은혜와 율법을 혼합하기 시작하여 해를 입었다. 바울 사도는 이렇게 편지를 썼다.

"너희가 이같이 어리석으냐 성령으로 시작하였다가 이제는 육체로 마치겠느냐 너희가 이같이 많은 괴로움을 헛되이 받았느냐 과연 헛되냐 너희에게 성령을 주시고 너희 가운데서 능력을 행하시는 이의 일이 율법의 행위에서냐 혹은 듣고 믿음에서냐."(갈3:3-5)

예수 그리스도처럼 베푸는 사람들의 MO를 볼 때, 이러한 성품들은 우리 안에 역사하시는 하나님의 은혜로 이뤄진다는 것을 기억하자. 우리는 하나님의 약속들을 믿고, 믿음 안에서 아버지 하나님께 굴복함으로써 그것들을 받아들여야 한다. 우리는 주님의 은혜가 우리에게 점진적으로 예수를 닮은 성품을 가질 수 있는 동기와 능력을 줄 것을 안다.

### 예수처럼 섬기는 사람들의 MO

**옳은 동기를 가지고 베푼다** 예수처럼 베푼다는 것은 초자연적 베풂이다. 마게도니아 교회가 터무니없이, "힘에 지나도록" 베푼 것에 대해 이야기하는 바울 사도는, 고린도 교인들에게 이렇게 도전한다.

"이 섬기는 은혜에도 풍성하게 할지니라."(고후 8:7 下)

예수처럼 섬기는 사람의 마음의 주된 동기는, 스스로를 하나님께 드리고 아버지 하나님을 높이고 사랑하는 것이다. 왜냐하면 하나님과 같이 되기를 갈망하기 때문이다. 이들은 이 땅의 일시적이고 물질적인 보물보다 하늘의 영원한 보물에 가치를 둔다. 이러한 갈망은 하나님께 복종할 때 우리 마음에 심어 주시는 것이다.

예수처럼 섬기는 사람들은 스스로 하나님의 자녀임을 이해하고, 하나님 왕국의 자원들을 관리해야 할 경이로운 책임이 주어졌음을 안다. 이들은 하나님께서 지속적으로 공급해 주실 것을 신뢰하며 자신들의 자원을 내어놓아 다른 이들을 축복하고, 이 땅에 하나님의 왕국이 확장되는 데에 투자할 수 있다. 결핍을 두려워하고 스스로 안정감을 찾기 위해 이기적으로 자원들을 쌓아놓는 세상 사람들과 다르게, 예수처럼 섬기는 사람들은 잃을 것이 없음을 안다. 왜냐하면 하나님의 왕국은 끝없이 증가할 것이기 때문이다. (사 9:7 下)

그와 대비되게, 현재 교회 내에서 너무나 인기 있는 번영의 복음은 그리스도인들이 부유해져야 한다고 가르쳐 마음의 이기심에 호소하고 있다. 받기 위해서 섬기고 드린다면, 우리는 하나님께서 약속하신 진짜 영원한 상급을 상실하게 된다. 물질적 이득에 초점을 맞춘다면, 우리의 공급과 안전의 원천으로 여전히 부를 신뢰하고 있다는 뜻이다.

바울 사도는 고린도 교회에 섬김에 대한 몇 가지 명백한 지시 사항들을 내렸다. 그것들을 살펴보기로 하자.

"이것이 곧 적게 심는 자는 적게 거두고 많이 심는 자는 많이 거둔다 하는 말이로다. 각각 그 마음에 정한 대로 할 것이요 인색함으로나 억지로 하지 말지니, 하나님은 즐겨 내는 자를 사랑하시느니라." (고후 9:6-7)

아낌 없이 섬긴다   여기서 여러 가지를 주목해 볼 수 있다. 바울은 이들에게 뿌림과 거둠의 법칙을 상기시키며 아낌 없이 섬길 것을 격려한다. 하나님께서는 아낌 없이, 낭비하듯 섬기는 사람을 사랑하신다. 왜냐하면 그 행동을 통해 그들이 하나님을 공급자로 신뢰함을 나타내고 그 마음이 예수를 닮았음을 알 수 있기 때문이다. 이들은 환경의 조건과 무관하게, 힘에 지나도록 내어 드린다.

요한복음 12장 1-8절에서는 터무니없이 섬기는 한 사람의 이야기를 하고 있다.

"유월절 엿새 전에 예수께서 베다니에 이르시니, 이 곳은 예수께서 죽은 자 가운데서 살리신 나사로가 있는 곳이라. 거기서 예수를 위하여 잔치할새 마르다는 일을 하고 나사로는 예수와 함께 앉은 자 중에 있더라. 마리아는 지극히 비싼 향유 곧 순전한 나드 한 근을 가져다가, 예수의 발에 붓고 자기 머리털로 그의 발을 닦으니 향유 냄새가 집에 가득하더라. 제자 중 하나로서 예수를 잡아 줄 가룟 유다가 말하되 이 향유를 어찌하여 삼백 데나리온에 팔아 가난한 자들에게 주지 아니하였느냐 하니, 이렇게 말함은 가난한 자들을 생각함이 아니요 그는 도둑이라. 돈궤를 맡고 거기 넣는 것을 훔쳐 감이러라. 예수께서 이르시되 그를 가만 두어 나의 장례할 날을 위하여 그것을 간직하게 하라. 가난한 자들은 항상 너희와 함께 있거니와 나는 항상 있지 아니하리라 하시니라."

이 이야기는 예수처럼 섬기는 사람들의 관대함에 대해 여러 가지를 가르쳐 준다. 종종 이런 사람들의 관대함에 대한 비판이 많은데, 그것은 다른 이들의 이기적인 동기를 드러내주기 때문이다. 유다가 한 가지 사실을 이야기했는데, 그것은 나드의 값이 1년치 봉급에 달했다는 것이다. 하지만 그는 그 가치를 물질적으로밖에 바라볼 수 없었다.

예수께서는 마리아가 그처럼 사치스러운 선물을 드린 것에 대해 깊은 사랑으로 대답을 하셨다. 실상 주님께서는 어디서든 자신의 이야기가 전해지는 곳이면, 이 마리아의 아낌 없는 행위가 함께 들릴 것이라고 하셨다. 마리아는 그 드린 선물을 인하여 영원히 기려지게 되었다. 아버지 하나님께서는 사치스럽도록 관대하게 섬기는 분이시기에, 그분의 자녀들 가운데 이러한 특질을 보면 마음이 끌리셔서 풍성한 상급으로 갚아 주신다.

또 다른 이야기는 현대의 것으로, 유명한 작가 랜디 알콘(Randy Alcorn)이 전하는 얘기다.

"수년 전, 작은 회사를 운영하는 스콧 루이스(Scott Lewis)가 빌 브라이트(Bill Bright, CCC를 창립한 전도자)가 인도하는 집회에 참석했다. 빌은 지상 명령을 완수하기 위해 100만 달러를 드리자고 도전했다. 스콧에게 있어 이 액수는 어이 없는 것이었다. 그가 하는 기계 사업에서 얻어지는 수입이 1년에 5만 달러 이하였기 때문에, 상상도 할 수 없는 액수였다. 빌 브라이트는 스콧에게 물었다. "작년에 얼마나 헌금하셨죠?" 스콧은 기분 좋게 대답했다. "저희 수입의 35%인 1만 7,000달러를 드렸습니다."

눈도 깜빡 안 하고 빌은 대답했다. "다음해에는 5만 달러를 목표로 하면 어떻습니까?" 스콧은 빌이 잘못 알아들었다고 생각했다. 그 액수는 자신이 1년 내내 버는 것보다 큰 것이었다! 하지만 스콧 부부는 빌의 도전에 대해 하나님을 신뢰하기로 하고, 하나님께서 불가능을 행하시기를 구했다.

하나님께서는 놀라운 방법으로 공급해 주셨다. 12월 31일에 기적적인 공급을 통해 스콧은 5만 달러를 드릴 수 있게 되었다. 스콧은 내게 쪽지를 써서 주었는데, 2001년에 자신의 수입이 기념적으로 100만 달러를 초과하게 되었다는 것이었다. 더 중요한 것은 그들이 거기서 멈추지 않았다는 것이다."

이것이 정말 사치스럽고, 아낌 없는 드림이다!

생각하고 기도하며 섬기라 고린도서의 본문이 각 사람이 "마음에 정한 대로" 드렸다는 것에 주목하라. 기도와 계획에 기초한 신중한 결정이었다. 예수처럼 섬기는 자들은 섬김에 대해 생각하고, 배우자와 함께 기도하며 섬기는 일을 심각하게 받아들인다. 성령의 인도를 받지, 감정에 휘둘리지 않는다.

이 본문에 근거하여 볼 때, 충동적인 섬김은 미성숙한 것이라 믿는다. 감정적으로 감동이 있어서 혹은 누군가에게 조종되어 드려버리면 안 된다. 여러 차례 생각해 보고 하나님의 영에 인도를 받아서 드리는 것이다. "아버지께서 하시는 일을 보고"(요 5:19) 행하는 것이다. 성령의 인도를 받기로 기도하는 마음으로 결정을 한다. 이는 아버지 하나님과의 지속적인 친밀함 가운데 행하고 있음을 의미한다. 주님께서 무엇이든, 언제든 인도하시는 대로 섬기도록 열려 있는 것이다.

피아노를 치는 것과 같이, 섬기는 것도 기술이다. 연습을 통해 점점 더 뛰어나게 되는 것이다. 우리는 더 드리는 법, 더 자주 드리는 법, 더 전략적으로 드리는 법에 대해 배울 수 있다. 우리는 직업에 있어 탁월함을 추구하는 법을 가르칠 수 있다. 섬김에 있어서도 더 탁월할 수 있도록 공부하고 논의하고, 연마하고 분투해야 하지 않겠는가?

**자발적으로 베풀라** 본문은 억지로 드리지 말 것에 대해 말씀하고 있다. 그 부분에 동그라미를 쳐보자. 예수처럼 섬긴다는 것은 결코 죄책감을 갖고 섬기는 것이 아니다. 내키지 않는데 드리는 것도 아니다. 다시 말하면 "썩소를 지으며 참는 것"도 안 된다. 그것은 율법주의적인 섬김이고, 아버지 하나님께서는 우리가 거기에 참여하지 않기를 원하신다. 라디오나 TV에서 사역자들이 매주 위기를 겪는다는 이야기를 들어본 적 있는가? 이들은 이런 이야기를 한다.

"여러분이 후원해 주시지 않으면 저희는 이번 주 적자입니다."

이것은 듣는 사람들을 조종하고 압박하고, 죄책감을 안겨 주려는 시도다. 하나님께서는 이런 식으로 드려서는 안 된다고 명백하게 말씀하신다.

여러분 자신만이 얼마를 드릴 것인지 결정할 수 있다. 여러분과 성령 사이에서 결정되는 것이다. 정죄는 없다. 아무도 여러분의 섬김을 판단할 수 없다. 결코 죄책감이나 강압, 혹은 인색한 마음으로 말미암아 섬기지 말라. 때로는 자발적이고 의욕적인 영을 주시도록 기도해야 함을 인식하라. 우리가 삶 가운데 헌신하는 사역체나 영역을 두고 기도하는 것과 똑같이 말이다.

**즐겁게 섬기라** 나는 이것이 그 무엇보다 가장 중요한 특징이라고 믿는다. "즐겁게"라는 헬라 단어는 "힐라로스(hilaros)"다. 여기서 영어의 hilarious가 나오는 것이다. 하나님께서는 즐겁게 드리는 자를 사랑하신다. 신약의 그리스도인들은 섬기기를 기뻐했다. 안타깝게도 오늘날 전 세계 대부분의 교회 예배에서는, 헌금을 낼 때가 예배 중 분위기가 최저조일 때다. 모든 것이 휴지를 맞을 때인 것이다. 하나님께서 신약에서 말씀하시는 바는, 성도들이 즐겁게 드렸다는 것이다. 왜 행복한 사람들은 섬기는 사람들이고, 섬기는 사람들은 행복한 사람들인지 아는가?

영어의 miserable(비참하다)이라는 단어는 miser(구두쇠)에서 파생됐다. 구두쇠들이 비참한 것이다. 관대하고 즐겁게 드리는 법을 배우지 않으면, 인색하여 항상 섬기는 것보다 가지는 것에 대해 걱정을 한다면, 결코 예수처럼 섬기는 사람이 될 수 없을 것이다.

바깥 세상 사람들은 이렇게 생각한다. "더 가지면, 더 많이 가지면⋯행복해질 거야." 하지만 하나님께서는 말씀하신다. "더 많이 섬기면⋯더 행복해질 거야." 예수께서 하신 말씀이다. 행복을 향한 길은 개인적인 부를 축적하는 데에 있는 것이 아니라 섬기는 데에 있다고 말씀하셨다. 주는 것이 받는 것보다 복되다. (행 20:35)

지속적으로 섬기는 사람들은 더 행복하고 더 건강하다. 미국 정신의학의 원로이자 세계적으로 유명한 메닝거 클리닉(Menninger clinic)의 설립자인 칼 메닝거(Karl Menninger)는 이렇게 말했다.

"섬김은 정신 건강의 척도다. 아낌 없이 섬기는 사람들은 정신적으로 병드는 경우가 거의 없다."

많은 그리스도인들조차 이러한 계시에 이르지 못했다고 생각한다. 만약 이 계시를 받았다면, 더 많이 드렸을 것이다. 내가 아는 가장 아낌 없는 사람들은 가장 행복한 사람들이기도 하다. 우리는 섬길 때에 축복 받으며, 그 축복에는 진정한 행복도 포함된다.

우리가 섬길 때에 하나님께서 가장 관심 있게 보시는 것은 우리 마음의 태도다. 지갑의 두께가 아니라는 것이다. 주님께서는 섬김의 양보다는 섬기는 사람의 질을 훨씬 더 중히 여기신다.

**예언적으로 섬기라** 예수처럼 섬기는 사람들은 항상 기도하며 성령의 인도에 민감하다. 이들은 섬길 수 있는 계기를 여럿 발견하는데, 그중에는 평상적이지 않은 경로도 있다. 매년 우리 부부는 두 가지 커다란 헌금을 두고 기도한다. 하나는 하나님께서 내가 이끌도록 특권을 주신 사도적 네트워크 국제 하베스트 사역(HIM)을 위한 것이다. 우리는 선교 사역에 뿌리고 싶고, 본을 보여 사람들을 인도할 수 있다고 믿는다.

한 번은 하나님께서 HIM에 믿음의 약속 헌금으로 2만5,000달러를 드리라고 말씀하셨다. 그 다음주, 나는 합계가 2만5,000달러가 되는 수표 두 장을 받았는데, 그 중 8,000달러짜리 수표는 "그냥 주님께 인도를 받아" 우리에게 개인적인 선물을 하게 되었다는 한 목회자로부터 온 것이었다. 우리의 예언적 믿음의 약속에 대한 신속한 반응으로 나는 이것이 하나님께 중요한 헌신임을 확신하게 되었다.

우리가 예언적으로 인도함을 받는 두 번째 방법은 매년 십일조 이상으로 얼마를 더 드릴 것인가다. 우리 부부는 매년 누진적인 헌금을 연습해 왔다. 우리는 매년 우리 교회와 HIM에 얼마를 뿌릴 것인지를 두고 기도한다. 2010년 이래로는 하나님의 은혜로, 드디어 주님께서 우리를 재정적으로 축복해 주신 바의 50%라는 목표를 초과 달성했다. 50%로 시작하지 못했지만, 몇 해를 지나오면서 매년 지속적으로 액수를 늘렸다.

우리가 여기까지 온 것에 감사하지만, 이제 우리 부부는 90%를 드리고 10%로 살 수 있는 데에 이르리라는 믿음이 있다. 내가 아직 거기에 이르지 못했음은 인정해야겠지만, 그렇게 믿음으로 충만한, 놀라운 아내를 주신 것에 하나님께 감사 드린다! 그런데 지금 우리가 드리고 있는 50%가 얼마나 놀라운 것인지 모르겠다. 하나님께는 정말 아무리 드려도 지나치지 않다!

마지막으로, 나는 항상 지갑에 수백 달러 정도를 여유로 가지고 다니는데, 하나님께 누구를 축복해야 할지 여쭙기 위해서다. 종종 식당에서 교회 성도들을 보면, 성령께서 말리시지 않는 한 그들이 먹은 것도 계산을 한다.

어느 토요일 오후, 패밀리 레스토랑에 리틀 야구단 한 팀이 들어온 것을 보았다. 그들은 코치들이 승리를 기념하기 위해 점심을 사준다는 것에 대해 너무나 흥분한 상태였다. 나는 주님께서 이들에게 밥을 사주라고 말씀하시는 것을 느끼고, 식당 매니저에게 가서 말했다. "저 리틀 야구단 밥값을 계산하고 싶습니다." 매니저는 완전히 충격을 받아, 그 사람들에게 누가 계산을 한 건지 알려야 하냐고 물어왔다.

나는 대답했다.

"그냥 동네 목사가 계산했다고 전해 주세요."

나는 설교를 하거나 내 소개를 하지 않았다. 그때 나는 딸이랑 함께 있었는데, 그냥 우린 문을 열고 빠져 나왔다. 밖에 나오자 딸은 내게 말했다. "아빠, 아빠처럼 아낌 없이 베푸는 사람은 처음 봤어요."

딸의 칭찬과 리틀 야구단 선수들의 얼굴에 만연했을 기쁨만으로도 그 체험은 가치가 있었다. 그렇게 친절을 섬김으로써 나는 완전히 축복받았다.

### 예수처럼 섬길 때 축복이 임한다

바울은 고린도 교인들에게 하나님께서 예수처럼 섬기는 자들에게 약속하시는 아주 중요한 축복 몇 가지를 전해 준다. 고린도후서 9장 6-14절을 통해 이것들을 살펴보자.

"너희로 모든 일에 항상 모든 것이 넉넉하여" (8절)

예수처럼 섬기는 사람들에게는 필요가 공급되리라는 약속이 있다.

"모든 선한 일을 넘치게 하게 하려 하심이라…너희 의의 열매를 더하게 하시리니."(8, 10절)

예수처럼 섬기는 사람들의 사역은 증대된다. 복이 되는 축복을 주신다.

"심는 자에게 씨와 먹을 양식을 주시는 이가 너희 심을 것을 주사 풍성하게 하시고…너희가 모든 일에 넉넉하여 매 상황에 너그럽게 연보를 함은."(10-11절)

예수처럼 섬기는 사람들은 충분한 복을 받아 더 나눌 수 있게 된다.

"성도들의 부족한 것을 보충할 뿐 아니라 사람들이 하나님께 드리는 많은 감사로 말미암아 넘쳤느니라."(12절)

예수처럼 섬기는 행위는 아버지 하나님께 찬양이 된다.

"너희가 그리스도의 복음을 진실히 믿고 복종하는 것과 그들과 모든 사람을 섬기는 너희의 후한 연보로 말미암아 하나님께 영광을 돌리고."(13절)

사람들은 우리와 우리의 하나님께 대한 순종, 관대함을 인하여 하나님을 찬양할 것이다.

"또 그들이 너희를 위하여 간구하며 하나님이 너희에게 주신 지극한 은혜로 말미암아 너희를 사모하느니라."(14절)

사람들은 우리를 위해 기도하고, 우리에게 복 주시라고 하나님께 구할 것이다.

아버지 하나님과 동역하여 이처럼 관대함과 풍성한 공급, 축복, 감사의 분위기를 창조해 내면 어떻겠는가? 이와 같은 환경에서 살아가는 것을 상상할 수 있는가? 예수처럼 섬길수록, 우리의 개인적 환경과 우리 주변의 세상이 변화될 것이다. 이것이 이 땅에서 우리가 권세와 지배권을 행사하여 하나님의 왕국을 확장시키는 것이다. 그래서 우리가 지음 받은 목적을 찾아가고, 우리의 목적과 운명을 성취하는 것이다.

● **정리해 보자**
예수처럼 섬긴다는 것은 하나님의 은혜가 우리 내면에서 역사하는 것이다. 하지만 받을 수 있는 우리의 능력은, 우리가 감정의 상처를 지고 사는 한 제한될 것이다. 우리에겐 내적 치유와 영적 해방이 있어야 자유를 얻을 수 있다. 예수처럼 섬기는 행위의 특징은 아낌 없이, 사려 깊게, 기도와 자발적인 마음, 기쁨으로 드리는 것이다. 예수처럼 섬길 때 우리는 풍성한 축복, 필요의 공급, 감사와 하나님께 대한 찬양을 이루게 된다.

● **스스로 물어보자**
섬김을 실천하는 데에 있어 현재 은혜와 율법을 혼합하고 있진 않은가 생각해 보라. 왜 (안) 그런가? 여러분의 답변을 뒷받침할 구체적인 태도나 자세들을 떠올려 보자. 주님께 드리는 이유가 무언가? 율법주의적인 것인가, 받고자 하는 동기로 말미암은 것인가, 아니면 아버지 하나님을 사랑하고 높이기 위해서인가?

압박을 받거나, 죄책감을 느끼거나 혹은 감정적인 조종을 당해서 헌금을 한 적이 있는가? 앞으로 이런 일이 생기지 않게 하려면 어떻게 해야 하겠는가?

● **그렇게 살자!**
예언적으로 섬기려고 해보라. 이번 주에 헌금을 좀 여유 있게 가지고 다니면서 하나님께 섬길 수 있는 기회를 구하라. 그리고 섬긴 사건들을 기록하라. 그 경험은 여러분에게 어떤 의미였는가? 받는 사람은 어떻게 반응했는가?

## 섬김의 길잡이

> "너희가 모든 일에 넉넉하여 너그럽게 연보를 함은
> 그들이 우리로 말미암아 하나님께 감사하게 하는 것이라."
> (고후 9:11)

수년 동안 나는 목회자로서 섬김과 드림에 대한 질문을 수없이 받았다. 그중 가장 흔했던 것들을 함께 살펴보려 하는데, 거기에 여러분이 동일하게 궁금해할 만한 내용들이 있기 때문이다. 여기에 전제를 붙이고 싶은 것은, 이 질문들에 대한 나의 대답은 주님 앞에서 뜻을 구하며 성경과 내 마음 가운데 직접 탐구한 것이라는 점이다. 이제부터 나눌 이야기는 현재 내가 이해하고 있는 전부로서, 내 개인적 체험과 내가 상담을 했던 많은 대상자들의 체험에 기초한 것이다.

하지만 궁극적으로는, 우리 각자가 때마다 주님께서 요구하시는 바에 대해 마음에 결정을 하고 그 인도를 따라야 할 것이다. 그러니 기도하는 마음으로 아래의 문답을 참고하고, 여러분 스스로의 이해를 위하여 아버지 하나님의 얼굴을 구하라. 실수를 두려워하지 말라. 하나님의 지혜를 진실로 구한다면, 주님께서 즉각 사랑으로 바로잡아 주실 것이다.

### 얼마를 드려야 하는가

신약에는 지정된 액수나 공식이 정해져 있지 않다. 하지만 매우 유익하다고 보는 길잡이들이 있다. 신약 아래서 나는 십일조가 위임된 형태의 헌금이라고 생각하진 않지만, 십일조를 행함으로써 몇 가지 중요한 원리들을 배울 수 있다. 첫째, 십일조를 하면 정기적으로 드릴 수 있고, 재고할 여지 없이 드리는 것을 최우선시할 수 있다. 십일조는 하나님께 성별된 것이었으므로, 다른 어떤 용도를 위해서도 사용되지 말아야 했다. 이는 재정적 씨앗으로, 뿌리기 위해 떼어 두는 것이었다.

정기적으로 드린다는 것은 또한 신약적으로도 의미가 있는데, 그것은 바울 사도가 고린도 교인들에게 쓴 편지에서 살펴볼 수 있다. 이들은 예루살렘에 있는 교회를 위해 연보를 하고 있었다. 바울은 그들에게 이러한 지침을 준다.

"성도를 위하는 연보에 관하여는 내가 갈라디아 교회들에게 명한 것 같이 너희도 그렇게 하라 매주 첫날에 너희 각 사람이 수입에 따라 모아 두어서 내가 갈 때에 연보를 하지 않게 하라." (고전 16:1-2)

AMP의 번역은 이렇다.

"매주의 첫째 날, 너희 각자가 개인적으로 얼마를 떼어 번영을 누린 만큼(주어진 것에 비례하여) 모아두어서, 내가 너희에게 간 다음에 연보를 거둘 필요가 없게 하라."

비율이 정해져 있는 것은 아니지만, 바울은 분명 비례적인 헌금의 방식으로 연보를 하도록 권고하는 듯하다. 명백한 것은, 바울이 수입의 증가와 직접적으로 연관된 정기적 헌금을 지지하고 있다는 점이다. 또한 헌금은 교회 내 모든 이들의 보편적 활동이라는 점도 분명하다. 성도라면 돈을 떼어놓아야 한다. 그 말인즉슨, 벌었다고 다 소비하는 것이 아니라, 주님의 인도에 따라 내어 보낼 얼마를 항상 따로 두어야 한다는 것이다. 나도 점진적인 섬김을 권고하고 싶다. 지금도 전 세계에서 많은 그리스도인들이 그렇게 하고 있음을 안다. 점진적 섬김이라는 것이 신약적인 방식이라고 확립하고 싶진 않지만, 그럼에도 불구하고 그 방식을 채택할 것을 두고 기도를 권고하는 것은 풍성한 축복이 약속되어 있기 때문이다. 현재 어느 정도의 양을 드리고 있든지, 시간을 두고 얼마를 증가시킬 것인지 목표를 정하라. 그리고 더 큰 축복을 받게 되었는지 살펴보라. 무엇을 하든 정기적으로 드리며, 드리는 가운데 하나님의 인도를 지속적으로 구하라. 그리고 상황이 주어질 때마다 섬길 수 있도록 항상 얼마를 떼어두라.

### 어디에다 드려야 하는가

교회 목회를 하고 있기 때문에 편견을 가지고 있을지 모르겠지만, 나는 개인적으로 우선 여러분이 예배 드리고 하나님의 말씀을 받아 먹는 교회에 재정을 드려야 한다고 믿는다. 다른 사역들에 부가적으로 헌금을 해도 괜찮지만, 우선 여러분이 영적으로 보호 받고 목회적 돌봄을 받는 곳에 드려야 한다고 본다. 이것의 선례가 옛적 이스라엘이 처음 시작할 때부터 정립되었다고 생각한다. 출애굽기 23장 19절을 보자. "토지에서 처음 거둔 열매의 가장 좋은 것을 가져다가 너의 하나님 여호와의 전에 드릴지니라." 여기서 지시하시는 바는 우리가 받은 재정의 첫 번째 것을 주님의 집에 가져오라는 것이다. TV 사역 단체나 세계 구호 프로그램이 아닌 것이다.

수년간 우리 부부는 포커스 온 더 패밀리(Focus on the Family), 월드비전, 700 클럽 등 여러 사역자들과 사역 단체들을 후원해 왔다. 하지만 이들 중 누구도 우리 아이들에게 유아 세례를 주거나 입원한 우리 식구를 찾아오거나, 목회적 조언을 준 사람은 없었다. 중요한 점은, TV 사역자들이 여러분이 위기를 맞았을 때 지속적으로 기도로 함께해 주거나, 결혼 주례를 해주거나 소천한 가족을 위해 천국 환송 예배를 인도해 주지 못한다는 것이다. 하지만 여러분이 출석하는 교회나 그곳의 사역자들은 그렇게 해줄 것이다. 맥도날드에서 식사를 하고 버거킹에 돈을 낼 수는 없다. 맥도날드에서 지불을 하는 것은 거기서 서비스를 받았기 때문이다. 받은 재정은 첫째로 여러분의 출석 교회에 드려야 한다고 믿는다.

바울 사도는 초대 이방인 교회들에 이렇게 말했다. 사역자들을 후원해야 한다고 말이다.

"잘 다스리는 장로들은 배나 존경할 자로 알되 말씀과 가르침에 수고하는 이들에게는 더욱 그리할 것이니라 성경에 일렀으되 곡식을 밟아 떠는 소의 입에 망을 씌우지 말라 하였고 또 일꾼이 그 삯을 받는 것은 마땅하다 하였느니라." (딤전 5:17-18)

나는 빌리 그레이엄(Billy Graham)이 오래된 저서 〈하나님과의 평화Peace with God〉에 기록한 말을 좋아한다.

"성경은 그리스도께서 교회에 대한 사랑 때문에 십자가를 향해 가셨다고 말씀한다. 그리스도께서 교회를 그토록 사랑하셨다면…나도 그러해야 한다. 교회를 위해 기도해야 하고, 교회를 수호해야 하고, 교회에서 일하며 나의 십일조를 드리고, 교회의 확장을 도우며 그 성결에 일조하며, 제 기능을 다하여 주님께서 뜻하신 대로 증거하는 지체들이 되도록 해야 한다."

교회가 아닌 사역체들에 헌금할 때, 한 가지 강력하게 권고하고 싶은 것은 재정적으로 믿을 만하고 회계상 투명한 단체들을 후원해야 한다는 것이다. 받은 후원금과 지출의 기록이 매년 평판 있는 회계 법인에 의해 감사를 받아야 한다. 뿐만 아니라, 복음주의 크리스천 재정 협회(ECFA)와 같이 세계적인 단체에 등록되어 있어야 한다. 그러면 헌금을 고려하는 사람들이 각 사역체의 관리와 재정 감독, 법과 규정 준수 여부, 의도 목적과 총 운영비용에 대한 정보를 얻을 수 있게 된다. ECFA에 등록하는 엄격한 과정을 통과한 사역체는 재정의 틀이 잡혀 있다.

두 번째로 중요한 섬김의 부분은 여호와께 극심하게 의미 있는 것인데, 다름 아닌 가난한 자에게 섬기는 것이다. 이것은 너무나 중요하여 다음 장에서 더 많은 지면을 할애하여 살펴보기로 하자.

### 섬길 형편이 안 되면 어떡하나

사람들이 빚이 너무 많거나 매달 겨우 풀칠을 한다는 이유로 섬길 형편이 아니라고 말할 때, 나는 어떻게 섬기지 않을 형편이 될 수 있냐고 묻는다. 뿌림과 거둠의 법칙을 기억하라. 하나님께서 무언가 섬겨 주실 수 있는 씨앗을 드려야 한다! 정기적으로 섬기기 시작만 한다면, 아무리 상황이 비참하게 보인다 해도 하나님께서는 모든 필요를 채워 주실 것을 안다. 하지만 우리는 하나님을 신뢰하고 그분을 우선시할 것인가의 여부를 결정해야만 이를 경험할 수 있다. 이것은 영적 성숙에 있어 너무나도 중요한 걸음이지만, 각자가 선택해야만 하는 부분이다.

때로는 사람들이 돈을 더 많이 벌게 되면 섬기기 시작하겠다고 말을 한다. 예수께서는 우리가 적은 것으로 신실하면 많은 것에 대해 신실하리라고 말씀하셨다. (눅 16:10) 예수처럼 섬긴다는 것은 마음의 문제다. 돈을 더 벌게 된다고 해서 마음이 마술처럼 변할 수는 없다. 현재 섬기고 있지 않다면, 수입이 더 늘어난다고 해서 섬기게 될 수는 없을 것이다. 사람들이 이런 말을 할 때, 때로 그들이 분수에 넘치도록 살고 있음을 안다. 예컨대 생활 수준을 낮추고 조정이 필요한 부분을 바로잡는 등 정기적으로 섬길 수 있기 위해 해야 할 일들은 안 하려 한다. 그렇게 하면 하나님께서 축복해 주실 줄 알지만, 어쨌든 이것은 그들 스스로 선택해야 할 문제다.

때때로 사람들은 내게 말한다. "저는 돈을 많이 벌어요. 그래서 제가 하나님께서 인도하시는 대로 따른다면 막대한 액수를 내야 할지도 모르겠어요." 나는 이렇게 말하고 싶다. "네, 그렇게 하세요. 그래도 여전히 엄청난 돈이 남아 있을 것이고, 더하여 풍성히 축복해 주실 거예요." 어떤 이들은 아무리 가져도 부족하다고 한다. 자족의 능력을 배우지 못하고, 여전히 부를 신뢰하며 그 꿈을 이루고자 한다. 이것은 자멸적인 전략이다.

### 수입이 적어서 많이 드리지 못하는 경우

예수처럼 섬긴다는 것은 하나님의 인도하심을 구하고 거기에 순종하는 신실함의 문제요, 또한 하나님을 신뢰하고 그분을 우선시하는 문제다. 우리가 드리는 액수와는 아무런 관계가 없으며, 전적으로 자발적인 순종과 관련된 것이다. 다시 한번 말하지만, 우리 마음의 문제다. 동전 두 닢을 드린 가난한 과부를 기억하는가? 예수께서는 이 여인이 커다란 액수를 드린 다른 모든 부자들보다 더 많이 드렸다고 언급하셨다. 왜냐하면 그녀의 희생이 다른 이들보다 훨씬 컸기 때문이다. 여러분이 드리는 헌금의 액수가 여러분으로 하여금 그 가치를 의심하지 못하게 하라. 드리고 하나님의 축복을 거두라.

### 사업체를 운영할 경우 회사가 섬겨야 하는가

어떤 이들은 사업을 자신들의 영적인 생활과 완전히 동떨어진 것으로 바라본다. 하지만 뿌림과 거둠의 법칙은 개인과 마찬가지로 회사에도 적용된다. 하나님의 축복이 여러분의 회사에 임하길 원하는가? 그러면 그걸로 질문에 답이 됐다고 본다. 그리스도인들, 교회들, 기독 단체들이 소유한 회사들은 모두 정기적으로 섬겨야 한다. 우리 추수 반석 교회에서는, 헌금의 10% 이상을 선교에 드렸더니 경기 침체에도 불구하고 교회가 성장하고 번영하는 것을 체험했다. 또한 HIM 재정의 10% 이상을 아직 우리의 사도적 네트워크에 속하지 않은 사역들에 섬긴다. 모든 것은 하나님의 왕국을 확장하기 위한 것이다.

### 배우자가 섬기는 데에 반대하는 경우

안타깝지만 이런 일이 신자와 불신자 간의 결혼 관계 가운데 자주 일어난다. 첫째로, 나는 배우자를 위해 기도하고 호소하는 법을 배워야 한다고 생각한다. 여러분이 도전을 해볼 수 있다. "3개월 동안 드려서, 하나님께서 축복해 주시는지 확인해 봐요." 섬기고 드리는 것에 대해 믿음이 없는 한 남자에 대해 들은 적이 있다. 아내가 이렇게 도전을 해오자, 그는 동의했다. 아내의 믿음이 환상에 불과함을 증명해 보일 완벽한 기회라고 생각한 것이다. 그러나 3개월 동안 드리면서, 그는 예상치 못한 승진을 했고, 엄청난 연봉 인상에 더불어 회사에서 차까지 지급 받았다. 이것이 우연이 아니라는 걸 알고, 그는 회심을 했을 뿐만 아니라 정기적으로 섬기는 사람이 되었다.

배우자와 별도로 수입을 얻고 있다면, 최소한 스스로의 수입에서 헌금을 할 자유가 있기를 바란다. 하지만 그래도 갈등이 있다면, 목회자로서 충고할 수 있는 것은 두 사람이 같은 생각에 이를 때까지 기다리면서 기도하라는 것이다.

● 정리해 보자

드림에 대한 질문들은 너무나 많을 것이다. 대부분은 초점이 얼마를 드리느냐, 어디에 드려야 하느냐, 드릴 수 없다고 생각될 때나 적은 액수밖에 드릴 수 없을 때 어떻게 해야 하느냐 등에 있다. 하나님께서는 마음 가운데 예수처럼 섬기고자 하는 뜻을 가진 사람들을 찾고 계신다. 하나님의 말씀과 구분의 약속을 신뢰하여, 뿌리기만 하면 주님께서 친히 추수가 되시고 여러 면에서 삶을 축복해 주실 것을 믿는 사람들 말이다.

● 스스로 물어보자

재정을 떼어서 맨 먼저 섬기는 교회에 드려야 한다는 저자의 말에 동의하는가? 왜 (안) 그런가?

현재 여러분은 정기적으로 드리고 있는가, 아니면 그런 적이 있는가? 섬김에 대한 여러분의 경험은 어떤 것인가? 정기적으로 드릴 것을 다른 이들에게 추천하겠는가? 왜 (안) 그런가?

절체절명의 상황에 하나님께서 재정을 공급해 주시는 순간을 체험해 봤는가? 주님의 공급이 여러분의 섬김과 어떤 면으로든 연관이 되어 있다고 생각하는가?

● 그렇게 살자!

점진적인 섬김을 시도해 보기를 여러분에게 도전하고 싶다. 현재 얼마를 섬기고 있는지 보고 앞으로 3개월 동안 그 수준을 높일 목표를 세워 보라. 그리고 어떠한 변화가 생기는지 보라. 그렇게 할 의지가 있는가? 왜 (안) 그런가?

## 주님께 꾸어 드리라

"가난한 자를 불쌍히 여기는 것은
여호와께 꾸어 드리는 것이니,
그의 선행을 그에게 갚아 주시리라."
(잠 19:17)

성경에는 가난한 자를 돌보라는 말씀이 2,000구절 넘게 나오며, 예수께서는 가난한 자를 돌보는 데에 태만한 것은 그분을 사랑하는 데에 태만한 것이라고까지 말씀하셨다. 이러한 사실에도 불구하고, 오늘날의 교회에서는 십일조나 사역체에 대한 헌금, 번영을 거두는 것에 대한 해일처럼 넘쳐나는 가르침과는 상반되게 상대적으로 가난한 자의 필요를 채우는 것에 대한 강조는 거의 없다.

책을 쓰면서 내가 고백해야 할 것은, 목회를 해온 그 수년의 시간 동안 구체적으로 가난한 자를 돕는 것에 대해서 한 번도 설교를 한 적이 없는 것에 놀라고 겸허해졌다. 가난의 영을 파하는 것에 대해서는 여러 차례 설교했지만, 가난한 자를 돌보는 것에 대한 메시지는 한 번도 전한 기억이 없다. 주변적인 이야기 혹은 부차적인 논점으로 가르친 적은 있지만, 이 주제에 대하여 전체 설교를 한 적은 없다. 하지만 꽤 정확하다고 보이는 내

판단에 따르면, 대부분의 복음주의적인 형제자매들도 마찬가지 사정일 것이다.

우리는 아버지 하나님을 신뢰하고 우리 안에 내주하는 성령을 통해 역사하는 그분의 은혜의 능력에 굴복함으로 예수를 닮아 가도록 부르심 받았음을 안다. 어떤 인간적인 노력이 아닌, 주님의 은혜만 우리의 성품을 이렇게 변화시킬 수 있다.

우리가 자발적이고 순종적으로 섬김으로써 우리에게 맡겨 주신 하나님 왕국의 자원들을 책임 있게 다룰 때, 영적 성숙과 성장이 드러나게 된다. 우리가 성숙해 감에 따라 이 땅에서 아버지 하나님의 뜻을 확장할 수 있는 권세와 지배권을 다룰 능력이 자라게 된다. 사랑으로 가난한 자를 돌보는 것은, 또 하나의 통치 훈련 기회이며 아버지 하나님을 닮은 마음을 계발할 수 있는 계기다.

성경에서 분명 가난한 자들에 대해 2,000구절 이상 거론하고 있기 때문에, 그들이 아버지 하나님께 매우 중요함을 알 수 있다. 주님께서는 가난한 자들을 사랑하시고 돌보시며, 그들의 안녕을 염려하신다. 주님께서는 우리도 그렇게 되고, 그렇게 행하길 기대하신다. 주님께서는 옛적 이스라엘에 여러 가지 명령들을 주셔서, 가난한 자들이 공급을 받고 공의롭게 처우 받도록 보증하고자 하셨다. 예수께서는 가난한 자들을 돌보는 것에 대해 강력한 말씀을 하셨는데, 새 언약의 은혜 아래서 더 높은 사랑과 섬김의 표준을 우리에게 촉구하신 것이다. 가난한 자에게 공급하는 것은 초대 교회의 주된 초점이요 활동이었다.

구약과 신약을 통해 몇 가지 예를 살펴보고, 하나님께서 가난한 자들을 사랑하고 돌보기를 원하신다고 얼마나 지속적으로 강조하셨는지 알아보자.

### 주님께 꾸어드리라

오늘날 주님께서 십일조하라는 그분의 명령에 순종하도록 이스라엘에 요청하는 말라기 3장 10절 본문에 대한 이야기들이 많다.

"너희의 온전한 십일조를 창고에 들여 나의 집에 양식이 있게 하고 그것으로 나를 시험하여 내가 하늘 문을 열고 너희에게 복을 쌓을 곳이 없도록 붓지 아니하나 보라."

하나님께서 우리로 하여금 그분을 시험하도록 요청하신다는 사실은 대단히 인상적인 것으로, 이 곳 외에서는 찾아볼 수 없다. 하지만 하나님의 모든 약속은 그분을 시험하라는 무언의 요청이다. 무슨 약속이든지, 그것이 진실된 것인지를 어떻게 알 수 있는가? 시험해서 그대로 되는지 봐야 한다. 하나님께서는 주신 모든 약속들을 우리가 믿고 시험하기를 원하신다.

잠언 19장 17절은 사실 말라기 3장 10절보다 더 굉장하다. 아버지 하나님께서는 잠언에서 우리가 가난한 자들에게 주면, 그것이 실상 그분께 꾸어드리는 것이라고 말씀한다. 갚아 주시리라는 것이다. "꾸어 주다"라는 단어는 동일하거나 동가의 것으로 돌려줄 것을 기대하며 무언가를 사용하도록 허락한다는 뜻이다. 나눠주거나 기부한다는 의미, 또 누군가에게 도움이나 지원의 의미로 제공한다는 뜻이다. 이 구절은 풍성한 의미를 가지고 있다. 그 의미를 파헤쳐 보자.

첫째, "꾸어 준다"는 단어를 쓰심으로써 하나님께서는 우리가 그저 맡아보는 것이 아니라 소유한 무언가를 섬긴다고 말씀하시는 것이다. 누군가에게 빌린 무언가를 다시 그 사람에게 빌려 주진 않는다. 소유한 물건을 다른 사람에게 빌려 주는 것이다. 우리에겐 왕국의 자원들이 주어졌고, 이것들은 우리가 관리하든지 낭비하든지 할 수 있는 것이다.

하나님께서는 우리의 소유권을 존중하신다. 진지한 차용인이라면 다 그렇겠지만, 주님께서도 이자를 더 해서 갚아 주겠노라 약속하신다.

하나님께선 모든 걸 소유하고 계신다. 우리의 헌금이나 선물이 필요 없으신 것이다. 하지만 가난한 자들에 대한 주님의 사랑과 돌보심에 대해서라면, 굳이 우리의 도움이 필요하다는 입장을 취하신다. 생각해 보라! 전능하시고 우주 가운데 모든 것에 부족함이 없으신 하나님께서 가난한 자들을 섬기는 데에 있어 우리의 협력을 간청하신다는 말이다! 주님께서는 그분께 너무나도 소중한 가난한 자들을 우리의 사랑과 돌봄 가운데 맡기시는 것이다. 이 얼마나 믿을 수 없을 정도로 대단한 신뢰의 행위를 보여 주시는가! 우리에겐 얼마나 믿을 수 없는 특권인가! 우리는 사실 아버지 하나님을 위해서 후원을 제공하는 것이다.

### 가난한 자들에 대한 하나님의 마음

아래는 구약 성경 가운데 가난한 자들을 향한 하나님의 마음을 표현해 주는 구절들이다.

주께서는 보셨나이다. 주는 재앙과 원한을 감찰하시고 주의 손으로 갚으려 하시오니 외로운 자가 주를 의지하나이다. 주는 벌써부터 고아를 도우시는 이시니이다. (시 10:14)

그는 궁핍한 자가 부르짖을 때에 건지며 도움이 없는 가난한 자도 건지며, 그는 가난한 자와 궁핍한 자를 불쌍히 여기며 궁핍한 자의 생명을 구원하며. (시 72:12-13)

고아와 과부를 위하여 정의를 행하시며, 나그네를 사랑하여 그에게 떡과 옷을 주시나니. (신 10:18)

그의 거룩한 처소에 계신 하나님은 고아의 아버지시며 과부의 재판장이시라. (시 68:5)

구약을 통틀어, 아버지 하나님께서는 가난한 자들을 어떻게 대해야 하는지에 대해 지시하신다. 재앙과 재해가 누구에게나 임할 수 있음을 인정하시며 이스라엘에 말씀하신다.

"네 형제가 가난하게 되어 빈 손으로 네 곁에 있거든, 너는 그를 도와 거류민이나 동거인처럼 너와 함께 생활하게 하되." (레 25:35)

우리는 가난한 자들을 빈대 붙어서 "시스템을 빼먹으려는" 사람들로 인식하는 경향이 많은 문화 가운데 살고 있다. 물론 때때로 그게 사실인 경우도 있다. 하지만 아버지 하나님께서는 가난한 자들을 존중하고, 그들의 가난을 반드시 게으름과 노동에 대한 거부로 결부시키지 말기를 원하신다. 주님께서는 그들에게 일할 기회를 주라고 명하신다.

"너희 땅의 곡물을 벨 때에 밭 모퉁이까지 다 베지 말며, 떨어진 것을 줍지 말고 그것을 가난한 자와 거류민을 위하여 남겨두라. 나는 너희의 하나님 여호와이니라." (레 23:22)

가난한 자들을 사랑하고 돌보는 것은 하나님께 너무나 중요한 것이라, 주님께서는 심지어 이것을 금식과 같은 성별의 행위에 비견하신다.

"내가 기뻐하는 금식은 흉악의 결박을 풀어 주며 멍에의 줄을 끌러 주며 압제 당하는 자를 자유하게 하며 모든 멍에를 꺾는 것이 아니겠느냐 또 주린 자에게 네 양식을 나누어 주며 유리하는 빈민을 집에 들이며 헐벗은 자를 보면 입히며 또 네 골육을 피하여 스스로 숨지 아니하는 것이 아니겠느냐." (사 58:6-7)

이러한 지시들은 신약에서도 강조가 된다.

"하나님 아버지 앞에서 정결하고 더러움이 없는 경건은, 곧 고아와

과부를 그 환난 중에 돌보고 또 자기를 지켜 세속에 물들지 아니하는 그것이니라."(약 1:27)

"참 과부인 과부를 존대하라."(딤전 5:3)

"네 원수가 주리거든 먹이고 목마르거든 마시게 하라."(롬 12:20 上)

마지막의 로마서 명령은 가난한 자들에게 섬기는 행위를 구약의 명령들을 뛰어넘는 완전히 새로운 단계로 끌어올린다. 우리는 우리 편이거나 가치가 있는 가난한 자들을 돌봐야 할 뿐 아니라, 우리와 원수 관계에 있는 가난한 자들까지도 돌아봐야 하는 것이다. 이것은 행위로 나타나는 순전한 은혜다. 아버지 하나님께서는 이런 것을 예수처럼 섬긴다고 말씀하신다.

### 가난한 자들을 무시하는 것은 죄

성경은 가난한 자들을 돌보는 것이 우리의 선택 사항이 아니라고 명시한다. 가난한 자들의 필요에 대하여 마음을 닫고 모른 척 하면, 우리 스스로의 마음에 대하여도 그렇게 하는 것이다.

"가난한 사람을 학대하는 자는 그를 지으신 이를 멸시하는 자요, 궁핍한 사람을 불쌍히 여기는 자는 주를 공경하는 자니라."(잠 14:31)

"귀를 막고 가난한 자가 부르짖는 소리를 듣지 아니하면 자기가 부르짖을 때에도 들을 자가 없으리라."(잠 21:13)

"가난한 자를 구제하는 자는 궁핍하지 아니하려니와 못 본 체하는 자에게는 저주가 크리라."(잠 28:27)

"네 아우 소돔의 죄악은 이러하니 그와 그의 딸들에게 교만함과 음식물의 풍족함과 태평함이 있음이며 또 그가 가난하고 궁핍한 자를 도와

주지 아니하며."(겔 16:49)

여기에 덧붙이자면, 대부분의 사람들은 소돔과 고모라가 멸망한 이유가 그 안에 만연한 성적 부도덕 때문이라고 생각한다. 허나 에스겔은 근본적인 죄악이 가난한 자들을 신경 쓰지 않고 그들에게 섬기지 않은 것이라고 지적한다.

신약도 우리가 가난한 자들에 대해 태만해선 안 된다고 강조한다.

"그들은 과부의 가산을 삼키며 외식으로 길게 기도하는 자니 그 받는 판결이 더욱 중하리라 하시니라."(막 12:40)

예수께서는 바리새인들과 율법 학자들에 대해 제자들에게 평가를 해주셨다.

"누가 이 세상의 재물을 가지고 형제의 궁핍함을 보고도 도와 줄 마음을 닫으면 하나님의 사랑이 어찌 그 속에 거하겠느냐."(요일 3:17)

요한일서 본문에 함축된 바는, 예수처럼 섬기는 사람은 어려운 상황에 있는 동류 성도를 보고 긍휼을 가지며 할 수 있는 만큼 공급해 주리라는 것이다. 이는 예수처럼 섬기는 사람이 되기 위해서 하는 일이 아니라, 우리가 예수처럼 섬기는 사람이요 하나님의 사랑이 우리 안에 거하기 때문에 행하는 일이다.

### 가난한 자들에게 섬기는 사람은 복되다

신약과 구약을 통틀어 가난한 자들에게 섬길 때 복을 받는다는 구절들은 너무나 많다. 우리는 주님께 꾸어 드리는 것이며 주님께서는 우리에게 항상 풍성하도록 갚아 주심을 기억하라.

"빈곤한 자를 불쌍히 여기는 자는 복이 있는 자니라."(잠 14:21 下)

"선한 눈을 가진 자는 복을 받으리니, 이는 양식을 가난한 자에게 줌이니라."(잠 22:9)

"주린 자에게 네 심정이 동하며 괴로워하는 자의 심정을 만족하게 하면, 네 빛이 흑암 중에서 떠올라 네 어둠이 낮과 같이 될 것이며."(사 58:10)

"하나님이 능히 모든 은혜를 너희에게 넘치게 하시나니, 이는 너희로 모든 일에 항상 모든 것이 넉넉하여 모든 착한 일을 넘치게 하게 하려 하심이라. 기록된 바 그가 흩어 가난한 자들에게 주었으니 그의 의가 영원토록 있느니라 함과 같으니라. 심는 자에게 씨와 먹을 양식을 주시는 이가 너희 심을 것을 주사 풍성하게 하시고 너희 의의 열매를 더하게 하시리니, 너희가 모든 일에 넉넉하여 너그럽게 연보를 함은 그들이 우리로 말미암아 하나님께 감사하게 하는 것이라."(고후 9:8-11)

잠언 28장 27절은 말씀한다.

"가난한 자를 구제하는 자는 궁핍하지 아니하려니와…"

하나님께서는 우리가 섬김을 통해 가난한 자들에게 투자하여 그분께 꾸어 드리기를 원하신다. 주님께서는 이러한 선물을 개인 대출로 여기시고 우리에게 상환을 보장하신다. 가난한 자들에게 투자하는 것은 최고의 블루칩 주식이다. 손실이 있을 수 없기 때문이다! 다른 이들을 축복하는 동시에 축복을 받을 수 있다!

**집에서 시작되는 자선**

성경 전체에서 우리는 우리 중의 가난한 자들을 돌보라는 명령을 받는다. 특히 구약을 보면, 이스라엘은 국경 내의 가난한 이들을 돌아봐야 했다. 하나님께서 다른 나라에 사는 가난한 자들을 돌보라고 명하신 적은 한 번도 없지만, 그들 가운데 거주하는 이방인 중 가난한 이들을 돌볼 것을 요구하셨다. 가난한 자들을 돌보는 것은 될 대로 되도록 내버려둔 것이 아니라, 이스라엘의 운영 기반인 십일조 체계 내에서 세워진 것이었다. 매년 레위인들에게 전해지는 매년의 십일조는 친숙하다. 하지만 가난한 이들을 위해서는 3년에 한 번씩 따로 모으는 십일조가 있었다.

"셋째 해 곧 십일조를 드리는 해에 네 모든 소산의 십일조 내기를 마친 후에 그것을 레위인과 객과 고아와 과부에게 주어 네 성읍 안에서 먹고 배부르게 하라."(신 26:12)

신약에서도 같은 부분을 강조하고 있다. 먼저 우리 식구들 가운데 가난한 자들을 돌봐야 한다. 여기엔 먼 친척들까지도 포함된다. 바울 사도는 디모데에게 지시했다.

"누구든지 자기 친족 특히 자기 가족을 돌보지 아니하면 믿음을 배반한 자요 불신자보다 더 악한 자니라."(딤전 5:8)

바울은 디모데에게 이 지시 사항들을 쓰면서, 누가 진정 빈곤하고 교회의 후원을 받을 입장에 있는지를 결정하기 위한 큰 배경을 설명했다. 초대 교회는 자신들과 같은 부류의 가난한 사람들을 돕는 데에 매우 헌신돼 있었다. 특별히 과부와 고아들을 말이다. 유대 율법 하에서, 장자는 어머니가 과부가 되었을 때 그녀를 돌볼 책임이 있었다. 아들이 없거나 아들을 잃은 여인들은 빈곤해질 수 있었는데, 그래서 교회로부터 지속적인 후원을 받을 수 있었다.

초대 교회는 이러한 후원을 심각한 관심사로 여겼고, "참 과부들"이 돌봄을 받게 만드는 데에 매우 헌신되어 있었다. 같은 본문에서 디모데에게 바울은 이런 말을 한다.

"참 과부로서 외로운 자는 하나님께 소망을 두어 주야로 항상 간구와

기도를 하거니와."(5절)

사실 초대 교회는 공동체 내의 가난한 자들을 돌보는 데에 너무나 깊이 관여하여, 구제 비용을 분배하는 일을 위해 집사들을 선출해야 했다.

"그때에 제자가 더 많아졌는데 헬라파 유대인들이 자기의 과부들이 매일의 구제에 빠지므로 히브리파 사람을 원망하니, 열두 사도가 모든 제자를 불러 이르되 우리가 하나님의 말씀을 제쳐 놓고 접대를 일삼는 것이 마땅하지 아니하니, 형제들아 너희 가운데서 성령과 지혜가 충만하여 칭찬 받는 사람 일곱을 택하라. 우리가 이 일을 그들에게 맡기고 우리는 오로지 기도하는 일과 말씀 사역에 힘쓰리라 하니."(행 6:1-4)

사도행전과 서신서들을 죽 보면, 초대 교회가 가난한 자들을 돌보기 위해 얼마나 노력했는지 알 수 있다. 예루살렘 교회는 모든 성도들이 지원을 받을 수 있도록 아낌 없이 섬겼다.

"또 재산과 소유를 팔아 각 사람의 필요를 따라 나눠 주며, 날마다 마음을 같이하여 성전에 모이기를 힘쓰고 집에서 떡을 떼며 기쁨과 순전한 마음으로 음식을 먹고."

"믿는 무리가 한마음과 한뜻이 되어 모든 물건을 서로 통용하고 자기 재물을 조금이라도 자기 것이라 하는 이가 하나도 없더라."(행 2:44-45, 4:32)

바울 사도가 이방인들에게 공식적으로 인정을 받았을 때 예루살렘의 사도들은 그에게 가난한 자들을 기억할 것을 강권했다.

"또 기둥 같이 여기는 야고보와 게바와 요한도 내게 주신 은혜를 알므로 나와 바나바에게 친교의 악수를 하였으니 우리는 이방인에게로, 그들은 할례자에게로 가게 하려 함이라. 다만 우리에게 가난한 자들을 기억하도록 부탁하였으니 이것은 나도 본래부터 힘써 행하여 왔노라."(갈 2:9-10)

### 가난한 자들을 돌봄으로 주님을 돌아봄

예수께서는 하나님과 완벽히 닮으셨으며, 그 안에 하나님의 본성이 각인되어 있다. 예수를 바라볼 때 우리는 보이지 않으시는 아버지 하나님을 보게 되며, 그리스도 안에서 우리는 스스로 누구이고 무엇을 위해 살아야 하는지를 알 수 있다. 예수께서는 우리에게 본을 보이사, 그분께서 행하신 그대로 우리도 할 수 있게 하셨다. (히 1:3, 골 1:15, 엡 1:11, 요 13:15)

예수께서는 제자들에게 가난한 이들을 사랑하고 돌보는 것이 곧 그분을 사랑하고 돌봐 드리는 것이라고 가르치셨다.

> 그 때에 임금이 그 오른편에 있는 자들에게 이르시되, 내 아버지께 복 받을 자들이여 나아와 창세로부터 너희를 위하여 예비된 나라를 상속받으라. 내가 주릴 때에 너희가 먹을 것을 주었고 목마를 때에 마시게 하였고 나그네 되었을 때에 영접하였고, 헐벗었을 때에 옷을 입혔고 병들었을 때에 돌보았고 옥에 갇혔을 때에 와서 보았느니라.
> 임금이 대답하여 이르시되 내가 진실로 너희에게 이르노니, 너희가 여기 내 형제 중에 지극히 작은 자 하나에게 한 것이 곧 내게 한 것이니라 하시고.
> (마 25:34-36, 40)

예수께서는 이 행위들이 공의로운 것이라고까지 말씀하시며, 그들에게 영원한 상급이 있을 것이라고 선포하신다. 가난한 자들에 대한 이러한 친절 행위는 우리로 하여금 예수와 같은 성품을 가진 하나님의 자녀라는 신분을 드러내게 한다.

오늘날 미국의 교회들은 교회 내의 가난한 자들을 돌보는 일에서 거의 손을 떼고 정부 프로그램이나 사회 단체들에 맡겨 버렸다. 어려운 가정들에 대해 미봉책적인 원조를 제공하고, 무료 급식을 하거나, 식료품 및 옷가지를 배포하는 곳도 있긴 하다. 세계 선교 단체들에 헌금을 지정하는 경우는 많이 있는데, 교회 내의 가난한 자들을 지속적으로 돌봐야 한다는 책임은 거의 갖지 못한다. 믿는 가정들과 교회들은 예수와 같은 성품의 본을 보여야 하고, 서로 만남 중에나 공동체 가운데 가난한 자들에게 "빛과 소금" 같은 사랑을 섬겨야 한다.

교회들은 정부 프로그램이나 사회 단체에서 제공할 수 없는 개인적인 관심을 베풀 수 있다. 개인적으로 돌봐준다는 말이다. 각각의 필요를 바라보고, 각자의 이야기에 귀를 기울이고, 각각의 고통과 아픔에 긍휼을 쏟는 마음을 가져야 한다. 이러한 돌봄은 가깝고도 개인적인 것이며, 가난한 자들은 이러한 돌봄을 절실하게 기다리고 있다. 이런 말을 들려줘야 한다. "여러분은 중요한 사람입니다. 제 시간과 관심을 받을 가치와 자격이 있습니다." 필요한 사람들에게 얼마의 돈을 던져주고 돌아가기란 훨씬 쉬운 일이다. 스스로 기분도 좋아지고, 성도들 가운데 어려운 이들을 만나도 딴 데를 쳐다볼 수 있게 해주니 말이다.

수년 전에 프린스턴 신학교의 설교 수업에 대한 이야기를 들은 기억이 난다. 담당 교수가 예수께서 말씀하신 선한 사마리아인의 비유에 대한 설교를 준비하라는 과제를 내줬다. 학생들은 한 사람씩 밀러 채플(Miller Chapel)에서 교수에게 준비한 설교를 들려주고, 교수가 평가를 하는 식이었다. 하지만 학생들 모르게 교수는 한 사람을 섭외하여 가난하고 어려운 사람을 연기하며 채플에 들어오는 학생들에게 접근해 도움을 구하라고 했다. 학생들은 선한 사마리아인에 대해 설교를 하러 오는 길에 자신들에게 실제로 그 비유가 현실이 되어 나타나리라고는 생각지도 못했다!

예수처럼 섬기는 일의 은혜는 순종적이고 자발적이며, 유쾌하게 베푸는 사람이 된다는 개념을 초월하는 것이다. 아버지 하나님의 뜻과 목적을 여기 이 땅에서 성취하고자 하는 갈망으로 살아가는 전반적인 라이프스타일이다. 우리는 주님의 말씀을 말하고, 주님의 행동을 따라 행하고 주님처럼 사랑함으로써 그분의 왕국을 확장시키기를 원한다. 이것은 그저 영적인 입장이 아니라, 우리가 사회 가운데 어떻게 살아가고 그 사회를 어떻게 변화시키고 개혁시키고자 하는가에 대단히 실질적으로 관계된 것이다.

● 정리해 보자

아버지 하나님께서는 가난한 자들에게 관심과 사랑을 베푸신다. 그리고 우리도 동일하게 되기를 원하신다. 우리가 가난한 자들에게 섬기는 것이 그분께 꾸어드리는 것이라며, 우리에게 갚아 주시고 축복 주시겠노라 말씀하신다. 우리는 결코 가난한 자들의 필요를 등한시해선 안 된다. 가장 무엇보다도 우리 식구들 가운데, 그리고 섬기는 교회 가운데 있는 가난한 이들의 필요를 채워 줘야 한다.

● 스스로 물어보자

현재 가난한 이들에게 섬기고 있는가? 그렇다면 그 대상은 누구이며 방법은 어떤 것인가? 안 그러고 있다면, 시작할 용의가 있는가? 그렇다면, 누구에게 어떻게 하겠는가?

여러분이 가난한 자들에게 일할 수 있는 기회를 제공할 방법은 무엇이 있을까? 실제로 그 일을 실현하겠는가?

여러분이 일상적으로 가난한 자들을 지나치는 경우는 어떤 것들인가? 어떻게 그것을 중단할 수 있을까?

● 그렇게 살자!

돈을 전달하는 것 외에 가난한 자들에게 도움을 제공할 수 있는 방법이 무엇이 있을지 여러 가지를 생각해 보라. (힌트: 차편을 제공하는 일, 옷가지를 제공하는 일, 아이를 돌봐주는 일 등) 이번 주에 여러분이 생각한 아이디어 중 한 가지를 실행할 수 있는 기회를 찾아보라. 그리고 나서 그 경험을 기록해 두라.

7장

# 은혜가 가진
# 변화의 능력

이번 장에서 여러분이 가장 먼저 인식할 수 있는 사실은 내용이 한 가지라는 것이다. 한 가지 내용만을 담은 것은 의도적인데, 우리가 예수 안에서 새로운 단계의 삶을 살아갈 시작점에 이르렀기 때문이다. 예수처럼 섬기는 삶을 따라온 우리는 이제 그 불가피한 목적에 이르렀다. 곧 하나님의 자녀가 변화됨으로 말미암아 탄생되는 사회의 개혁이다.

하나님의 궁극적인 의도는 예수와 같은 성품을 지닌 아들 딸들로 충만한 가정을 이루는 것이다. 그들이 권세와 지배권을 행사하여 아버지의 왕국이 이 땅에 도래하게 하기를 원하신다. 우리는 아버지 하나님의 사랑과 생명으로 문화의 일곱 봉우리(더 자세한 사항은 다음 장에서)마다 침투해야 한다. 우리는 세상에서 소금과 빛으로서 극히 차별되는 삶을 살아, 스스로 세상의 적대적인 시스템 가운데서 번영하는 천국의 거류민 됨을 보여야 한다.

하나님께서는 우리가 개인적인 차원에서나 체제적인 차원에서 개혁에 참여하기를 원하시는데, 하나님의 왕국을 확장하는 데에 두 가지 모두가 하나님의 은혜가 갖는 변화의 능력을 요구하기 때문이다. 이 마지막 부분에서 우리는 가난의 문제에 대하여 이 과정이 어떻게 진행되는지를 살펴볼 것이다.

개인적 변화로의 부르심은 항상 사회의 개혁자로의 부르심이 된다. 둘은 불가분의 관계에 있다. 우리의 성품이 그리스도의 형상으로 변화되어 갈 때, 하나님의 사랑으로 충만하여져서 우리는 그분의 계획과 목적에 연합될 것이다. 우리는 주님의 가장 깊은 갈망, 곧 주님과 또 서로 간에 연합하는 상태를 이루게 될 것이다. 우리는 사명 안으로 나아가며, 또 인류 역사상 가장 위대한 특권을 누리게 된다. 곧 온 땅에 하나님의 왕국과 영광을 다시 한번 가득 채울 수 있는 기회 말이다.

## 하나님의 제5열

"이같이 너희 빛이 사람 앞에 비치게 하여
그들로 너희 착한 행실을 보고
하늘에 계신 너희 아버지께 영광을 돌리게 하라."
(마 5:16)

1930년대 말, 유럽에서 제2차 세계대전의 발발은 막을 길이 없는 듯했다. 1940년 프랑스의 급격한 추락은 많은 이들로 하여금 "제5열"을 탓하게 했다. 독일 군사 지도부가 아니라 프랑스 정부 내에 전략적으로 배치된 나치 동조자들의 무리들을 규탄했다는 것이다. 프랑스의 정치 당파들은 국가의 패배에 대해 서로의 흠을 잡았고 군사 지도자들은 민간 지도부를 나무랐다. 이 모든 일들로 인해 미국에서는 내부 파괴 분자들의 배신 가능성에 대한 염려를 확대시켰다. 1940년 6월, 〈라이프Life〉지는 "나치 제5열이 도처에 있다는 징후"라는 제목으로 사진들을 연재했다.

"제5열"이라는 표현은 스페인 내란 당시 민족주의자인 에밀리오 몰라(Emilio Mola) 장군이 만든 것이다. 그는 1936년에 한 언론인에게 자신의 군대 4열이 마드리드에 접근하면 도시 내 지지자들의 "제5열"이 봉기하여 자신의 군대에 가담하고, 공화당 정부를 내부로부터 전복시킬 것이라고 했다. 이 표현은 굳어져서 비밀리에 국가와 같은 거대 그룹을 내부에서부터 전복시키려는 사람들의 무리에 대한 기술어가 되었다. 제5열의 주요 전술은 공격 대상 국가 혹은 시스템의 조직 전체 내부로 지지자들을 비밀리에 투입하는 것이다.

하나님께는 제5열이 있다. 그것은 하나님 왕국의 씨앗이요, 하나님 자녀들 안에 거하는 그분의 성령을 통해 모든 자녀들에게 하나하나 심겨진다. 아버지 하나님께서는 세상과 그 안에 거하는 자들을 대단히 사랑하시지만, 제5열을 통해 사탄이 통치하는 세상의 체제를 해체시키려고 하신다. 예수 그리스도께서는 죽으시고 부활하사 사망과 저주에 대하여 승리하셨을 때 사탄을 완전히 패배시키셨다.

"통치자들과 권세들을 무력화하여 드러내어 구경거리로 삼으시고 십자가로 그들을 이기셨느니라."

세상 체제에 대한 승리는 확실한 것이지만, 우리는 하나님의 자녀로서 예수께서 재림하시기까지 이 세상을 자유롭게 하고 점유하는 책무를 맡고 있다.

하나님께서는 우리가 세상에서 소금과 빛이 되기를 원하신다. 그분의 생명과 사랑을 세상에 방송하는 언덕 위에 세워진 도시가 되기를 원하신다.

"너희는 세상의 빛이라. 산 위에 있는 동네가 숨겨지지 못할 것이요. 이같이 너희 빛이 사람 앞에 비치게 하여 그들로 너희 착한 행실을 보고 하늘에 계신 너희 아버지께 영광을 돌리게 하라." (마 5:14-16)

우리의 삶은 아버지의 사랑의 행위를 예증하는 것이 되어야 한다. 너무나 차별적인 삶을 살아, 세상 체제 안에서 천국의 거류민임을 드러낼 수 있어야 한다. 우리 안에 형성된 예수의 성품을 통해 하나님의 뜻과 계획대로 살아냄으로써, 주변의 세상에 하나님의 은혜가 가진 변화의 능력을 풀어놓게 된다.

아버지 하나님께서는 우리가 세상 체제의 권세 구조 가운데로 침투하기를 원하신다. 소금과 빛으로서 유효해야 한다면, 효력을 발할 수 있는 영향력의 자리에 있어야만 한다. 하나님께서는 항상 이것을 이룰 계획을 갖고 계셨는데, 지난 수십 년 동안 어떻게 하면 제5열이 될 수 있는지에 대해 더 깊은 계시를 받기 시작한 것 같다.

### 문화의 봉우리에 침투하라

1970년대, CCC의 설립자이자 대표인 빌 브라이트와 YWAM의 대표 로렌 커닝햄(Loren Cunningham)은 크나큰 영적인 의미를 갖는 집회를 열었다. 두 사람은 주님께 참신한 말씀을 받았다고 생각했다. 둘이 이야기를 나누는데, 각자 따로 받은 말씀이 사회 변혁에 대한 완전히 동일한 말씀임을 깨닫게 된다. 하나님께서는 두 사람에게 동일한 일곱 개의 "문화의 봉우리"에 대해 계시하시며, 교회가 각각의 봉우리에서 지배적이어야 한다는 분명한 위임을 주셨다. 이 산봉우리들은 각 문화를 형성하는 주요 영향력들로 구성되어 있다. 그것들은 곧 가정, 사업, 정부, 종교, 교육, 미디어 그리고 예술 및 연예다.

자녀들을 향한 하나님의 뜻은 잠재력을 온전히 계발하여, 각자가 부르심 받은 특정 문화의 봉우리의 분위기에 영향을 미치고 전환을 이루는 것이다. 이는 우리 마음의 내적인 변화와 우리 생각의 갱신을 요구하는 것이요 그것들을 활용하여 세상 문화에 침투함으로 하나님의 왕국을 확장시키는 것이다. 내적 변화와 갱신은 내면에 예수를 닮은 성품을 낳고, 하나님의 왕국 내에 있는 권세와 지배권에 접근할 수 있게 해준다. 우리는 이 권세와 지배권을 사용해 사회를 변화시켜야 하는 것이다.

여러분이 세상에 영향을 끼칠 수 있다는 말이 믿기 어려울 수도 있겠다. 허나 성경은 말씀한다.

"여호와께서 너를 머리가 되고 꼬리가 되지 않게 하시며, 위에만 있고 아래에 있지 않게 하시리니 오직 너는 내가 오늘 네게 명령하는 네 하나님 여호와의 명령을 듣고 지켜 행하며." (신 28:13)

우리는 우리의 영향력을 사용하여 우리가 살아가는 문화의 봉우리에 변혁을 일으켜야 한다. 이것은 우리 개인의 영광을 위해서가 아니라, 아버지 하나님의 영광을 위한 것이다.

### 체제적 가난 근절

하나님의 자녀로서 그리스도의 형상을 본받아 갈 때, 우리는 개인적 차원, 체제적 차원 양면에서 사회적 병폐들을 맞서야 한다. 왜 그런가? 하나님의 은혜가 가진 변화의 능력이 개인적으로도, 체제적으로도 필요한 때문이다. 가난을 생각하며 예를 들어보자.

앞부분에서 다뤘지만, 가난에는 개별적 돌봄이 요구되는 개별적 양상들이 있다. 하지만 가난은 또한 체제적인 악이라, 사회 제도와 문화 전반을 감염시킨다. 예컨대, 세계에는 매년 영양 실조로 죽어가는 5세 이하의 아이들 500만 명이 있다. 매초마다 이 지구에 사는 누군가는 기아로 죽어간다. 브루킹스 연구소(the Brookings Institution)에서 펴낸 최근의 정책 보고서를 보면, 소액 금융 지원과 같은 빈곤 퇴치 전략과 구호 단체들은 영속적인 빈곤 퇴치에 미미하거나 상대적으로 무력한 결과를 낳는다고 한다.

그러나 보고서엔 좋은 소식도 있었다.

"빈곤 퇴치는 현재 세계 전역에서 진행되고 있다. 지구적 빈곤의 대폭 하락은 두 개의 거대한 개발도상국 곧 인도와 중국 덕이라 할 수 있겠다. 그 둘만 해도 세계 빈곤 기대치의 4분의 3을 맡을 수 있다."

그러니 전 세계적으로 극심한 빈곤은 실상 감소세다. 하지만 이것은 기부나 미소 기업 프로그램, 혹은 아동 결연의 덕이 아니라, 순전히 경제 성장 때문이다. 중국과 인도 모두 거대한 인구를 갖고 있고 자국을 세계화에 개방하기 위해 여러 가지의 상호 밀접한 관계가 있는 결정들을 내렸다. 이는 눈에 띄는 경제 성과로 이어졌고, GDP 성장률이 2003년 이래 일반적으로 6%를 상회했다. 그 무엇보다도, 이 부는 그들 사회 내의 가장 낮은 경제적 계층에게로 낙수되고 있다. 여기서 우리가 배워야 할 것은, 이것이 체제적인 단계의 접근을 요구하는 체제적 장애라는 사실이다.

### 하나님 정부의 빈곤 프로그램

시편 72편에서 솔로몬 왕은 국가 원수로서 자신의 역할을 돌아보며 하나님께 통치를 도와주실 것을 구한다.

"하나님이여 주의 판단력을 왕에게 주시고, 주의 공의를 왕의 아들에게 주소서…그가 가난한 백성의 억울함을 풀어 주며 궁핍한 자의 자손을 구원하며 압박하는 자를 꺾으리로다…모든 왕이 그의 앞에 부복하며 모든 민족이 다 그를 섬기리로다. 그는 궁핍한 자가 부르짖을 때에 건지며 도움이 없는 가난한 자도 건지며 그는 가난한 자와 궁핍한 자를 불쌍히 여기며 궁핍한 자의 생명을 구원하며 그들의 생명을 압박과 강포에서 구원하리니, 그들의 피가 그의 눈 앞에서 존귀히 여김을 받으리로다."

(시 72:1, 4, 11-14)

예수처럼 솔로몬도 "약하고 어려운 이들"을 귀히 여겼다. 솔로몬은 어려운 이들에 대한 특별한 돌봄-심지어 특별한 애정-이 하나님께서 축복하시는 정부의 특징이라고 보았다. 솔로몬도 예수처럼 벌이 무서워서 어려운 자를 돌보지 않았다. 자신에게 존귀한 사람들이었기에 돌본 것이다!

하나님께서 직접 경제를 설계하신다면 어떤 모습일까? 레위기를 보면, 하나님께서 바로 옛 이스라엘에서 그 일을 행하셨음을 볼 수 있다. 유대인들은 토지 균등 분할의 사회를 이뤘기에, 그들의 생계와 부는 땅으로 말미암았다. 요단 강을 건너 약속의 땅에 이르자, 하나님께서는 지파와 가족 간에 땅을 동등하게 나누도록 하셨다. 하지만 시간이 지남에 따라, 어떤 이들은 필연적으로 훨씬 많은 부를 갖게 됐고 어떤 이들은 소유하고 있던 것도 잃어버렸다.

하나님께서는 "가진 자와 가지지 못한 자" 사이의 소용돌이 같은 간극이 무작정 이어지기를 원치 않으셨다. 사회를 경제적으로 재설정할 수 있는, 괄목할 만한 관례를 세우셨다. 50년마다 땅을 원주인에게 돌려줘야 한다는 것이었다. 50년마다, 모든 가정들은 다시 처음부터 부를 일궈낼 수 있는 수단을 손에 쥐게 되었다. 많이 획득하는 이들도 그것이 잠깐임을 알았다. 모든 것을 잃어버린 사람들도 또 다른 기회가 주어질 것을 알았다. 이 체제 내에서는 어떤 이도 평생 가난할 수 없었다! 인간의 이기심과 죄악으로 인한 가난은 항상 존재하겠지만, 각 가정은 50년마다 부를 창출할 수 있는 수단에 대해 상대적으로 동등한 권한이 주어졌다.

여기 나타난 하나님의 지혜를 우리의 분파적 정치에서는 잊어버리려 하는 것일지 모른다. 개별적 성품(우파에서 가난과 부의 근원적 원인으로 보는)과 문화적 불평등(좌파에서 가난과 부의 근원으로 보는)이 모두 논해져야 자산을 타파시킬 수 있다. 하나님께서는 우리가 좌파 혹은 우파의 시각이 아닌,

두 관점의 최선을 결합시키는 제3의 방법을 포용하라고 부르시는 줄 믿는다. 열심히 일을 하면 상급이 있어야 하지만, 엘리트 그룹이 사회의 생산 수단을 지배하는 수준에 이르러선 안 된다. 한 사람에게 일어나는 비극이나 그의 게으름은 손실을 일으킬 수 있지만, 무고한 그의 자녀나 손자에게까지 회복할 수 없는 손실이 전해져선 안 된다.

가난을 근절하는 데에는 개개인의 성품과 사회 정의 모두에 있어서 개혁이 요구된다. 성품은 물론 가정과 교회라는 환경 안에서 하나님의 말씀과 더불어 계발된다. 정부의 역할은 동등한 기회라는 형태로 정의가 모두에게 제공되는지 여부를 확실히 하는 것이라.

하나님께서는 희년을 세우시면서 이스라엘이 그것을 지키면 축복하겠노라 약속하셨다. 주님께서는 이스라엘이 많은 민족들에게 꾸어줄지라도 그들은 꾸는 일이 없을 것이라고 하셨다. 주님께서는 그들이 많은 나라들을 통치할 것이나 어느 누구에게도 지배 받지 않을 것이라고 하셨다. (신 15:6) 안타깝게도 이스라엘은 한 번도 희년을 실행하지 못했고, 그 결과 기근과 정복을 겪어야 했다.

### 정부라는 봉우리를 향한 하나님의 구상

하나님께서는 가난한 자들을 돌본 성적에 따라 모든 정부를 심판하시겠다고 분명히 말씀하신다.

시편 9편 7-9절을 보자.

"여호와께서 영원히 앉으심이여 심판을 위하여 보좌를 준비하셨도다. 공의로 세계를 심판하심이여 정직으로 만민에게 판결을 내리시리로다. 여호와는 압제를 당하는 자의 요새이시요 환난 때의 요새이시로다."

솔로몬이 추구했던 것과 동일한 긍정적인 자질들 곧 정의와 공의가 하나님께서 세상 정부들을 판단하시는 척도가 된다.

다니엘 선지자는 한 민족이 정의로울 때는 하나님께서 번영시켜주심을 알았다. 그래서 바벨론 왕에게 이렇게 조언했다.

"그런즉 왕이여 내가 아뢰는 것을 받으시고, 공의를 행함으로 죄를 사하고 가난한 자를 긍휼히 여김으로 죄악을 사하소서. 그리하시면 왕의 평안함이 혹시 장구하리이다 하니라."(단 4:27)

모든 정부가 하나님께 설명을 드려야 할 책임이 있다는 것은 바울이 로마 교회에 전달한 서신에도 나타난다.

"권세는 하나님으로부터 나지 않음이 없나니 모든 권세는 다 하나님께서 정하신 바라."(롬 13:1)

정부들은 문화의 일곱 봉우리를 관리한 방식에 대해 하나님께 설명을 드려야 한다. 모든 세속 정부에 대한 책임은 두 가지다. 공의를 독려하고 범죄를 벌하는 것이다. 선한 정부는 부패하지 않고 국고를 활용하여 국민들이 번영할 수 있는 기본적 기간 시설을 제공해야 한다고 믿는다. 기본 교육, 양질의 건강 보험, 훌륭한 교통, 자유 시장, 세계화 등이 여기에 포함될 것이다.

### 교회와 가난

가난한 이들의 필요를 돌보는 데에 있어서 교회의 역할은 무엇인가? 가난한 자들을 돌보고 그 필요를 채우는 교회의 위임에 대해서는 어느 정도 깊이 있게 살펴보았다. 이 책을 쓰면서 우리 교회의 연간 재정 중 지금껏보다 훨씬 높은 비중을 지역 사회의 가난한 이들에게 전달해야겠다는 갈망이 커졌다. 추수 반석 교회는 내가 영예스럽게도 인도하고 있는 국제 사도적 네트워크인 HIM을 통해 예산의 10% 이상을 전 세계 빈곤층에 전달해 왔다.

하지만 미국 내에서는, 교회를 통한 섬김이 하락세에 있어 급진적인 상승이 필요하다는 게 현실이다. 예수처럼 지역적으로나 세계적으로나 가난한 자들의 필요를 채우는 사람들이 되고자 한다면 말이다. 나는 우리 성도들이 돈이나 음식, 서비스만 제공하는 것이 아니라 지역 사회의 가난한 이들이 영구적으로 빈곤에서 벗어날 수 있도록 도와줌으로써 더욱 예수의 형상을 강력하게 드러내기를 원한다. 이렇게 행할 수 있는 한 가지 방법은 성경에 나타난 하나님의 성품에 가장 잘 맞는 당선 공직자들과 법률들을 지지하는 것이다. 빈곤에 대한 문제가 논의될 때 지역 시의회 모임에 출석할 수도 있다.

정부라는 봉우리의 제5열로서 우리는 투표를 통해, 그리고 지방 내지는 중앙 정부에서 공직을 맡음으로써, 정의를 수호하고 가난한 이들에게 동등한 기회를 보장해 줄 수 있다. 어떤 이들에게는 이것이 법적 혹은 사회적 옹호를 하는 직업을 선택하는 것일 수 있겠다. 또 어떤 이들에게는 사업 가운데 재훈련 기회를 제공하는 형태일 수도 있을 것이다. 우리가 어떤 형태로 관여하든, 그 문화의 봉우리 가운데로 우리는 하나님의 변화의 은혜를 침투시켜야 한다.

그 무엇보다, 예수처럼 섬기는 은혜로 풍성하여 넘치는 삶을 살아 지역 사회 가운데 소금과 빛의 역할을 할 수 있다고 믿는다. 빈곤한 그리스도인들이 자격이 있든지 없든지 상관 없이 좌절의 나락으로 향하지 않도록 돌봐야 한다. 초대 교회의 좋은 본을 따를 수 있겠는데, 그들은 성도들에게 많이 헌금할 것을 요구했지만 동시에 많이 섬겼다. 당시 초대 그리스도인들은 자신보다 형편이 더 어려운 사람들을 도울 줄 알았기 때문에 스스로에게 필요한 게 생기게 되면 자신들도 그만큼 받을 수 있으리란 걸 알았다. 이로써 모두가 안 좋은 상황이 올지라도 훨씬 안정감을 갖게 되는 결과가 공동체 전체에 임했다.

아프고 죽어가는 사람들을 간호하도록 부탁받았을 때, 사람들은 자신에게도 그와 같은 필요가 생긴다면 동일한 긍휼을 입을 수 있을 것을 알았다. 다른 이들을 사랑하라는 말씀을 들은 그들은 또 사랑을 받으면서 살았다. 빈부 격차가 커지고 있던 그 시점에 초대 교회는 사회 계층 간의 관계를 완화시킨 것이다. 교회는 모두가 사회적으로 혹은 정치적으로 평등할 수 있다든지, 평등해야 한다는 설교를 하지 않았다. 모두가 하나님 보시기에 평등하다는 점은 강조했다. 그리고 더 형편이 나은 사람들은 어려운 이들을 돌아볼 책임이 있음을 주장했다.

하나님께서는 현실적인 분이시며 우리도 그렇게 되어야 한다. 주님께서는 가난을 미워하시지만, 죄가 존재하는 한 가난은 계속해서 생겨나고 또 생겨나는 순환을 겪을 것을 인식하셨다. 주님께서는 그 빈곤의 순환을 풀어내거나 탈선시키기 위해, 은혜의 경제학을 제기하려 하셨다. 그리고 우리도 가난한 자들을 향한 그분의 관심에 동참해 달라고 부탁하셨다. 은혜를 받은 자로서 이제 우리는 우리 주변의 세상에 주님의 은혜를 전하는 통로가 되어야 한다. 우리가 베풀 때에 하나님께서 계속해서 공급해 주실 것을 앎으로, 마음을 열고 손을 내밀어 아낌 없이 다른 이들에게 섬기게 된다.

하나님의 제5열로서 우리는 문화의 일곱 봉우리에 적극적으로 침투하도록 부르심 받았다. 하나님의 사랑과 그 은혜의 변화시키는 능력으로 말이다. 우리에겐 가장 눈부신 승리의 최고 사령관이 있다. 그 분께서 우리의 모든 필요를 채워 주시고, 우리의 임무를 어떻게 수행할 것인가에 대한 계시도 주실 것이다. 우리는 인류 역사상 가장 특권된 기회를 부여 받았다. 그것은

● **정리해 보자**

우리는 하나님의 제5열이며, 문화의 모든 봉우리에 하나님의 사랑의 빛으로 침투한다. 우리는 우리의 성품만 아니라 우리가 살아가는 사회를 변화시킬 수 있는 능력을 갖고 있다. 우리 안에 내주하시는 성령께서 우리 마음에 심으신 하나님의 왕국을 인하여 그 능력이 탄생된다. 이 모든 것은 우리가 예수를 영접할 때 받은 하나님의 변화의 은혜로 진행되고 있다.

● **스스로 물어보자**

문화의 어떤 봉우리에 제5열로 침투하도록 부르시는 것 같은가? 지금 그 영역에서 소금과 빛으로서 할 수 있는 건 무엇인가? 최대한 구체적으로 생각해 보자. 살고 있는 지역의 시의회 회의에 참석해 본 적이 있는가? 참석하면 어떨까? 한 번이라도 참석해서 시의원들을 만나보고, 체험을 기록해 보자.

하나님의 경제 체제인 50년마다 돌아오는 희년에 대해 어떻게 생각하는가? 공정하고 정의로운가? 왜 (안) 그런가? 오늘날 희년을 시행한다면 우리 사회는 어떻게 달라질까?

● **그렇게 살자!**

한 달 동안 위의 1번 질문에 대한 여러분의 대답대로 실행해 보자. 그 경험을 평가해 보라. 스스로를 놀라게 한 영향력을 끼칠 수 있었는가? 낙심한 적도 있는가? 의도적으로 제5열이 된다는 체험에 대해서 어떤 걸 배웠는가?

## 섬김의 은혜

지은이 체안
펴낸이 김혜자
옮긴이 고병현

1판 1쇄 펴냄 2013년 1월 21일

등록번호 제16-2825호 | 등록일자 2002년 10월
발행처 다윗의 장막 | 주소 서울시 강남구 대치2동 982-10
전화 02) 3452-0442 | 팩스 02)3452-4744
www.ydfc.com
www.tofdavid.com

값 13,000원
ISBN 978-89-92358-80-4  03230

* 잘못된 책은 바꿔 드립니다.
다윗의장막미디어는 영적 부흥과 영혼의 추수를 위해 책, CD, Tape, 영상물들의 매체를 통해 가정, 사업, 정부, 교육, 미디어, 예술, 교회로 확장되는 비전으로 나아가고 있습니다.